KB275479

청소년을 위한

날아다니는 철학

1판 1쇄 발행 2012년 2월 27일

지은이	정호일
펴낸이	박찬영
편집	안주영, 황민지
교정 · 교열	안재영, 서영선
마케팅	이진규, 장민영
디자인	이재호

발행처	(주)리베르
주소	서울시 용산구 용산동 5가 24번지 용산파크타워 103동 505호
등록번호	제2003-43호
전화	02-790-0587, 0588
팩스	02-790-0589
홈페이지	www.리베르.kr
커뮤니티	blog.naver.com/liber_book(블로그)
	cafe.naver.com/talkinbook(카페)
e-mail	skyblue7410@hanmail.net
ISBN	978-89-6582-027-7(43100)

리베르(Liber 전원의 신)는 자유와 지성을 상징합니다.

㈜리베르

　정의, 진리……. 참 무거운 주제입니다. 하지만 이를 일상생활의 문제로 돌리면 어떨까요? 후미진 골목길에서 어린 학생을 흉기로 위협하며 돈을 빼앗는 범죄자를 목격했을 때와 같은 경우 말입니다. 대부분의 사람들은 이런 상황을 애써 외면하려고 합니다. 나만은, 우리 가족만은 예외로서 그런 대상이 아니라고 여기니까요. 그냥 범죄자에게 걸려든 그 학생이 운이 없을 뿐이라고 생각하며 지나치지요.

　하지만 이 학생은 단지 운이 없었던 것일까요? 이러한 현상이 차차 약자에게 전가되고, 궁극적으로 우리의 어린 자식들에게까지 이어진다면 어떨까요?

　어떤 부모도 자식에게 해가 되거나 나쁜 것을 물려주려고 하지는 않습니다. 하지만 우리 가족만은 예외라고 여기는 사고방식이 이러한 현상을 낳고 있다면 어떨까요?

　『청소년을 위한 날아다니는 철학』은 이러한 문제의식 속에서 어떻게 하면 더불어 살아갈 수 있는지 해답을 찾고자 시도한 소설입니다. 그러자면 본질적인 접근 방식을 택할 수밖에 없었습니다.

인류 지성사를 살펴보면서 이 세상의 문제에 대해 꿈과 희망을 찾을 수 있는가를 본격적으로 따져본 것입니다.

하지만 동서양의 많은 철학자들을 모두 거론할 수는 없었습니다. 그래서 인류 지성사의 각 분야에서 거봉이라고 손꼽히는 철학자들을 선정했습니다. 자연의 법칙에서 출발해 유일신에 대한 유대교와 기독교, 이슬람교의 입장, 그리고 정령의 만물 존중과 제우스의 통치 방식, 이상적인 인간 사회를 세우기 위해 고민했던 공자와 플라톤, 신으로부터 벗어나 인간의 특성을 찾아가려고 했던 데카르트와 로크, 니체, 무위의 삶을 주장한 노자, 지금까지의 철학은 세계를 해석하려고만 했지만 이제부터는 변혁적 관점을 가져야 한다고 보았던 마르크스, 인간의 실존적 자유와 책임을 논했던 사르트르, 인간의 노력 자체가 결국 쳇바퀴 도는 방식일 수밖에 없기에 근본 방도로 열반과 해탈을 주장한 석가모니, 인간의 운명 문제와 홍익인간의 세상을 제시한 단군의 사상이 이 책에 담겨 있습니다.

이 모든 것을 소설로 엮다 보니 철학적 깊이를 자세하게 다룰 수는 없었습니다. 대신에 각 철학자들의 사상이 인간의 삶과 관련된다고 볼 때 왜 그런 주장을 펼치는지 의도를 파악해 보는 데에 주안점을 두었습니다. 특히 이러한 주장들이 지금 시대에서 어떤 의미를 가지는지도 생각해 볼 수 있도록 구성했습니다.

아울러 이 소설은 단순한 지적 유희로 철학에 접근하지 않았습니다. 철학이 세상의 문제를 푸는 데 도움이 되어야 한다고 보았기 때문입니다. 인류 지성사나 철학은 바로 우리 삶의 문제입니다.

철학이 죽은 시대는 꿈과 희망이 죽은 시대라고 해도 과언이 아닙니다. 이러한 점에서 『청소년을 위한 날아다니는 철학』은 인류 지성사의 교훈을 통해 어떻게 현실 문제를 해결할 것인가에 대한 해답을 찾고자 모색한 길이기도 합니다.

자기만은, 우리 가족만은 예외라고 여기는 사고방식으로 이 세상의 문제를 더 이상 방치하면 안 됩니다. 모두가 더불어 살아가는 세상을 만들기 위해 어떤 길로 나아가야 하는지 생각하면서 소설 속으로 여행을 떠나 보시기를 바랍니다.

마지막으로 이 책의 출간을 위해 고생하신 리베르 출판사 여러분에게 감사의 인사를 드립니다.

2012년 2월

정호일 씀

| 차례 |

남겨진 일기장

　오랜만에, 대박을 기원하기 위해 모인 회식 자리였다. 현수가 출판계에 몸을 담은 것도 벌써 15년이 되어 가니 그동안 그의 손을 거쳐 간 책만 해도 수백 권에 달했다. 현수는 책을 한 권 한 권 펴 낼 때마다 딸 시집보내는 것처럼 마음이 아렸고, 이번만은 성공의 날개를 달기를 기원했다.

　더욱이 이번에 낸 책은 회심의 기획 작품이었다. 청소년을 대상으로 한 과학 책인데, 일상생활에서 과학 법칙이 어떻게 활용되는지 알기 쉽게 설명한 시리즈였다. 청소년의 눈높이에 맞도록 쉽게 풀이해 놓은 게 잘만 하면 대박을 터뜨릴 것 같아 기대가 컸다.

　하지만 김칫국 마시는 건 금물이었다. 누구도 장담할 수 없는 게 출판 시장이기 때문이었다. 대박 예감이었던 작품이 애물단지로 전락하고, 이게 될까 싶었던 책이 날개 돋친 듯 팔리는 경우도 있었다. 베스트셀러가 될 거라고 기대했다가 쓴잔을 들이킨 것도 여러 번이었다. 나중에 낭패를 보지 않으려면 너무 큰 기대를 하지 말아야 한다는 게 현수가 오랜 시간 출판계에 몸담으면서 자연스레 터득한 대처법 중의 하나였다.

분위기가 무르익자 점차 개인적인 이야기가 화젯거리로 올라왔
다. 다음 달에 결혼하는 노총각 현태에게 관심이 집중됐다. 신붓
감을 정식으로 소개하라는 둥 만나고 결혼하기까지의 풀 스토리
를 소상히 알리라는 둥 쩔고 까부느라 다들 정신이 없었다.

현수는 말없이 술잔만 기울였다. 가슴 저편에서 밀려오는 씁쓸
함 때문이었다. 한 권의 책을 만들기까지 기울이는 수고는 말로
다 못 할 정도였다. 책을 붙들고 씨름하다 보면 밤을 꼬박 새는 날
도 태반이었다. 그러다 보니 자신이 펴낸 책은 분신이나 자식 같기
도 했다. 열 손가락 깨물어 안 아픈 손가락 없듯이 모든 책에 대한
애정이 남달랐다. 하지만 현수에게는 항상 세상에 양식이 될 만한
책, 두고두고 간직할 고전이 될 만한 책을 단 한 권이라도 펴내고
싶은 갈망이 있었다.

현수는 자리를 털고 일어나 밖으로 나왔다. 시원한 밤바람이 그
의 얼굴을 스치고 지나갔다. 안의 시끌벅적한 소리가 어렴풋하게
밖으로 새어 나왔다. 안과 밖은 얼마 안 되는 거리인데 왠지 이질
적인 세계 같았다.

현수는 습관적으로 주머니 속에 넣어 둔 휴대폰을 꺼내 들었다.
부재중 전화가 9통이나 와 있었다. 확인해 보니 모두 아내 진숙과
집 전화번호였다. 이미 회식이 있다고 통보해 둔 터라 이처럼 여러
번 전화를 걸 아내가 아니었다. 걱정스러운 마음에 전화를 걸려는
순간 휴대폰이 발작적으로 몸을 떨었다. 아내였다.

"도대체 무슨 일이야? 집에 무슨 일 있어?"

현수의 목소리가 커졌다.

"뭔가 이상해. 세라가 아직까지 집에 안 들어왔어. 연락도 안 돼."

아내의 목소리는 가늘게 떨리고 있었다. 세라에게 계속 전화했다가 응답이 없자 그에게 수차례 연락한 것이 분명했다.

"설마 무슨 일이야 있겠어? 친구 집에 놀러 갔는데 휴대폰이 꺼져서 연락이 안 되는 거겠지. 아직 10시밖에 안 됐잖아. 좀 더 기다려 봐."

우선 안절부절못하는 아내를 달래는 게 더 급해 보였다. 세라가 사춘기이니만큼 얼마든지 벌어질 수 있는 일이기도 했다.

"별일 아닐 테니까 걱정 말고 차분하게 기다려요. 그렇게 간이 콩알만 해서야 어떻게 애들을 키우겠어?"

현수는 적당히 아내를 달랜 뒤 전화를 끊으려고 했다. 하지만 아내의 다급한 목소리가 그를 붙들었다.

"여보, 잠깐만. 아무래도 불안해서 그래. 요새 세라가 좀 이상했어? 당신도 저번에 왜 그런지 물어보라고 했잖아. 나한테 아무 말도 안 하고 의기소침한 게 마음에 걸려."

"당신도 마음을 좀 가라앉혀. 왜 별거 아닌 일에 안달복달하고 그래? 그 나이 때 애들이라면 으레 있는 일이잖아. 말 나온 김에 하는 말인데, 그동안 우리 세라는 너무 얌전했어. 그게 오히려 이상한 거라고. 당신 사춘기 때 한번 생각해 봐."

그 말에 아내도 수긍하는 눈치였다. 대신 너무 늦게 들어오지 말라고 못을 박고는 전화를 끊었다.

아내에게는 대수롭지 않은 일이라고 말했지만, 현수의 가슴도 뛰고 있었다. 이제껏 세라는 단 한 번도 부모 속을 썩인 일이 없었다. 맞벌이하는 부모를 배려해 스스로 공부하고 집안일을 도왔다. 초등학교에 다니는 동생 세진이도 잘 챙겼다. '첫딸은 살림 밑천'이라는 말이 절로 나올 정도로 야무진 아이였다. 그런데 요즘 들어 세라의 행동이 부쩍 달라졌다.

딱 꼬집어 말하기는 힘들었지만 부모를 대하는 모습이 예전과 달랐다. 부모의 말에 토를 달기 일쑤였고, 행동거지도 반항아처럼 변해 갔다. 사춘기니까, 혹은 고등학교 진학을 앞두고 예민해져서 그러려니 넘겼지만, 갑작스레 달라진 모습에 현수도 당황할 수밖에 없었다.

현수는 크게 심호흡을 했다. 방에 자물쇠가 걸려 있던 일, 무언가 물으려면 고집스럽게 고개를 외로 꼬던 세라의 모습이 자꾸 어른거렸다. 별일 없을 거라고 되뇌며 그는 다시 회식 자리로 돌아왔다. 여전히 식당 안은 들썩거렸다.

"편집장, 무슨 일 있어요? 안색이 별로 안 좋은걸?"

하얗게 질린 현수의 얼굴을 보고 사장이 물었다.

"아닙니다."

사장은 도리질하는 그를 자리에 앉혔다.

"편집장이 심려를 해서 그런가 보네. 너무 신경 쓰지 말게나. 어차피 뚜껑은 열어 봐야 아는 거 아닌가. 뭐, 장사 한두 번 해 보는 것도 아니고."

사장은 번지수를 한참 잘못 짚었지만 현수는 부인하지 않았다.

하긴 책의 판매 부수를 가장 신경 쓰는 사람은 누구보다 사장일 것이다. 직원들이야 문책 수준에서 끝나고 말겠지만, 사장은 당장 회사의 살림살이를 걱정해야 하는 처지이니 말이다. 그럼에도 자신을 다독거리는 사장의 마음 씀씀이가 고마웠다.

하지만 현수의 신경은 온통 어딘가에 있을 딸에게 쏠렸다. 계속 휴대폰은 꺼져 있고, 무슨 일이 일어날 것 같아 불안해 죽겠다던 아내의 말이 계속 귓전에 맴돌았다.

현수는 자리를 박차고 일어났다. 좀 더 있다 가라는 동료들의 말도 귀에 들어오지 않았다. 밖으로 나오자마자 그는 급히 택시를 잡아탔다. 정신없이 허둥대며 집에 도착하니, 아내가 울리지도 않는 전화기를 붙들고 망연자실, 앉아 있는 것이 보였다.

"아직도 안 왔어? 연락도 없고? 친구들에게 연락 좀 해 봐. 걔네들은 뭔가 알 수도 있잖아?"

"알 만한 애들한텐 모두 연락해 봤어요. 제일 친한 친구 수영이한테 전화해 봤는데, 전혀 모르겠다고 하더라고요. 서로 얘기한 지도 오래됐고, 그러잖아도 세라가 요즘 영 이상하게 굴어서 왜 그런지 모르겠대요."

"그럼 다른 친구들을 사귀는 거 아니야? 당신은 어떻게 된 게 자기 딸이 누구랑 어울리는지도 몰라!"

현수는 소리를 빽 질렀다. 아내가 어이없다는 듯 그의 얼굴을 쏘아보았다.

"그러는 당신은 왜 몰라요? 나도 당신이랑 똑같이 회사 다녀요. 그러면서도 애들 식사며 간식 안 떨어뜨리려고 애쓴단 말이에요.

애들 키우고 살림하는 게 다 내 몫이란 말이에요? 그러는 당신은 아빠로서 그동안 뭐 했어요?"

아내가 쏘아붙였다. 현수는 미안한 마음이 들어 고개를 떨어뜨렸다. 아내도 보험사에 다니며 발품을 파느라 늘 힘겨워했다. 고생하는 것을 알면서도 도와주고 싶은 건 마음뿐, 어느새 집 안의 자질구레한 일들이며 자녀 양육은 온통 아내 차지가 되어 있었다. 그러다 보니 세라가 눈치껏 거들 수밖에 없었고, 그 때문에 아내와 세라 사이에 잡음이 일어나는 걸 목격한 적도 여러 번이었다.

하지만 오늘 세라의 부재가 그것 때문은 아닌 것 같았다. 요즘 세라가 전에 없이 변덕스럽게 굴기는 했지만, 그만한 일로 연락을 끊고 갑자기 불량소녀가 되었으리라고는 상상할 수 없었다. 그처럼 몰지각한 아이는 아니었다.

문득 불길한 예감이 그들 부부를 휘감았다. 무거운 침묵이 흘렀다.

"누나 아직도 집에 안 왔어요?"

세진이었다. 잠을 자다가 깼는지 졸린 눈을 비비며 걸어 나오고 있었다.

"곧 들어올 거야. 어서 자야 내일 일어나서 학교에 가지."

아내는 누나가 올 때까지 기다리겠다는 세진이를 방으로 떠다밀었다. 입이 쭉 나온 세진이는 다시 방으로 들어갔다. 다시 집 안은 불안한 고요에 휩싸였다. 거실 벽시계의 시계추가 둔탁한 소리를 내며 흔들리고 있었다. 오늘따라 시계추 소리가 천둥소리마냥 크게 들렸다.

"이러다간 큰일 나겠어요. 여보, 우리 경찰에 신고합시다."

아내가 침묵을 깼다.

"아, 참. 좀 기다려 보자고!"

현수의 말에 아내가 발끈했다.

"언제까지 마냥 기다려요? 우리 세라 잘못되면 어떻게 해? 어떻게든 빨리 조치를 취해야 할 것 아니에요? 아이고, 이럴 줄 알았으면 어제 그렇게 나무라는 게 아닌데……. 우리 세라처럼 착한 애가 세상에 어디 있다고!"

아내는 결국 넋두리를 해 댔다.

"거, 좀 조용히 해요. 왜 그렇게 입방정을 떨고 그래. 아직 어떻게 된 일인지도 모르잖아. 우리 세라한텐 아무 일 없을 거야. 아직 열두 시도 안 됐어. 차분하게 기다려 보자고, 응?"

그렇게 말하는 현수도 자신이 없었다. 학원 끝나면 늘 제시간에 오는 아이가 자정이 되어 가는데도 감감무소식이었다. 무슨 사단이 난 게 분명했다. 현수는 가슴이 죄어들어서 견딜 수가 없었다. 대여섯 살에 불과한 어린애에게도 성폭력을 저지르는 파렴치한이 난무하는 세상이었다. 다 큰 처자가 밤늦게 안 들어온다면 무슨 일이 일어난 게 분명했다. 세상이 아무리 험악해도 우리 애에게만은 아무 일도 없을 거라고 여기며 살았다. 그래야 안심이 됐다.

'정말 아내 말대로 경찰에 실종 신고부터 해야 하나?'

실종 신고를 하면 정말 세라에게 무슨 일이 일어났다는 걸 인정하는 꼴이 될 것 같았다. 몇 초가 수백 년처럼 느껴졌다. 그때 세라의 방이 현수의 눈에 들어왔다.

"여보, 저기는 왜 잠겨 있어?"

현수의 눈짓을 따라 딸의 방문을 본 아내는 경악을 금치 못했다.

"어머, 아까는 열려 있었는데 언제 저 문이 잠겼지?"

아내는 이리 뛰고 저리 뛰다가 방문 열쇠를 찾아왔다. 문을 열고 들어가면 "왜 노크도 없이 들어왔어?"라며 버럭 화낼 세라가 있을 것 같았다. 하지만 세라의 모습은 어디에도 보이지 않았다.

방에 들어서서 두리번거리던 현수는 낯익은 세라의 물건에 마음이 울컥했다. 그러고 보니 딸이 어느 정도 큰 뒤에는 이 방에 들어와 본 적이 거의 없는 것 같았다. 딸이 쓰는 로션 냄새가 희미하게 그의 코끝을 스쳤다. 딸의 빈자리가 더욱 크게 느껴졌다.

'세라가 무슨 일을 당한 건지 알 만한 단서가 있을지도 몰라.'

현수는 단단히 결심한 듯 방 안 구석구석을 샅샅이 훑었다. 침대 위에는 가지런히 개어 놓은 세라의 잠옷이 있었다. 방 한쪽에 딸린 벽장에는 옷이며 가방, 소품들이 잘 정리돼 있었다. 깔끔한 딸의 성격이 그대로 드러났다. 역시나 말끔하게 정리된 책상 위에는 컴퓨터가 휑하게 놓여 있었다.

현수는 컴퓨터를 켜고 인터넷에 접속해 딸이 이용했을 만한 사이트를 찾아 보았다. 하지만 세라가 자주 이용하는 사이트가 뭔지 알 수 없었고, 무언가 수상한 점을 발견하지도 못했다. 딸이 자주 이용하는 사이트를 찾았다 하더라도 아이디와 비밀번호를 알 수 없으니 소용없는 일이었다.

현수는 침대에 걸터앉아 한숨을 쉬었다. 문득 딸이 제 발로 집을 나간 거라면 고민을 적은 일기나 쪽지가 있을지도 모른다는 생각이 들었다. 현수는 닥치는 대로 책상 서랍을 열어 보았다. 아니나 다를까, 한 서랍이 열쇠로 굳게 잠겨 있었다.

"여보, 이리 좀 와 봐. 열쇠 좀 찾아 줘요."

현수의 재촉에 한달음에 달려온 아내는 시큰둥한 반응이었다.

"내가 그걸 어떻게 알아요? 그게 잠겨 있는지 나도 지금 알았는데."

아내는 간신히 화를 참는 표정이었다. 그러더니 잠긴 서랍을 열려고 기를 쓰는 현수를 보고 혀를 찼다.

"지금 뭐하는 거예요? 애는 지금 밖에서 무슨 일을 당하고 있는지도 모르는데!"

아내는 끝내 참았던 울음을 터뜨렸다. 그러나 현수는 아내를 달랠 마음의 여유가 없었다. 아내는 그가 말릴 틈도 없이 세라를 찾아보겠다며 집을 나섰다.

'저 책상 서랍만 열면, 세라에게 무슨 일이 생겼는지 알 수 있을 거야.'

현수는 공구함에서 드라이버와 망치를 가져와 서랍을 부수다시피 해서 열었다. 그 안에는 노트 한 권이 들어 있었다. 세라의 일기장이었다.

현수는 일기장을 펼쳤다. 공을 들인 딸의 예쁜 글씨가 촘촘히 적혀 있었다. 현수는 황급히 내용을 훑어 내려갔다. 그 나이 또래의 고민들이 깨알같이 적혀 있었다. 얼굴, 몸매에 대한 고민이라든가 친구나 이성에 대한 얘기였다. 공부에 대한 고민도 있었다.

왜 공부를 해야 하는지 모르겠다, 집중도 잘 안된다, 그래도 정신을 차리고 집중하자는 내용이었다. 고생하는 부모님과 자신의 미래를 위해서 몇 년만 열심히 공부하면 모든 괴로움이 낙이 될 거라는 자기 암시도 있었다. 학생이라면 누구나 하는 고민이었다. 현수는 휘리릭, 몇 장을 더 넘겼다. 이때 그의 눈에 한 문구가 들어왔다.

'나는 이중적인가 보다. 얼마 전까지는 수영이가 아주 멋진 애라고 생각했는데 지금은 마음이 달라졌다.'

그러고 보니 수영이는 아까 아내가 '제일 친한 친구'라고 했던 아이였다. 요즘 사이가 서먹해졌다고 하더니 정말 그랬나 보다.

'수영이는 얼굴도 예쁘고, 공부도 잘하고, 배려심이 많아서 친구들에게 인기가 많다.'

세라는 수영이와 친해지고 싶었고, 서로를 '베스트 프렌드'라고 부를 만큼 매일 붙어 다녔다. 수영이는 나이답지 않게 속이 깊은 아이였다. 세라는 수영이와 대화하면서 가난이 얼마나 사람들에게 큰 고통을 가져다주는지 알게 되었고, 이웃을 되돌아보게 되었다. 그만큼 세라는 수영이에게 받은 영향이 컸다.

'나는 가난한 이웃들을 이해하고 되돌아보려 했다. 그러나 그것은 단지 머릿속에서만 맴도는 생각뿐이라는 걸 깨달았다. 나는 위선자다.'

세라가 스스로를 이중적이라고 느낀 이유는 바로 뒤에 나왔다.

어느 날 세라는 수영이 집에 놀러갔다가 지하 셋방에 사는 것을 보고 화들짝 놀랐다. 수영이는 늘 멋지게 하고 다녀서 잘사는 집 애라고 생각했던 것이다. 일기는 계속 이어졌다.

'예상과 달라도 너무 달랐다. 수영이는 세상에 그런 곳이 있을까 싶은 낡은 집에 살고 있었다. 병든 아버지는 종일 집에 누워 계셨고, 대신 어머니가 밖에 나가 허드렛일을 하면서 자식들을 먹여 살리고 있었다. 충격이었다. 왜 수영이가 그토록 가난에 대해 열변을 토했는지, 불우한 사람들을 감쌌는지 자연스럽게 이해할 수 있었다. 수영이는 그런 애들과 같은 부류였기 때문이었다. 진정한 친구라면 어려운 환경에서 공부도 잘하고, 불우한 사람들을 배려하는 마음씨가 자랑스럽다고 해야 마땅했다. 그리고 더욱 용기를 북돋아 줘야 했다.'

현수는 잠시 일기장에서 눈을 뗐다. 다음 내용이 궁금하면서도 딸의 본색을 외면하고 싶었기 때문이었다. 그는 크게 심호흡을 했다.

'하지만 내 마음은 싸늘하게 식었다. 나도 맞벌이를 하는 부모 밑에서 자랐고 그렇게 잘사는 집 딸은 아니지만, 수영이와는 좀 격이 다르다고 생각했기 때문이다. 그 애가 전처럼 멋져 보이지도 않고, 일껏 만나도 흥이 나지 않았다. 그러다 보니 만나도 어색하고, 나도 모르게 피하게 되었다. 평생 베스트 프렌드로 지내자던 약속을 깨 버린 건 바로 나다. 이중적인 나다.'

현수는 씁쓸한 기분이 들었다. 누구나 가지고 있는 속물근성이지만, 막상 어린 딸의 모습에서 그런 부분을 보니 썩 달갑지는 않았다.

일기에는 더 충격적인 사건이 기록되어 있었다.

'우리 학교 학생이 성폭행을 당했다는 소문을 들었다. 충격적이

다. 그 일을 당한 애도 불쌍하지만, 나도 정말 몸조심해야겠다.'

며칠 뒤 일기에는 이와 관련된 사건이 쓰여 있었다.

'그 학생이 우리 반 창미라고 한다. 모두 창미를 보면 쉬쉬하면서도 뒤에서는 욕한다. 피해자는 잘못한 게 없는데도 오히려 무시당한다. 우리 학교에서도 그렇다. 우리 반 애들은 창미를 위로하기는커녕 따돌리려는 기색을 보인다. 그러면 나는? 나는 그 애가 안됐다고 생각한다. 하지만 그 애를 보면 기분이 안 좋은 건 사실이다. 그럼 안 되는 거겠지?'

현수는 기분이 착잡했다. 일기장을 그만 덮고 싶다는 생각까지 들었다. 그런데도 현수는 일기장을 손에서 떼지 못하고 계속 읽어 내려갔다.

'이런 상황에서 용감하게 나선 애가 있었다. 수영이었다. 아무도 어울리지 않는 창미에게 다가가 함께 어울렸다. 나는 수영이가 마땅치 않았다. 몇 달 전이라면 아주 멋져 보였을 것이다. 이제는 안 그렇다. 흥, 그래. 너도 원래 그런 부류니까. 이런 생각이 들었다. 나는 왜 이렇게 꼬인 걸까.'

세라는 수영이와 어울렸던 게 부끄러웠다. 그래서 공부에만 전념해야겠다고 마음을 다잡았다. 자신의 이중성에 대해 고민하고 그런 애에게 마음을 쓰는 게 시간 낭비라는 생각이 들었던 것이다. 지금이야 같은 반 친구지만 어차피 몇 년 지나면 '노는 물이 달라서' 안 어울릴 게 뻔한데, 굳이 같이 어울리며 허송세월하고 싶지 않았던 것이다.

현수는 멍하니 글자를 따라 눈을 굴렸다. 영악한 아이들의 세계.

아이들이야 어차피 작은 어른이고, 현실은 진흙탕 같으니 그럴 수밖에 없다는 것을 알면서도 마음이 아팠다.

그다음은 한참이나 공백이 이어졌다. 그리고 처음 나오는 단 한 줄의 붉은 글씨에 눈이 아렸다.

'충격! 뒤늦은 후회!'

다음 장에서는 세라답지 않게 엉망인 글씨가 이어졌다.

'나도 죄인이다. 누구랄 것도 없이 다 죄인이다. 상처받은 애에게 더욱 큰 상처를 준 우린 다 나쁜 인간이다. 사악한 영혼이다.'

따돌림을 당했던 창미가 자살한 것이다. 세라는 그동안 아무 생각 없던 자신의 행동이 어떻게 한 인간에게 상처를 주고 죽음으로 내몰았는지 깨달았다.

'그 소식을 듣는 순간 머릿속이 백지가 됐다. 아무것도 보이지 않았다. 그저 하염없이 눈물만 흘렀다. 죄책감과 후회가 범벅이 된 마음속에는 이런 말이 맴돌았다. 내가 죽였어, 내가 죽인 거 야…….'

현수는 머리를 부여잡았다. 그동안 세라가 느꼈을 괴로움과 고통을 생각하니 마음이 아팠고, 그런 딸에게 든든한 지원군이 돼 주지 못한 자신이 원망스러웠다. 그저 공부 잘하고 집에서 착한 딸인 것으로 만족했다니! 아이가 얼마나 시달렸을지 알지도 못한 채 늘 모범생이기만을 원했다니! 현수도 사춘기 딸이 부모에게 비밀이 많은 건 알았다. 하지만 이처럼 엄청난 고민을 털어놓지도 못할 부모였다니, 정말 괴로웠다.

일기에는 새롭게 변한 세라의 모습이 등장했다.

세라는 많은 날을 고민한 끝에 달라지기로 결심했다. 이기적으로 살아서는 안 되겠다고 생각한 것이다. 그래서 수영이에게 사과하고 다시 친하게 지내 보려 했다. 그러나 이미 때는 늦었다. 무참한 사건을 겪으면서 수영이 역시 완전히 달라진 것이다. 수영이는 세라의 사과에 냉담하게 반응하며, 말도 걸지 말라고 내뱉었다.

'내가 알던 수영이가 아니었다. 수영이는 항상 남에게 친절하고 약한 자에게 베푸는 아이였다. 그 모습이 얼마나 아름답고 소중했는지 나는 이제야 깨달았다. 이제 수영이는 다른 애들과 다를 게 없었다. 이기적이고 악착같이 공부에만 매달렸다. 우리 반에서 다섯 손가락 안에 드는 애들만 상대하겠다는 태도였다. 그중 나만 빼고.'

세라는 수영이가 속물을 상대하기 위해서 속물과 똑같이 변하겠다는 결심을 한 것처럼 보였다. 자기를 무시하는 애들을 성적으로 누르겠다는 결심을 단단히 한 것처럼 보인 것이다.

'수영이를 달라지게 한 건 나다. 아무리 힘든 일이 있어도 내가 곁에서 지켜 주었다면, 그렇게 달라지지는 않았을 것이다. 이런 나 자신이 밉다. 친구의 영혼에 깊은 상처를 주고, 그로 인해 영영 마음의 문을 닫아 버리게 한 내가 원망스럽다. 이제 내가 할 수 있는 일이란 없다. 그저 혼자 우는 수밖에.'

현수는 잠시 일기장을 내려놓고 깊게 한숨을 쉬었다. 자신의 사춘기 시절이 떠올랐다. 얼마나 고민이 많고 사건도 많았던가. 그런 때를 다 잊고, 세라는 아직 아이니까 별일 없을 거라는 생각을 한 것이 얼마나 안일했는지 깨달았다.

그 이후로 세라는 삶에 대해 깊은 고민을 하기 시작했다.

'삶이란 무엇일까? 왜 인간은 상처를 받으면서 살아야만 하는 것일까? 그렇지 않은 방법은 없을까? 그동안 중요하다고 생각해 왔던 모든 일들이 그저 시시하게 느껴진다.'

이렇게 시작한 세라의 또 다른 일기는 길게 이어졌다.

'세상의 장벽은 너무 높게만 보인다. 수영이처럼 우리 모두가 다른 사람에게 관심을 가지고 배려했다면 분명 세상은 달라졌을 것이다. 그러면 창미도 죽지 않았을 텐데……. 하지만 우리는 그렇게 하지 못했다. 아니, 세상은 그것을 허용하지 않았다. 다른 사람은 어떻게 되든지 간에 오직 앞만 보고 내달리라고 우리에게 강요하지 않는가?

어른은 아이의 거울이다. 따라서 어른들의 잘못이 큰 것 같다. 학교 급식 문제를 대하는 태도만 봐도 그렇다. 급식을 먹는 건 우리들인데 물어보는 어른은 없다. 말로는 '백년지대계'를 외치면서 정작 어른들은 돈 문제로만 본다. 국가 경제를 위한다는 아주 그럴듯한 말로 포장한다. 그런데 나는 잘 모르겠다. 국가 경제의 목적은 국민이 잘살기 위한 것이지 않나? 그런데도 경제 논리로 국민이 희생해야 한다는 건 또 뭔가?

인생의 의미와 삶의 목적을 알고 살아야 할 텐데, 죽어라고 공부에만 매달리면 해답을 얻을 수 있을까? 그게 과연 도움이 될까? 잘못된 행위를 보고도 어쩔 수 없는 일이라고 포기하고 넘어간다면, 올바른 삶이라고 할 수 있을까?

도덕과 정의는 더 이상 학교에서 통용되지 않는다. 교과서에만 나올 뿐이다. 애들도 순수하지 않다. 요즘 애들인 나도 그렇다. 우리 모두 그것을 안다. 그런데 어른들만 모른 척한다. 차라리 세상의 실상이 이러하니 해결 방안을 찾아보라고 말해 주는 것이 더 낫지 않을까? 그런데도 정의는 반드시 이기게 되어 있고, 기필코 선이 승리한다는 식의 이야기만 늘어놓는다. 코웃음 칠 일이다.

우리 엄마, 아빠도 마찬가지다. 감추려고만 하지, 세상의 진실을 말하려고 하지 않는다. 진리를 가르쳐 주려고 한다면, 왜 진짜 얘기를 쏙 빼는 걸까? 그런 훈계는 더 이상 듣고 싶지 않다. 이젠 엄마, 아빠를 믿지 못할 것 같다. 아니, 세상의 모든 어른을 믿지 못할 것 같다. 정말 진리는 있는 것일까? 있는데 사람들이 모르는 걸까? 아니면 알고 있는데도, 인간의 본성 때문에 어떻게 해결할 수 없는 걸까? 그 해답을 찾고 싶다. 그것이 나의 문제다.'

일기는 여기에서 끊겨 있었다.

현수는 세라가 요즘 도통 말이 없고 자기에게 거칠게 대했던 이유를 알 것 같았다.

'세상일을 가려 주는 보호막이 되고 싶었던 것뿐인데……..'

세상을 잘 안다면 더 나은 삶을 살 수 있을까? 꼭 그렇지만은 않다는 생각에 세상을 가리는 우산을 치고 싶었다. 아이에게 더 나은 세상을 물려주고 싶지 않은 부모가 어디 있겠는가? 하지만 세상은 내 맘대로 돌아가는 게 아니어서, 나 하나의 힘은 너무 미약해서, 악착같이 달리지 않고는 넘어질 것 같아서, 부모 역시 온전한 인간이 아니어서 그런 해답을 주는 게 쉽지 않다는 걸 아직 어린 딸은 모른다.

몇 장을 넘기니 다시 일기가 보였다. 이번에는 게임에 대한 내용이었다.

'게임에는 룰이 존재한다. 그리고 그 룰 속에서만 움직인다. 스타크래프트도 그렇고 다른 게임 역시 마찬가지다. 게임에 별 관심이 없었는데 한번 해 보니 그런대로 할 만했다. 최소한 인간 세상의 룰보다는 나은 것 같다. 나도 서서히 게임 중독이 돼 가는 걸까? 글쎄, 중독이 나쁘다고는 하지만 스트레스를 푸는 데는 좋은 것 같다.'

현수는 눈을 의심하지 않을 수 없었다. 그동안 세라가 게임을 찾아 인터넷을 전전했을 것이라고는 상상하지 못했기 때문이다.

더욱 놀라운 것은 그다음 내용이었다. 세라는 흥미로운 게임을 발견했다. 가상 세계에서 고민을 해결하고, 그것을 통해 현실의 고민을 극복하는 사이버 운명 게임이었다. 비록 가상의 세계에서 벌이는 게임이지만, 자신의 운명을 담보해야 한다는 것이 게임의 룰이었다. 사이버 세계에서 무슨 일이 생기면 곧바로 현실 상황이 되는 것이었다.

일기는 여기에서 끝나 있었다. 아무리 넘겨도 백지였다.

현수는 딸의 일기장을 손에서 놓지 못했다.

'가상 세계와 현실 세계가 직결된다니, 어떻게 이런 일이 있을 수 있을까? 그래서 세라가 이 게임에 빠져든 것일까?'

모든 게 의문투성이였다. 가상 세계가 현실에 영향을 미치는 일도 분명히 존재한다. 시뮬레이션이 바로 그것이다. 게다가 특정한 조건을 주고 어떤 결과가 나오는지 확인하는 가상이라면, 가상으로만 끝나지는 않을 것이다. 게임 중독에 빠져 현실과 가상 세계를 구분하지 못하고 현실에서 폭력을 휘두르는 경우도 있지 않은가?

그러나 현실 세계와 가상 세계는 엄연히 구분된다. 가상 세계가 운명에 영향을 미친다는 것은 사이버 세계에서나 가능한 일이다. 하지만 세라는 자신이 찾고 싶었던 해답을 사이버 게임에서 발견했다고 적었다.

현수는 머리를 쥐어짜 사이트를 찾아보려고 노력했지만 알 수가 없었다. 과연 그런 사이트가 있기는 한 걸까? 그때 펼쳐 놓은 일기장에서 뭔가 번득이는 게 보였다. 유심히 살펴보니 형광펜으로 쓰인 글씨였다. 사이버 운명 게임 접속 코드 같았다.

현수는 곧바로 사이트에 접속했다. 그러자 갑자기 온갖 색조의 파노라마가 펼쳐졌다. 모니터를 보고 있는 것이 아니라 모니터 안에 들어가 있는 듯한 기분이었다. 가상 세계인지 현실 세계인지 헷갈렸다. 당황한 현수는 허벅지를 손으로 꼬집어 보았다. 아팠다. 그러면 이것이 정말 현실 세계란 말인가?

그때 한 목소리가 들렸다.

"환영합니다. 이곳은 사이버 세계이자 현실 세계입니다. 현실의 문제를 해결하고자 하는 사람에게 가상 공간을 주고, 그것을 극복해 현실을 이겨 낼 수 있게 하는 단련의 장입니다. 현실에서 부딪치는 고민이 수만 가지이듯 이곳의 매뉴얼 역시 아주 다양합니다. 자신의 고민에 따른 맞춤형 매뉴얼이 나오므로 어떤 문제라도 상담할 수 있습니다. 어디를 가더라도 이곳만큼 완전한 해결책을 제시할 수 있는 곳은 없을 것입니다.

　하지만 한 가지 규칙이 있습니다. 현실의 운명과 마찬가지로 자신의 모든 것을 걸어야 한다는 것입니다. 심지어 목숨까지도 말입니다. 이곳에서 상처를 입거나 죽음을 맞이할 경우 현실로 돌아갈 방법은 없습니다. 운명을 걸 자신이 없는 분은 지금 바로 퇴장하십시오!"

　세라의 일기장에서 본 내용이 그대로 흘러나오고 있었다. 현수는 어리둥절했다. 이건 영화에서나 나올 법한 일이었다. 그렇지만 세라가 이 사이트에 접속한 것은 분명한 사실이었다.

　'혹시 세라가 이 사이트에서 나오지 못하고 헤매는 걸까? 정말 그런 일이 가능할까? 세라를 찾으려면 어떻게 해야 하지? 이 사이트에 들어가서 세라를 구출할 수 있는 방법이 있을까?'

　현수는 목소리에게 물었다.

　"운명을 걸고 게임 속으로 들어갔는데, 불상사가 생기면 현실 세계로 돌아오지 못한다는 말은 알아듣겠습니다. 그럼 반대로 게임을 성공적으로 끝내면 다른 사람도 구해 올 수 있습니까? 내 딸이 거기에서 헤매고 있는 것 같은데……."

　다시 소름 끼치는 목소리가 대답했다.

　"사이버 세계라고 하지만 이곳은 세상과 똑같습니다. 세상의 법칙이 그대로 통용된다고 생각하십시오. 그러니 당연히 다른 사람을 구하거나 도와줄 수 있습니다. 하지만 그런 생각은 일찌감치 버리십시오. 우선 당신이 게임에서 살아남는 것이 가장 큰 과제니까요. 본인의 생존도 장담하기 어려운데 다른 사람을 돕겠다는 것은 오만한 생각입니다. 이 게임에서 살아남기는 쉽지 않습니다. 남을 돕는 것은 그다음 문제입니다. 게임을 시작하면 운명을 걸어야 합니다. 이길 자신이 있다면 도전해도 되지만, 섣부른 생각으로 도전하면 낭패를 봅니다. 모든 것을 걸고 승자가 될 자신이 있으면 도전하십시오."

목숨을 걸어야 한다는 말은 진짜였다. 세라의 부재가 이것 때문일 것이란 확신이 들었다. 현수는 두려웠지만 세라를 구하는 유일한 방법이라면 선택의 여지가 없었다.

그런데 세라는 어떤 고민을 게임에 걸었을까? 세라를 구출해 내려면 세라의 고민을 정확히 알아야 했다. 현수는 그동안 자신이 얼마나 딸에게 무관심했는지 실감했다. 그저 돈만 벌어 오면 된다고 생각했던 것은 아닐까. 그러면서도 가정의 경제적 책임을 도맡지도 못했다. 이런데도 딸에게는 공부도 잘하고, 부모 말도 고분고분 잘 듣기를 바랐던 것이다. 왜 세라에게만 과도한 요구를 해 왔던 것일까? 그래서 세라는 부모를 불신한다고 하지 않았던가. 한 번이라도 진심으로 세라의 마음을 알아주려고 노력했다면……. 그러면 이토록 홀로 고민하며 고통스러워하지 않았을 것이다.

지금으로서는 일기장을 근거로 세라의 마음을 추측할 수밖에 없었다. 사춘기인 세라는 현실을 조금씩 깨달으면서 혼란을 겪은 것이 분명했다. 또 인생의 참된 의미를 찾으려고 애쓰고 있었다. 게다가 현실의 장벽에 대해 고민하고, 그 장벽을 넘을 수 있는지 근본적인 해답을 찾고 싶다고 했다.

결국 인간이 혼란스러운 세상을 고칠 수 있는지 알고 싶다는 말인가? 정답은 세라만이 알고 있겠지만, 지금은 그렇게 추측할 수밖에 없었다. 현수는 이 문제로 접근해야겠다고 마음먹고 목소리에게 딸의 신상을 이야기했다.

"중학교 3학년인 우리 딸에게 맞춰 매뉴얼을 정해 주시오."

"딸 때문에 게임에 참여하는 모양이군. 그런 문제로 찾아온 사람이 한둘이 아니지. 이렇게 충고해 주고 싶네. 왜 그걸 자신의 문제로 받아들이지 못하고 자식의 문제로 생각하느냐는 걸세. 정말 자기 삶을 열심히 살았다면 왜 애들이 다른 생각을 품었겠는가? 부모가 모범을 보이지 못했으니까 자식이 따라 배우지 않는 것이지. 그렇다면 자기 삶이 어떤지 냉정히 살펴보고, 그로부터 해결 방안을 찾으려고 노력하는 것이 순서 아닌가?"

현수는 딴죽을 거는 목소리에 기분이 상했다.

"지당하신 말씀입니다. 그러나 애들이 고민할 문제와 어른이 고민할 문제는 따로 있는 것 아닙니까? 왜 애들 문제를 어른 문제로 돌리라고 하는 겁니까?"

"참으로 답답하군. 애들을 몰라도 너무 몰라. 지금 애들이 뭐라고 하는지 아나? 상처받고 살 수밖에 없는 세상을 만들어 놓고 왜 어른들은 우리 탓만 하느냐고 하네. 차라리 나쁜 세상이라면 실제 모습을 그대로 보여 달라는 거지. 힘없고 가난한 자는 무시당한다는 것을 알면서 왜 말로는 안 그런 척하느냐? 왜 정의와 선이 이긴다는 말도 안 되는 소리를 하고, 그런 소리를 쓴 책을 보여 주느냐? 어른들은 거짓으로 똘똘 뭉쳐 있는 사람이니까 더 이상 물어볼 필요도 없다는 거야. 그러니까 이제 자기들이 직접 나서서 해답을 찾아보겠다는 것이네.

내가 제시한 길을 따라가야 자네 문제의 해답을 찾을 수 있을 거야. 자기 잘못은 돌아보지 않고, 계속 잘난 척에 훈계하려고만 하니……. 그런 꼬락서니로 뭐가 해결되겠는가? 다시 말하지만 자신의 삶을 냉정하게 돌아보고 그에 맞는 매뉴얼을 정하기 바라네. 이게 내가 할 수 있는 최선의 충고일세.”

현수의 얼굴이 벌겋게 달아올랐다. 더 이상 할 말이 없었다. 출판인으로 살아온 삶의 과정이 바로 그렇지 않았던가. 세상에 길이 남을 좋은 책을 내고 싶은 열망은 가슴속에 묻어 두고 상품성에 굴복해 금방 쓰레기통에 들어갈 책을 내지는 않았던가. 이것이 바로 삶의 왜곡이자 타락이었다. 그래 놓고 아이들에게는 도덕에 맞춰 행동하라고 나무랐다. 나중에 사회에 나가 보면 그런 것은 허구라는 걸 금방 알아차리겠지만, 그전까지는 꿈의 세계에 가둬 놓고 싶었던 것 아닐까. 이런 약삭빠른 처신을 보고 딸은 위선적이라고 했던 것 아닌가.

세라의 말이 옳았다. 어른들이 만들어 놓은 굴레를 짊어진 건 아이들이었다. 쳇바퀴를 돌리는 일 말고는 할 게 없게 만들었으니. 이건 절대 딸에게 물려주어서는 안 되는 것이었다.

현수는 처음 출판계에 발을 디디던 시절의 순수함이 떠올랐다. 그 뒤 상품성 있는 책만을 십수 년 동안 만들어 온 지난날이 파노라마처럼 펼쳐졌다. 삶에 찌들어 무미건조하게 사는 자신의 삶이 고통스럽게 느껴졌다. 인류의 양식이 되는 책을 만들겠다는 젊은 날의 열망이 되살아났다. 현수는 자신이 부딪친 삶의 문제로 사이버 게임에 임해야겠다는 생각이 들었다. 어쩌면 이것이 딸에게, 그리고 다음 세대에게 해 줄 수 있는 유일한 것이라는 확신이 들었다. 현수는 목소리에게 말했다.

"맞춤형 매뉴얼을 준다고 하더니 정말 그렇군요. 제가 무슨 문제를 풀어야 하는지 일깨워 주셔서 감사합니다."

현수는 게임의 내용을 자신의 매뉴얼로 변경했다.

그것은 인류 지성사를 종합적으로 살펴보는 것이었다. 지성사의 대가들이 어떤 고뇌를 겪으면서 인간 문제를 해결하려고 시도했는지 파악하는 것이었다. 그 자양분으로 과연 인간이 세상 문제를 풀 수 있는 능력이 있는지 따져 보는 책을 만들고 싶었다. 이것은 젊은 날부터 현수가 고심해 온 부분이기도 했다.

"이 매뉴얼로 게임을 하겠다고? 결과는 보나 마나일 텐데?"

목소리의 말이 가슴을 울렸다. 하지만 더 이상 머뭇거릴 수는 없었다.

"물론 질 수도 있고, 목숨을 잃을 수도 있겠지요. 그렇지만 진심으로 딸을 사랑한다면, 참된 출판인이 된 아비의 모습을 꼭 한번 보여 줘야 하지 않겠습니까? 세라가 고민하는 부분과 내 매뉴얼이 다르지 않다고 생각합니다. 그게 바로 상처받는 딸의 영혼을 치유할 수 있는 길이고, 꿈과 이상을 포기하지 않고 살아가는 힘일 것입니다."

"딸을 생각하는 마음은 알겠네. 하지만 인간이 세상 문제를 해결할 수 있다면 왜 여태껏 그렇게 살아왔겠는가? 이 게임의 승부는 뻔하네. 질 수밖에 없다는 말이야. 차라리 다른 매뉴얼을 선택하는 게 어떻겠나? 예를 들면 개인적인 성공 같은 거 말일세. 사업적 성공이나 명예, 권력 등 개인적 문제를 선택하면 실패율이 훨씬 적을 것 아닌가? 100% 실패할 것을 알면서 함부로 운명을 시험하는 게 안타까워서 그러네. 소개자는 감정을 드러내지 않는 것이 원칙이지만, 지금까지 그런 매뉴얼로 도전해서 성공한 사례가 없었네. 용기는 가상하지만 그만두라고 충고하겠네."

하지만 현수는 주먹을 불끈 쥐었다.

"충고는 감사합니다만 그런 말을 들으니 더욱 부딪쳐 보고 싶군요. 나 말고도 그런 고민을 한 사람이 있었다는 게 한편으로는 다행이네요. 설사 제가 실패한다고 해도 누군가가 또 도전할 것 아닙니까? 진정한 고민을 해결하기 위해 싸운다면 지더라도 후회는 없을 것 같습니다."

현수가 도전 의사를 강력히 표명하자, 목소리는 더 이상 붙들지 않았다.

"굳이 그 매뉴얼로 하겠다니 할 수 없군. 자, 그럼 매뉴얼에 따라 게임을 시작하겠네."

게임이 시작되는 기계음이 들렸다. 목소리가 게임의 룰을 설명했다.

"이 게임에서는 여러 단계를 거쳐야 하네. 단계를 거칠 때마다 게임의 강도도 점점 높아질 것이네. 그러나 들어간 단계에서 이기지 못하면 그것으로 게임은 종료될 걸세. 자네는 인류 지성사를 선택했으므로 매 단계에서 문답으로 시험이 이루어지지. 질문에 대답을 못 하거나 해답을 제시하지 못하면 지게 된다네. 게다가 이 매뉴얼은 철학적인 문제를 넘어 인간이 이 세상을 고칠 능력이 있는지 해답을 찾는 복합적인 것이므로, 마지막에는 가장 어려운 관문이 기다리고 있을 걸세. 누구도 통과하지 못한 관문이지. 자, 다시 한 번 묻겠네. 지금이라도 그만두고 싶다면 게임에서 빠져나갈 수 있어. 그러나 게임이 시작되면 돌이킬 수 없네."

"아닙니다. 게임에 임하겠습니다."

게임이 막 시작되려고 했다. 현수는 다급하게 질문을 했다.

"잠깐만요! 지금 꼭 물어보고 싶은 게 있습니다. 게임이 시작되면 물을 수 없을 것 같아서요. 혹시 내 딸의 소식을 조금이라도 알 수 있습니까? 딸을 찾아서 데려오려면 조금의 힌트라도 있어야죠."

갑자기 게임이 멈추는 소리가 났다.

"허허, 내 그토록 일러 주었건만. 아무래도 자네는 이 게임에 응할 준비가 돼 있지 않은 것 같군. 그만 나가 보게."

현수는 순간 아찔했다.

"현실 세계와 같다더니, 어찌 아비의 감정을 그리 매정하게 내치십니까? 정 그렇다면 좋습니다. 딸의 운명이 아니라 내 운명을 걸고 기꺼이 도전하겠습니다."

"썩 맘에 들지는 않지만, 알겠네. 정 그렇다면야 선택의 기회를 뺏을 수는 없지. 하지만 자신의 운명을 걸지 않고 다른 누구를 대신하려고 하면 바로 종말을 맞게 될 거야. 그걸 명심하게. 자, 내 역할은 여기까지네. 자네의 건투를 비네. 게임이 곧 시작될 테니 천천히 앞으로 걸어 들어오게."

목소리가 사라지고 무거운 정적이 감돌았다. 현수는 무인도에 홀로 버려진 것 같은 적막감과 당혹스러움을 느꼈다. 그러나 멈추기에는 너무 늦었다. 그의 앞에 희뿌옇게 자기장이 생겼다. 현수는 조심스럽게 한 발 한 발 내디뎠다. 게임마다 승부가 결정된다고 하니, 어떤 상대와 게임을 하게 될지 알 수 없는 일이었다. 그때 현수는 갑자기 묘한 기분이 들었다. 누군가가 자신을 지켜보고 있는 것 같았다. 현수는 애써 무시하며 앞으로 계속 나아갔다. 불현듯 한 사람이 눈앞에 나타났다.

공자와 플라톤의 성인·철인 정치

“당신은 누구요? 정체를 밝히시오.”

현수는 경계하는 목소리로 물었다.

“내가 당신을 잡아먹는 것도 아닌데 왜 그리 놀라나? 하긴 나와 상대를 해야 하니 겁이 나기도 하겠지. 하지만 우리가 벌일 승부는 몸싸움이 아니지 않은가? 그렇게 두려워해서야 어디 맞상대라 생각하겠는가.”

현수와 달리 맞상대는 여유 만만한 목소리였다. 느긋하게 발걸음을 떼는 폼도 예사롭지 않았다. 현수는 맞상대의 모습을 찬찬히 훑어보았다. 옷차림으로 보아 고대 사람임이 분명했다. 그런데 묘한 것은 옷 모양이 시시각각 달라진다는 점이었다. 중국 춘추 전국 시대의 것으로도, 고대 그리스 시대의 것으로도 보였다. 전혀 다른 두 옷차림이 모두 잘 어울렸다. 그런데 강렬한 눈빛 때문인지 옷차림에 더 이상 신경이 쓰이지 않았다. 예사 인물이 아니었다. 첫 단계부터 만만찮은 맞상대를 만난 것 같았다.

“당신이 저와 처음으로 겨룰 상대라는 말인가요?”

"왜, 두려운가? 사시나무 떨듯 하는군."

맞상대는 기선을 제압하겠다는 기세였다. 그러나 현수는 물러서지 않았다.

"그거야 맞붙어 보면 알겠지요. 그런데 이 게임은 어떤 방식으로 진행되는 겁니까?"

"앞에서 다 말해 주었을 텐데? 그래도 모르겠다면 내 다시 한 번 알려 주지."

맞상대는 면박을 준 것과는 달리 게임의 룰을 차분하게 설명해 주었다. 문답식 게임이지만 새로운 인물이 나오며, 그들의 고뇌와 주장을 듣게 된다는 것이다. 그러는 가운데 질문이 이어지고 현수는 그 해답을 내놓아야 한다.

"새로 소개되는 분들도 저와 맞설 상대입니까?"

"그건 아니네. 진짜 게임은 나와 한다고 하지 않았나? 따라서 자네는 아무 때나 내 질문에 대답해야 하네. 내가 할 만한 질문을 예상해서 그분들에게 묻거나 반문을 할 수도 있네. 그러나 잊지 말게. 내 질문에 대답하지 못하면 게임은 바로 끝난다는 사실을 말이네. 그게 무엇을 의미하는지는 자네도 잘 알고 있겠지? 자네가 나를 이길 가능성은 거의 없겠지만, 만에 하나 그리되면 이 게임을 수행한 만큼 힘을 얻어 새 단계로 진입할 수 있을 걸세."

현수는 어쩔 수 없이 고개를 끄덕였지만 뭔가 불만스러웠다.

"네, 게임의 진행 방식은 이해했습니다. 하지만 저와 다른 분이 대화하는 도중에 끼어들어 허를 찌르겠다는 것 같아 썩 내키지는 않습니다."

맞상대는 기가 막힌 표정이었다.

"그런 걱정은 접어 두게. 자네는 내 모습을 보겠지만, 그 사람들은 나를 못 보고 내 목소리도 못 들으니 말이야. 당연히 내 질문에 대답할 때는 자네 목소리도 듣지 못할 게야. 이 규칙은 매뉴얼 전반에 적용된다네."

현수는 여전히 탐탁지 않아 했다.

"내게만 유리한 룰을 적용하는 것 같나? 그게 아니라는 건 자네도 곧 알 거야. 이 게임은 어떤 경우에도 불공정한 룰을 적용하지 않는 것이 철칙이니 말일세. 그럼 왜 그런 룰을 정했느냐? 이 게임 매뉴얼은 인류 지성사를 여행하는 것일세. 그렇다면 그런 고민을 한 분들을 만나 보아야 할 것 아닌가? 그러나 게임은 자네하고 나하고만 하는 것이니 그분들이 우리의 대화를 듣지 못하는 것이 당연하지 않은가? 만약 우리의 대화가 들린다면, 그분들이 자네에게 힌트를 줄 수도 있으니 말일세. 그렇다면 그거야말로 공정하지 못한 거지. 자네의 운명은 자네 스스로 결정하는 것인데 누군가의 도움을 받는다면 말이 안 되지 않는가?"

현수가 고개를 끄덕이자 맞상대의 눈이 빛났다.

"룰에 대해서는 이해한 것 같군. 그럼 이제부터 게임이 시작될 것이네. 나의 맞상대이긴 하지만 자네의 건투를 비네. 그리고 공정한 게임을 벌이세나. 자, 그럼 시합장으로 가 보지."

맞상대가 현수에게 손을 내밀었다. 그는 굳은 몸을 맞상대의 손에 내맡겼다. 둘의 몸이 허공으로 떠오르면서 앞으로 나아가는 게 느껴졌다. 아찔했다. 화살처럼 순식간에 지나가서 정확한 판단을 내리기는 어려웠지만, 책에서나 보았던 옛날 세상이 스치고 지나가는 것 같았다. 타임머신을 탄다면 이런 느낌일 거라는 생각이 들었다.

벌써 도착한 모양인지 맞상대는 거침없는 속력을 내며 앞으로 나아갔다. 누굴 만나게 될지 생각할 여유마저 없었다. 현수는 뒤를 따르면서 곁눈질로 그곳을 훑어보았다. 학생들이 공부하는 곳 같았다. 두 군데로 나뉘어 있었고, 각 장소에 있는 사람들의 차림새도 확연히 달랐다. 왼편은 춘추 전국 시대에 유생들이 공부하는 장소 같았고, 오른편은 고대 그리스 아테네에 있는 학당 같았다.

"아, 이번에 소개받을 분이 공자와 플라톤입니까?"

"그렇다네. 그 정도 눈썰미가 있다니 다행이군."

"왜 제일 처음 공자와 플라톤을 만나야 하는지 잘 이해되지 않는군요."

맞상대가 혀를 찼다.

"그리 말하는 걸 보니 자네는 내 적수가 못 되는 것 같네. 지금이라도 깨끗이 포기하는 게 어떤가? 내 조금은 선처해 주도록 하지."

기를 꺾으려는 상대의 말에 현수는 분명한 어조로 대꾸했다.

"그리 말씀하시면 안 되지요. 제가 아무리 비전문가라도 동서양에서 현인으로 추앙받는 공자와 플라톤을 모르겠습니까? 인류 지성사를 따라가려면 그분들부터 살펴보기는 해야겠지요. 제가 이해할 수 없는 것은 왜 그분들을 옛 시·공간 속에서 만나야 하느냐는 겁니다. 제 맞춤 매뉴얼을 생각해 보면, 가장 중요한 것은 인간이 21세기에 닥친 세상 문제를 풀 수 있느냐는 것 아닙니까? 그런데 21세기 세상 문제에 과연 공자나 플라톤이 해답을 줄 수 있을까요? 그분들은 구시대 사람이 아닙니까? 게다가 21세기 문제를 풀려면 현실에서 치열하게 맞붙은 가운데 옛날 사람들의 생각을 들어야죠. 다짜고짜 예전 시대로 가서 살펴본다고 과연 해답을 찾을 수 있겠습니까? 이건 아무래도 아니라고 생각합니다."

현수의 소신 있는 발언에도 맞상대는 코웃음을 쳤다.

"한 인간의 사상을 논할 때 그 시대와 장소를 떠나서 어떻게 평가할 수 있겠는가? 그러니 당연히 그 시대와 공간에서 만날 수밖에 없지 않은가?"

현수는 답답해서 가슴을 쳤다.

"공자와 플라톤의 사상을 아는 것이 중요한 게 아니라, 현실의 문제를 풀 수 있느냐 없느냐가 가장 중요합니다. 그런데 옛 현인의 사상을 아는 것이 핵심인 것처럼 말씀하시니 좀 납득이 안 됩니다. 게다가 그분들이 21세기에 닥친 문제를 푸는 데 도움이 될지 모르겠습니다."

맞상대는 게임의 진의를 모르는 현수가 답답했다. 그렇지만 동요하지 않고 차분하게 설명을 했다.

"그렇게 고집스럽게 자기주장만 펼칠 텐가? 그런다고 게임에서 이길 수 있는 건 아니네. 최소한 나를 설득해야 할 것 아닌가? 그러나 나는 전혀 자네 말에 공감도, 동의도 안 한다네. 왜냐하면 자네의 논리가 모순되기 때문이야. 처음에 자네가 원한 것은 무엇이었나? 인류 지성사를 살펴보면서 인간이 세상의 문제를 해결할 능력이 있는지 알아보자는 것 아니었나? 그렇다면 그런 문제로 치열한 고민을 했고, 나름 해답을 제시했던 원조를 찾아뵙는 것은 당연한 것 아닌가? 원조 중의 원조가 바로 공자와 플라톤이니 말일세."

과연 쉬운 상대는 아니었다. 논리 정연한 상대의 말에 현수는 할 말을 잃었다. 게임이 시작되기도 전에 탈락할까 봐 두려웠다. 그러면 딸을 되찾아 오는 것은 고사하고 자기 운명마저 끝장난다. 그렇다고 물러설 길이 있는 것도 아니었다. 어차피 시작된 게임이니 밀고 나갈 수밖에 없었다. 하지만 억지 논리를 펴는 치졸한 모습을 보이긴 싫었다. 현수는 솔직하게 물었다.

"제 짧은 소견과는 달리, 당신은 공자와 플라톤의 해결책을 듣는 게 현실 문제를 푸는 데 도움이 된다고 생각하시는 것 같습니다. 왜 그런지 설명해 주셨으면 합니다."

맞상대는 껄껄 웃으며 말했다.

"이제야 자신의 한계를 깨달은 모양이군. 벌써 이렇게 승복하면 재미없는데? 좋아, 아직 본 게임에 들어간 게 아니니 이번만은 봐주기로 하지. 내가 이해하기 쉽게 설명해 주겠네. 자네는 그저 말로만 현실을 부르짖고 있네. 그런데 현실 사회가 어떻게 만들어졌는지는 도무지 생각하지 않는단 말일세. 자네가 살고 있는 세상이 어느 날 갑자기 하늘에서 뚝 떨어진 것은 아니잖나. 인류가 등장한 이래 모든 것이 쌓이고 쌓여서 생긴 거란 말이네. 그렇기 때문에 세상의 잘못된 점을 고치려면 인류 지성사의 모든 자양분을 모아야 할 것 아닌가. 그래야 자네가 맞닥뜨린 현실의 문제가 풀린단 말이야. 인류가 쌓아 온 자양분은 모두 같은 게 아니라네. 하지만 그것들은 하나같이 어떻게 하면 세상을 고칠 수 있을까 하는 문제의식에서 출발했다는 걸 생각해 보게. 그중에서 불합리한 현실 사회를 고치고 이상 사회를 실현하고자 했던 사람들의 원조 격이 바로 공자와 플라톤이네. 인간과 사회라는 현실적인 각도에서 접근한 분들이었지. 그 때문에 그분들은 시대를 막론하고 비중 있게 논의되어 왔던 거야. 그만큼 인류 지성사에 큰 영향을 끼쳤지. 그래서 가장 먼저 공자와 플라톤을 만나는 거야. 무슨 말인지 알겠나? 시대적 한계를 무시하라는 얘기가 아니라, 그분들이 무슨 고민을 했고 해결책을 어떻게 마련했는지 배우라는 거네. 그게 두 분이 우리 인류에게 남긴 업적이라네. 자네가 그 자양분을 받아서 한계를 뛰어넘을 수 있는가가 이번 게임의 열쇠라네. 어떤가, 나하고 상대할 자신이 있는가?"

맞상대의 말은 거침이 없었다. 현수는 그가 자신보다 한 수 위라는 걸 깨달았다. 처음 봤을 때부터 만만찮은 상대라는 것은 알았지만, 이 정도일 거라고는 미처 예상하지 못했다. 결국 어떻게 해도 지고 말 거라는 생각을 지울 수 없었다. 그 모습을 본 맞상대가 다시 입을 열었다.

"허허, 이미 승부가 난 겐가? 벌써부터 이러면 게임이 재미없지 않은가? 운명이 그렇게 쉽게 개척되는 것이었으면 세상 사람들이 왜 그렇게 살겠는가? 게다가 인간의 근본적인 능력을 캐겠다는 사람이 이 정도로 쓰러져서야 되겠나? 우선 공자와 플라톤의 가르침을 받으면서 방도를 찾아야 할 것 아닌가. 두 분의 가르침을 받다

보면 게임에서 이기는 수가 나올지도 모르니. 이거야, 원. 맞상대를 다독거려야 하다니. 이렇게 나약한 사람이 어떻게 이런 게임에 들어왔는지 모를 지경이네. 자, 힘을 내서 앞으로 가 보자고! 그래야 딸을 볼 낯이 생길 것 아닌가?”

맞상대는 조롱하는 어투로 투덜거렸다. 하지만 현수는 대꾸할 기력도 없었다. 완전히 기선을 제압당한 꼴이었다. 세라를 위해서도 힘을 내야 했다. 나중에 지더라도 최선을 다하는 모습을 남겨 주어야 했다. 더 이상 부끄러운 아버지가 될 수는 없었다.

벌써 맞상대는 저 멀리 앞서 가고 있었다. 현수는 다시 마음을 다잡고 그를 뒤쫓았다. 맞상대는 ‘공자 유생소’라는 현판이 있는 곳에서 기다리고 있었다. 현수가 다가오자 그는 문을 열고 안으로 들어가라고 손짓했다. 안으로 들어서자 한 유생이 현수를 정중하게 맞았다. 이미 그가 올 것을 알고 있는 듯한 태도였다.

“어서 오십시오. 두 스승님께서 기다리고 계십니다.”

“네에? 그렇다면?”

“네. 제 스승이신 공자님과 그리스의 아카데메이아를 창립하신 플라톤 선생님 말입니다.”

유생의 뒤를 따르면서 현수는 고개를 갸웃거렸다. 맞상대의 말대로 유생은 전혀 그가 있는 것을 눈치채지 못했다. 현수가 맞상대를 쳐다보자 그가 빙그레 웃었다.

그들은 여러 건물을 지나쳤다. 각 건물에서 시와 서, 악 등을 공부하는 모습이 보였다. 간간히 책을 읽는 소리도 들렸다.

‘옛날 사람들은 저렇게 공부했나 보구나.’

어떤 건물 앞에 이르자 유생이 걸음을 멈췄다. 그러고는 고개를 조아리며 안쪽을 향해 고했다.

"스승님, 손님을 모시고 왔사옵니다."

"오오, 그런가. 어서 안으로 드시라 하게."

유생이 현수에게 들어가라는 손짓을 했다. 조심스럽게 문을 열고 안으로 들어서는 현수를 따라 맞상대도 들어왔다.

가운데 놓인 탁자를 두고 좌우에 두 사람이 앉아 있었다. 좌측에 있는 사람은 60대 정도로 보였고 성인의 느낌을 풍겼다. 우측에 앉아 있는 사람은 50대 정도로 보였고 철인의 인상이었다. 좌측은 공자, 우측은 플라톤이었다.

두 사람은 현수에게 앉으라는 손짓을 했다.

"나는 공자라고 하오. 반갑소."

"나는 플라톤이라고 하네."

"예, 반갑습니다. 두 분을 이렇게 만나 뵙다니!"

현수는 고개를 숙여 인사했다.

"여기까지 오느라 수고가 많았네. 자네에 대한 얘기는 이미 전해 들었네. 우리가 자네에게 얼마나 도움이 될지 모르겠지만, 아무쪼록 좋은 성과가 있었으면 하네. 우선 차 한잔 마시면서 긴장을 풀게나."

현수는 머리를 조아리며 예를 표시했다. 공자 앞에서는 무엇보다 예의에 신경 써야 한다고 생각했기 때문이다. 하지만 공자는 크게 개의치 않는 듯했다.

"이곳 분위기가 마음에 드나? 막 도착했으니 아직 둘러보지 못했겠구먼. 하지만 그런 게 지금 자네 눈에 들어오겠나? 무엇보다 진수를 아는 게 중요하겠지. 이와 관련해서 내가 했던 말이 있는데 혹시 알고 있나? '조문도(朝聞道)면 석사가의(夕死可矣)'라고, 아침에 도를 들으면 저녁에 죽어도 여한이 없다는 말이네."

공자의 이 말에 플라톤이 현수 대신 답을 했다.

"성인으로 칭송받는 분이 너무 겸손하십니다. 하긴 도나 진리라는 것은 손에 잡히지도 않고, 눈에 보이지도 않으니 참으로 깨닫기가 어렵지요. 하지만 본질적으로 접근하면 꼭 불가능한 것만은 아닙니다. 그렇지요?"

공자가 엷은 미소를 지었다.

"본질적으로 접근한다는 말이 맞을 수도 있소. 하지만 마음 따로, 행동 따로 하는 사람을 사람답게 보기는 어렵지요. 어차피 마음 따라 행동이 따라가는 건 당연한 것 아니겠소이까?"

플라톤의 눈이 빛났다.

"그렇지요. 그런데 그 마음이라는 건 결국 앎(知)에서 나오는 게 아니겠습니까? 그렇다면 앎을 찾아야 하는데, 과연 현실의 현상계에서 찾는 게 가능할까요? 현상계에 가득 찬 허상에 사로잡혀 내내 헤맬 것입니다. 그러니 본질적인 존재에서 찾아야 답을 알 수 있습니다."

"글쎄올시다. 허상을 붙들고 헤매지 않으려면 본질적인 문제에 접근해야 하겠지요. 그래야만 문제가 무엇인지 분명히 깨닫고, 해결의 길로 향할 수 있을 테니 말이오. 사람들이 왜 당신에게 철학에 본질적 질문을 던져 준 철인이라고 하는지 알 것 같소. 하지만 나는 그 점에선 당신에게 동의할 수 없구려. 사람이 사는 곳이 바로 현실 아니오. 그곳이 아닌 다른 곳에서 답을 찾는다는 것은 아무래도 말이 안 된다고 생각하오. 그러니 아무리 어렵더라도 현실에서 답을 찾아야 한다고 보오."

공자의 반론에도 플라톤은 엷은 미소를 잃지 않았다.

"아무리 어렵더라도 현실에서 답을 찾아야 한다는 말씀이 참으로 존경스럽습니다. 그 길이 얼마나 험난한지는 저도 익히 아니까요. 왜 많은 사람들이 당신을 성인으로 따르는지 알 것 같습니다."

두 사람은 서로 입장은 달랐지만, 서로를 존중하면서 대화를 이어 나갔다. 역시 경지에 오른 사람들은 다르다고 현수는 생각했다. 두 사람처럼 다른 사람의 의견을 경청하고 인정해 준다면 세상의 많은 문제는 쉽게 해결되었을지도 모른다. 그러나 현실에서 그런 일은 일어나기 어려웠다.

그때 밖에서 차를 가져왔다는 소리가 들렸다.

"어서 들어오게."

시종으로 보이는 사람이 차를 내려놓고 나가자 다시 공자가 말문을 열었다.

"이런, 그리고 보니 손님을 모셔 놓고 우리끼리만 얘기했구려. 무례를 용서하게."

"이제부터 손님이 가져온 주제로 이야기를 시작하면 어떻겠습니까? 자네가 궁금한 것을 우리에게 먼저 얘기해 주는 것도 좋고."

현수는 무엇을 먼저 물어야 할지 당황스러웠다. 그가 공자와 플라톤에 대해 아는 바는 아주 적었다. 그나마 아는 지식도 수박 겉 핥기식이었다. 게다가 21세기 현실에 대해 두 사람이 답해 줄 만한 게 있을지도 의문스러웠다. 아까도 맞상대에게 그 같은 얘기를 꺼냈다가 한 방 먹지 않았던가. 현수는 딱히 무엇을 물어야 하는지 판단이 서지 않았다.

"제가 뭐 아는 게 있어야……."

현수가 말끝을 흐렸다.

"인간이 세상 문제를 고칠 수 있는가 하는 원초적 문제의 해답을 찾고 싶다는 거 아니었나? 처음 여기 오고자 했던 용기는 다 어디로 간 겐가? 인간사의 문제를 그리 쉽게 풀 수 있다면 어느 누가 그리 고생하고 살겠는가? 그게 어려우니 여러 입장이 나오는 거라네. 자네와 우리는 살아온 시대가 다르니 세상을 보는 시각이 조금 다를 수도 있겠지. 그러면 무엇으로 이야기를 시작하면 좋을까? 그래, 자네 세상에서는 우리의 주장을 사람 사이의 차별을 옹호하는 이론이라고 본다는 애길 들었네. 그것은 원래 우리가 추구하는 것이 아니었네. 그러면 왜, 어떻게 우리가 그 같은 주장을 폈는지부터 이야기하는 건 어떻겠나?"

플라톤의 말에 현수는 고개를 끄덕였다. 플라톤은 그동안 할 말이 많았던 모양이었다. 그는 공자에게 물어보지도 않고 먼저 말을 꺼냈다.

"사람들이 범하는 어리석음 중에 하나가 바로 이런 경우라고 보네. 겉으로 알려진 주장만 듣고는 모든 것을 아는 것처럼 판단해 버린다는 거지. 왜 그런 고민을 했는지, 왜 그런 해결책을 내놓았는지 종합적으로 판단하는 깊은 탐구심이 아쉽다네. 내가 왜 그런 고민을 하게 되었는지 들려주겠네."

플라톤은 자신이 살았던 고대 그리스의 아테네 이야기를 시작했다. 페리클레스 시대 이래로 번영을 누려 온 도시 국가 아테네는 더욱 세력을 확장하려고 혈안이 돼 있었다. 이에 위협을 느낀 이웃 도시 국가들은 아테네와 전쟁을 하도록 스파르타를 부추겼다. 결국 고대 그리스는 아테네를 지지하는 측과 스파르타를 지지하는 측으로 나뉘어 수십 년에 걸친 혹독한 전쟁을 치렀다. 이것이 바로 펠로폰네소스 전쟁이었다. 아테네는 이 전쟁에서 패하면서 매우 혼란스러운 상황을 겪었다. 그중에서도 가장 충격적인 사건은 소크라테스가 사실상 살해되었다는 점이었다.

"다들 아는 것처럼 소크라테스는 내 스승님이었지. 하지만 내가 심한 충격을 받았던 건 그런 사적인 관계 때문만은 아니었네. 당시 소크라테스는 현자라고 칭송받는 인물이었네. 그런데도 그분 발뒤꿈치도 따라가지 못하는 사람들이 작당해서 스승님을 죽였지. 그것도 시민들을 선동해 혼란스러운 틈을 타서 반란을 꾀했다는 말도 안 되는 죄목으로 말이야. 나는 이런 상황을 목격하면서 도대체 왜 이런 일이 벌어지는지 이유를 알고 싶었네."

"그게 이데아론과 관련 있는 겁니까?"

현수가 조심스럽게 물었다.

"그렇다네. 실제로 들여다보면 이데아론이 그렇게 거창한 건 아니라네. 당시 사람들이 말하는 진리란 어떻게 보면 허무맹랑했어. 코에 걸면 코걸이, 귀에 걸면 귀걸이라는 식이었지. 프로타고라스의 '인간이 진리의 척도'라는 주장도 그중 하나였지. 자기 입맛에 따라 진리가 다르다는 말이니까. 자신의 이익을 놓고 얼마나 변론을 잘 펴는가가 현자와 능력 있는 사람을 가늠하는 기준이었어. 정작 현자였던 소크라테스는 이 같은 사람들의 음모에 휘말려 죽었네. 그래서 나는 선과 덕, 정의가 어떻게 사람들의 처지나 입장에 따라 달라질 수 있는지를 놓고 고심했네."

플라톤은 잠시 말을 멈추었다가 다시 이었다.

"나 역시 '선'이라는 보편자, 즉 개개 사물의 이상적 원형이 있어야 한다는 소크라테스의 주장에 동의했다네. 보편적인 덕과 정의가 있어야 그에 준해 판단을 내릴 수 있지 않겠는가? 그래야 애매한 사람이 죽는 걸 막을 수 있고, 혼란한 세상도 바로잡을 수 있네. 나는 '보편자'라는 본질적인 존재를 떠올렸고, 그건 자기 이익을 챙기기 위해 변론으로 달라지는 게 아니라는 결론에 도달했지. 왜 그런지 아는가? 자, 우리가 동그란 원을 그린다고 가정해 보세. 우리는 정확히 360도의 본질적 원이 있다는 걸 아네. 하지만 아무리 컴퍼스로 정확히 그린다고 해도 본질적인 원에는 미치지 못하네. 어떻게 해도 불완전할 수밖에 없지. 그러므로 그린 원은 본질적인 원의 그림자에 불과하네. 그러니 우리는 본질적인 존재를 찾아야 하지 않겠는가? 우리가 본질적 존재를 향해 나아가야 각자의 이익에 따라 진리가 달라지는 혼란을 바로잡을 수 있겠지. 안 그런가?"

갑작스러운 질문에 현수는 말을 더듬었다.

"그, 그러니까…… 지금 하신 말씀은 어떤 절대적인 기준이 없으면 자신의 관점에 따라 진리를 파악한다는 거지요? 그 때문에 결코 선이나 덕, 정의를 세울 수 없다는 뜻이기도 하고요. 하지만 현실 속에서 살아가고, 그곳에서 자기 욕심을 채우려는 것이 인지상정 아닙니까? 그걸 부정한다면 어떻게 사람들을 설득하겠습니까?”

현수의 반문에 플라톤이 답답하다는 표정을 지었다.

“되지도 않을 것을 극구 우겨서 될 것처럼 주장한다면, 그게 더 설득력이 없지 않겠나? 현상계, 즉 현실에서는 죽었다 깨어나도 선이나 덕, 정의를 찾을 수 없다고 생각하네. 그래서 나는 동굴의 비유를 들어 현상계에서 빠져나오라고 했던 거네. 동굴의 그림자 같은 허상에서 빠져나와야 이데아, 즉 진리를 깨달을 수 있고, 이데아를 실현하기 위해 노력한다는 거지. 진리가 무언지 모르면서 진리를 찾을 수 있겠나? 진리가 없는 곳에서 진리를 찾을 수 있겠나?”

현수는 플라톤이 이원론을 내세운 이유를 깨달았다. 현상계에서는 존재, 즉 이데아를 찾을 수 없다고 생각했기 때문이었다. 한편으로는 일리 있는 주장처럼 느껴졌다. 사람들에게 절대적인 해답을 제시하고, 그것을 얻기 위해 나아가자고 설득하는 게 더 현실적인 대안이기 때문이었다. 그러나 현실적인 이해관계로 얽혀 있는 사람들을 설득하기는 쉽지 않아 보였다. 현수는 혼란스러운 마음에 공자의 얼굴을 쳐다보았다. 그동안 묵묵히 듣고만 있던 공자가 입을 열었다.

“이론적으로만 따진다면 명쾌한 해답이오. 그런데 사람과 사회 문제를 논리만으로 해결할 수 있을지 의문이오. 플라톤 선생과 마찬가지로 나 역시 시대적 요구로 인해 문제의식이 생겼다오. 당시 우리 나라 상황도 그다지 좋지 않았다오. 주 왕실의 기틀은 무너졌고, 모두 이(利), 즉 사사로운 이익만을 추구하느라 혈안이었지. 사회 질서는 잡히지 않고 혼란만 가중되었소. 그렇게 계속 흘러간다면 인간 사회가 아니라 짐승이 사는 세상으로 전락할 것이 불 보듯 훤했소. 미래의 전망은 보이지 않고, 소인배들이 활개를 치는 세상이 될 거란 말이라오! 아마 이런 점에서 플라톤 선생도 나와 같은 고민을 했을 거라고 생각하오. 그러나 플라톤 선생과 나의 해결책은 판이했소. 선생은 현상계, 즉 현실에 계속 머문다면 해답을 찾기가 불가능하다고 보고 본질적인 존재 차원으로 논지를 전개해 해결하려고 했소. 하지만 나는 현실에 근거해 해답을 찾으려고 했소. 그러니까 사회가 이처럼 혼란스러운 건 예(禮)가 지켜지지 않고 무너졌기 때문이라고 본 거요."

현수는 갑자기 헷갈려서 공자에게 물었다.

"사회 질서를 바로잡는 근본적인 해결책이 예라는 말씀이시죠? 선생님은 인(仁)을 더 강조하시지 않았나요?"

공자는 엷은 미소를 띠며 고개를 끄덕였다.

"그렇네. 예는 바로 사람다움에서 나오기 때문이지. 하지만 사람을 사람답게 만드는 건 인이라네. 그러니 인은 예의 기초인 거지."

"그리 말씀하시니 더 어렵고 헷갈립니다. 인이 본질적인 근거라고 하시는 것 같은데, 그러면 플라톤 선생님이 본질적인 존재를 끌어들여 선과 덕, 정의를 거론하는 것과 인이 어떻게 다른지 궁금합니다."

공자는 고개를 가로저었다.

"무엇이 다른지는 처음부터 명확히 하지 않았는가? 플라톤 선생은 본질적 세계와 현상 세계를 구분하고 그로부터 논지를 전개하고 있네. 하지만 나는 현실 세계에서 해답을 찾고자 했네. 그렇지 않습니까, 플라톤 선생?"

"그렇습니다. 공자 선생의 주장은 나하고는 다르다네. 이데아 세계로부터 답을 구하려고 하는 나와는 달리, 현실 세계에서 해답을 찾으려고 했으니 말이네. 이런 점에서 공자 선생은 사람에 대한 깊은 애정을 가지고 있었다고 보네. 이 점은 특히 젊은이가 본받아야 하네."

"그런 황송한 말씀을. 인간을 사랑하는 것은 선생 또한 마찬가지 아니오? 그렇지 않았다면 덕과 선, 정의가 세워진 세상을 제시하면서 사람들을 구제하려고 노력하지 않으셨을 것 아니오?"

"칭찬받으려던 건 아니었는데……. 여하튼 공자 선생의 말씀을 계속 들어 보게."

공자가 다시 말을 이었다.

"나는 세상을 칼로 무 자르는 것처럼 나눠 보지 않았네. 사람 역시 마찬가지지."

"선생님께서는 이(利)를 탐하는 사람은 소인으로, 의(義)를 추구하는 사람은 대인이라고 말씀하지 않았습니까? 이것 또한 분리하여 바라본 입장 아닙니까?"

공자는 불쾌한 빛 없이 나직하게 설명을 이어 나갔다.

"소인과 대인을 완전히 분리했다면 그렇게 말할 수도 있겠지. 하지만 나는 소인과 대인의 그릇이 따로 있다고는 말하지 않았네. 이를 탐하는 것은 소인배가 할 짓이고, 대인, 즉 군자는 의를 추구해야 한다는 것이었네. 그러니 앞서 말한 구분 자체를 뛰어넘는 것 아니겠는가? 사람이 사람다움을 지키고 사는 것이 무엇인가 설명하고, 누구나 적극적으로 노력한다면 군자가 될 수 있다는 게 내 주장이었다네. 자네도 알다시피 사람들은 이를 탐하면서 인간다움을 잃어 가지 않는가? 그러니 그걸 바로잡으려면 무엇을 고쳐야 하는지 말해 주어야 하지 않겠는가?"

"인이라는 것이 무엇인지 명료하게 설명해 주시겠습니까? 사람다움은 너무 범위가 넓어서 무엇을 의미하는지 명쾌하지 않습니다."

현수의 질문에 갑자기 플라톤이 끼어들어 목소리를 높였다.

"젊은이, 그렇게 궁금하다면 왜 스스로 고민하여 찾으려고 하지 않는가? 자네 같은 사람을 보면 참 딱하다는 생각이 들어. 과연 진리를 찾고자 하는 갈망이 있는지 의문이 든단 말일세!"

"잘 몰라서 여쭤 본 것인데 왜 그리 노여워하시는지요?"

"모든 것을 손에 쥐어 주어야 안단 말인가? 생각해 보게. 현실에서 살아가는 사람의 특성은 어떠한가? 매우 복합적이고 다의적이지 않은가. 그런 행동을 칼로 무 자르듯 정확하게 표현할 개념이 존재하겠는가? 나야 명확하게 이데아의 세계를 현실 세계로부터 분리해 내니 개념 정리가 가능했네. 그러나 공자 선생이 말하는 인에는 이런저런 세상의 고뇌가 묻어 있네. 그래서 인은 사람다움이요,

때에 따라서는 사랑이기도 하고 극기복례나 중용이기도 하다네."

현수는 조급한 마음에 공자에게 대답을 종용한 것을 깨달았다.

"예, 선생님 말씀대로 제 생각이 짧았습니다. 다음부터는 주의하겠습니다."

"허허, 플라톤 선생. 노여움을 푸시게나. 복잡한 21세기에 이렇게 배우겠다고 나선 것만도 대단한 일이야. 그렇게 핀잔을 주어서야 어디 제대로 답이나 하겠소? 게다가 나이 많은 옛 사람과 대화하기도 버거울 게야. 우리가 이해해야지."

공자는 플라톤을 보고 빙그레 웃었다. 그러자 플라톤도 맞장구쳤다.

"하긴 그렇겠지요. 21세기 사람들이 진리를 탐구하려고나 합니까? 아니, 진리 자체를 알 수 없다는 넋두리나 늘어놓고 있지 않습니까? 그러니 진리를 찾아보겠다고 결심한 것만으로도 가상하지요. 우리 때와는 너무 달라서 한심하다는 생각에 지나쳤네. 이해해 주게나."

"아닙니다. 제가 경솔했습니다. 그런 말씀 마십시오."

현수가 거듭 머리를 조아렸다. 플라톤이 고개를 끄덕이며 다시 말을 이었다.

"그만하면 다 되었네. 역시 진리를 좇는 사람은 다르구먼. 자기 잘못을 깨닫고 뉘우치는 것만 해도 대단한 용기가 필요한 일이네. 보게나, 지(知)라는 것 자체가 원래 그런 것이라네. 그냥 알아서는 안 되는 게야. 참된 지는 그것을 행하는 데 있네. 그러지 않으면 아무 쓸모도 없거든. 21세기에 사는 사람들은 우리가 말한 이론만 놓고 내용과 체계가 얼마나 정확한지 따져 본단 말이야. 그러면 안 된다네. 내가 말한 이데아론도 사실 거창한 철학적 체계가 아니라네. 어떻게 하면 이 불합리한 현실을 고쳐 나갈지 치열한 고민 끝에 나온 것이지. 그런데 요즘 사람들은 지를 그저 지식으로만 이해한단 말이야. 어떤 글을 보더라도 껍데기만 보고, 결코 행하려 들지 않아. 그러니 결과가 어떻겠나? 지와 행이 겉돌고, 결국 현실에 안주해 자기 실속이나 차리는 것이지. 지식을 탐구하면서도 참된 지혜를 얻고자 치열하게 고뇌하지 않네. 그러면서도 진리를 인식하는 것 자체가 불가능하다는 타령만 늘어놓으니, 원. 그렇게 해서 잘못된 세상을 고칠 수 있겠는가? 지금껏 자네가 세상 문제를 회피해 온 데는 이런 시대 분위기 탓도 있었을 것이라 보네."

플라톤의 말에 공자가 뒤를 이었다.

"철학은 지혜를 사랑하는 것이므로 지식 추구로 끝나서는 안 된다는 것을 이리 명료하게 정리하시는 걸 보니 참으로 경탄스럽소. 플라톤 선생의 말씀대로 행하지 않으면 배움이라는 것은 아무 쓸모없지. 나중에는 아예 배우려는 시도조차 하지 않을 것이네. 21세기 사람들이 먹고살기 위한 기술 습득에만 매진하고, 사람의 도리를 지키며 살아가는 데 필요한 공부를 하지 않는 이유가 여기 있지. 그래서 내가 수신(修身)을 강조한 거라네. 지와 행을 일치시키려면 수신이 앞서야 하네. 그래야 배우는 이유를 알게 되고, 그 안에서 참된 기쁨을 얻을 수 있지."

두 사람의 대화를 듣던 현수는 궁금증이 생겼다.

"두 분은 진리를 탐구하지 않는 것과 잘못된 세상을 고치려고 치열하게 고민하지 않는 것의 근본적인 원인이 아는 것을 행하지 않는 데 있다고 보시는 것 같습니다. 하지만 말씀을 듣다 보니 이런 의문이 듭니다. 과연 우리는 무엇을 알고 있는가? 행하기 위해서는 알아야 하지만, 우리가 정말 아무것도 몰라서 행하지 못하는 것은 아닌가? 제 궁금증은 바로 이것입니다. 과연 진리를 온전히 파악할 수 있느냐 하는 것이지요."

"허허, 젊은이가 모처럼 질문다운 질문을 하는구먼."

플라톤의 얼굴이 밝아졌다.

"바로 그렇다네. 쉽게 진리를 터득할 수 있다면 이런 문제가 발생하지 않았겠지. 그러나 진리를 인식하기 어렵다는 것과 인식하지 못하는 것은 차원이 다른 문제가 아닌가? 젊은이, 이렇게 생각해 보게. 인간에게 지적인 인식 능력이 있다는 건 누구도 부정하지 못할 것이야. 그래서 인간은 여러 현상계의 허상에 얽매여 엉뚱한 곳을 방황하고 헤매지. 하지만 끊임없이 탐구한다면 결국 진리를 인식하는 길로 나아갈 수 있네. 우리가 동굴에 갇혀 있다고 생각해 보자고. 처음엔 사물의 그림자를 진리라고 여기겠지만, 계속 진리를 찾으려고 노력한다면 결국 태양이 사물을 비추고 있다는 걸 알게 되거든. 물론 현상계에만 빠져 있다면 허상에서 벗어나는 일이 쉽지 않겠지. 그렇기 때문에 제대로 바라보기 위한 교육이 필요하다네. 그래서 나는 아카데메이아도 설립했네."

"그러면 누구나 교육을 통해 철인이 될 수 있다고 보시는 겁니까? 그러나 선생님은 사람들을 통치자 계층과 수호자 계층, 생산자 계층으로 나누셨습니다. 그리고 계층별로 중요한 덕목이 지혜와 용기, 절제라 하셨지요. 그렇다면 누구나 철인이 될 수 없는 것 아닙니까?"

"그렇다네. 사람마다 능력이 다르니 그럴 수밖에 없지 않은가? 각자 능력이 다른데 똑같이 대하는 것이 오히려 불합리한 것 아닌가? 사람의 몸을 보게. 머리와 가슴, 손발이 각기 다른 역할을 하는 것처럼 사람도 능력에 맞게 대우해야 한다네. 한번 생각해 보게. 대부분의 사람들이 동굴의 그림자 같은 허상에 빠져 헤매는데, 과연 그 사람들이 원해서일까? 어쩔 수 없이 그리되는 것이네. 그러기에 각각에 맞는 맞춤 처방이 나와야 할 것 아닌가?"

현수는 불만스러운 목소리로 물었다.

"결국 선생님 주장에 따르면, 사람마다 능력이 다르므로 차별하는 게 당연하다는 것 아닙니까?"

플라톤은 기가 차다는 표정이었다.

"말도 안 되네. 자네는 능력에 맞게 대우해야 한다는 내 주장이 그렇게 들리는가? 사람마다 기준을 달리 적용할 때 차별이 생기네. 그런데 나는 사람들이 철인의 능력을 가지고 있는가라는 기준만을 사용했네. 앞에서 말했듯이 동굴의 그림자 같은 허상에서 빠져나오기 힘든 사람이 있네. 그러면 그 사람이 진리를 깨닫지 못하고 헤매는 것을 계속 지켜보아야 하겠나, 아니면 하루빨리 빠져나오도록 도와주어야 하겠나? 나는 사람들이 정의롭게 살 수 있도록 도와주어야 한다고 주장했네. 달리 말하면 사람을 차별한 게 아니라 도리어 사람들이 각자 가진 능력을 발휘하며 살아가도록 한 거네. 게다가 여자도 철인의 능력을 갖고 있다면 그에 마땅한 대접을 받아야 한다고 주장했네. 당시 사람들처럼 여성이라는 이유만으로 차별하지 않았단 말이네. 통치자 계층에게도 따끔하게 일침을 놓았다네. 사사로이 욕심을 채우는 일을 막기 위해 그들의 재산을 공동으로 소유해야 한다고 말일세. 그런데 이게 차별이란 말인가?"

현수의 반론이 이어졌다.

"개개인의 능력에 맞게 대우한다는 건 참으로 미묘한 문제라고 봅니다. 게다가 사람들을 능력에 맞게 대우하자면 현실 세계에 정말 철인이 등장해야 하는 것 아닐까요? 그런데 과연 그런 철인이 있을까요?"

플라톤은 언짢은 표정을 지었다.

"있다고 생각하네. 동굴 속에 그림자가 생기는 것은 태양이 있기 때문이지. 태양 없이 그림자가 생길 수는 없지 않은가? 그렇다면 태양같이 보편적인 존재나 이데아의 세계가 존재하는 것처럼 세상 이치를 꿰뚫은 철인이 있다는 것도 명백하지 않은가?"

그때 묵묵히 듣고만 있던 공자가 입을 열었다.

"플라톤 선생의 논리대로, 태양과 그림자의 관계만 보면 당연히 태양 같은 존재가 철인이겠지. 그러나 인간 세계가 태양과 그림자의 관계로 설명될 수 있을지 의문이오. 그런 점에서 나는 태양 같은 존재인 철인이 아니라 현실 속에서 도를 깨우친 성인을 찾는 것이 더 중요하다고 보았소. 그래야 사람들이 성인이 될 길을 닦고, 그 길로 나아가려고 노력하지 않겠소이까? 현실 세계에서 성인이 되는 것이 불가능하다면 어느 누가 노력하겠소?"

"공자 선생의 말씀도 타당합니다. 하지만 사람마다 능력이 다르니 누구나 성인이나 철인이 될 수는 없지 않습니까? 나는 그런 점을 염려하여 철인을 기준으로 삼으라고 얘기한 겁니다."

"그래서 플라톤 선생은 교육을 강조하고, 궁극적으로 철인이 될 수 있는 사람들을 교육의 주 대상으로 삼은 것이오? 교육 내용도 진리를 태양처럼 명백하게 밝혀 줄 수 있는 분야에 주안점을 두고 말이오."

"그렇지요. 이상 사회를 세우느냐, 못 세우느냐는 철인에 달렸기 때문입니다. 철인이 등장하면 사람들이 어떤 허상에 빠져 있는지 알 수 있고, 무엇이 진리인지 아닌지 쉽게 알 수 있으니까요. 그래서 저는 철인의 자질을 지닌 사람을 철인으로 키워 내는 교육을 해야 한다고 강조한 겁니다."

플라톤의 주장에 공자가 반박했다.

"선생의 주장은 이론적으로 보면 참으로 명쾌하오. 하지만 사람이 도를 깨닫고 행하려면 이론만으로는 불충분하다고 생각하오. 자신이 몸담은 현실에서 출발해야 사람들이 쉽게 따르지 않겠소? 이데아처럼 자신의 삶과 동떨어진 문제에 과연 관심을 갖고 행하려고 할지 의문이오. 그래서 나는 배움을 강조하면서도 자기 주변에서 출발해 수신해야 한다고 말한 것이외다. 비록 어렵고 험난하더라도 그렇게 해야 앞으로 나아갈 수 있기 때문이오."

현수가 한숨을 쉬며 물었다.

"교육과 학문을 강조하는 점은 두 분이 똑같지만 방법과 내용에서 차이가 나는 것 같습니다. 어느 것이 옳은지 저로서는 쉽게 판단이 서질 않습니다. 하지만 두 분 말씀을 들으니 근본적인 의문이 생깁니다. 철인 교육을 받고 수신을 행하면 정말 이상 사회가 실현 됩니까?"

플라톤이 반색하며 말했다.

"젊은이가 옳은 질문을 했네. 우리가 이런 주장을 백날 해도 실 현되지 않으면 무슨 소용이 있겠나? 안 그렇습니까?"

플라톤이 공자에게 동의를 구했다.

"옳은 말씀이오. 흔히 예나 도를 말하면 현실과 동떨어진 얘기를 한다고 생각하는 사람들이 많소. 하지만 내가 예나 도를 강조하는 이유는 현실에 꼭 필요하기 때문이오. 사회에서 예나 도가 사라진 다면 결국 힘들어지는 건 사람이라오. 그렇기에 예나 도는 가장 현 실적인 문제라오. 자네는 이 문제를 풀려면 어떻게 해야 한다고 보 는가?"

현수는 잠시 생각하다가 대답했다.

"정치에 적극적으로 참여해야 한다는 말씀이십니까?"

공자가 고개를 끄덕였다.

"그렇다네. 많은 사람들이 예나 도덕은 국가적으로 다룰 사안이 아니라고 하지. 한마디로 법으로 다스릴 영역이 아니라는 것이야. 하지만 법은 도덕적 질서를 정해 주는 최소한의 것 아닌가? 법이 존재하는 것 자체가 사회에 예와 도덕이 필요하다는 걸 뜻하니 말 일세. 그런데 사회가 올바르게 서려면 최소한의 도덕만 가지고는 안 되네. 법은 인간이 지켜야 할 최소한의 도덕만을 규정짓는 것 이므로 엄연히 한계가 있네. 자네도 알잖은가? 법을 만능 보검으 로 여기면 죄를 지어 놓고도 염치를 모르는 일이 벌어진다는 사실을 말일세. 하지만 예와 도를 알면 자연스레 부끄러움을 알고, 죄를 짓지 않기 위해 노력하게 되지. 그래서 예와 도에 기초한 정치를 펴는 것이 중요하다고 한 것이네."

플라톤도 할 말이 많은지 불쑥 끼어들었다.

"옳은 말씀입니다. 사람들은 대부분 철인이나 성인이 정치에 무관심하다고 생각하는데 그건 잘못된 관점이라네. 질서를 바로잡아 정의로운 사회를 만들려는 사람이 성인이고 철인이네. 그러니 정치에 관심을 갖는 것은 당연한 일 아니겠나? 게다가 정치란 게 무엇인가? 사회 질서와 체계를 세우는 데 가장 강력한 무기 아닌가? 자네 세상 사람들은 정치에 대한 무관심을 자랑인 것처럼 늘어놓는데 그건 잘못이네. 사람들이 정치에 무관심해지면 누가 손해를 보겠는가? 처음엔 가장 힘없는 사람이 손해를 보겠지. 그러나 나중엔 모든 국민이 손해를 보네. 그런데도 왜 정치에 무관심한 사람들이 많을까? 여러 이유가 있겠지만 근본적으로는 성인과 철인 교육을 받지 않기 때문이네. 철인 교육을 받지 않으니 정치에 무관심하고, 정치에 무관심하니까 더욱 불합리한 사회가 되고…… 결국 엉클어진 사회를 바꾸기 어려워지는 거지. 이런 악순환의 고리를 어떻게 끊어야겠나? 답은 정치에 참여해서 사회를 바로잡는 거라네. 그 때문에 나도 정치에 참여하려고 했던 것이지. 물론 앞에 계신 공자 선생에는 한참 못 미치네. 우리 나라는 그리스 안의 조그만 도시 국가였지만, 공자 선생은 천하를 놓고 예와 도에 기초한 정치를 펼치려고 하셨으니 말일세."

이 말에 공자가 껄껄 웃었다.

"정말 겸손하시외다. 플라톤 선생은 이상 국가를 건설하려고 시칠리아 섬으로 가서 직접 군주를 도와 정치를 펴려고 했고, 그러다가 노예로 팔리기도 하며 온갖 죽을 고비를 넘기지 않았소?"

플라톤은 그때가 떠오르는 듯 인상을 찌푸렸다.

"그랬지요. 하지만 그렇게 해서도 성공하지 못했는데 무슨 할 말이 있겠습니까?"

"그리 말씀하신다면 나 또한 같은 입장이오. 나 역시 쓰디쓴 패배의 잔을 마셨으니 말이오. 하지만 실패했다고 우리가 그냥 주저앉은 것은 아니지 않소이까? 다시 고향에 돌아와 제자들을 가르치며 전심전력을 기울였으니 말이오."

"그것만이 희망이었지요. 그러니 죽을 때까지 힘을 다 쏟아야지요. 그래야 다음 세대가 성공할 수 있을 것 아닙니까?"

두 사람에게는 시대와 지역을 넘어선 공감대가 있어 보였다.

"두 분은 사람에 대한 사랑이 참으로 큰 것 같습니다. 두 분의 이상적 인간상은 성인과 철인으로 다르지만 정치에 참여해 권력을 얻어 통치해야 한다는 주장은 일치하네요."

플라톤이 웃으면서 말했다.

"그렇다네. 나는 그걸 '철인 정치'라고 불렀네. 철인에 의한 정치가 이루어져야 불합리한 사회 질서가 바로잡히고 이상 사회가 실현된다고 봤지. 이걸 공자 선생은 '수신제가치국평천하(修身齊家治國平天下)'라는 말로 정리하셨네."

현수는 두 사람의 말을 어느 정도 이해했다. 그러나 여전히 의문점이 남았다.

“결국 두 분의 말씀은 바른 정치가 이루어져야 하고, 성인이든 철인이든 가장 합당한 사람이 통치해야 한다는 것이지요? 그런데 누가 가장 합당한 인물인지 어떻게 알 수 있습니까? 그 정도 경지에 이른 사람이라면 우리 같은 보통 사람도 알아볼 수 있을 것 같지만 실제로는 그런 것 같지 않아서요. 성인과 철인의 경지에 도달한 두 분마저 실패했는데 도대체 누가 합당한 인물일 수 있겠느냐는 것입니다.”

공자가 대답했다.

“그렇게 보아 주니 부끄러운 일일세. 플라톤 선생은 모르겠으나 나는 그런 경지를 추구한 사람이지 그 경지에 다다른 사람이 아니네. 나는 주 문왕과 무왕, 주공 등이 성인의 경지에 이르러 그런 정치를 실현했다고 설명했네. 그래서 옛날로 돌아가 그처럼 예에 기초한 정치를 펼치자고 주장했을 뿐이지.”

플라톤도 말을 이었다.

“나도 마찬가질세. 내가 철인의 경지에 이르렀는지 아닌지는 중요하지 않네. 내가 말하고자 한 것은 불합리한 사회 질서를 고치기 위해 정의의 기준이 명료해야 한다는 것이었네. 그것도 한 치의 어긋남이 없는 절대적인 정의가 존재해야 한다는 것이지. 그렇지 않다면 무엇에 기초해 불합리한 현실 사회를 고칠 수 있겠는가? 그래서 나는 철인이라는 완벽한 존재를 내놓은 거라네.”

현수는 다시 머리가 아팠다.

“결국 성인이든 철인이든 그런 경지에 이른 사람은 희귀하다는 말씀이시지요? 그렇다면 철인 정치나 성인 정치가 가능할까요?”

공자가 천천히 고개를 끄덕였다.

"참으로 어려운 일이네. 쉬운 일이었으면 벌써 시행했겠지. 하지만 중요한 것은 그것을 이루기 위한 노력이 사람이 살아가는 도리라는 것이네. 그러니까 사람은 자신이 해야 할 일에 지극정성을 다해야 하는 거야. 그렇게 지극정성을 보이면 하늘도 감동하지. 그때문에 나는 해결 방도를 천명(天命)에 비유해 말했네."

현수는 답답한 마음에 공자에게 물었다.

"솔직하게 말씀해 주시니 정말 감사합니다. 하지만 제가 알고 싶은 것은 이것입니다. 아무리 힘들더라도 성인이 정치를 하려면 추구할 방도가 있어야 하지 않겠습니까? 방도가 없다는 것은 대안이 없다는 말과 같지 않습니까?"

공자는 희미한 미소를 띠고 현수를 바라보았다. 진지한 현수의 태도가 마음에 든 모양이었다.

"젊은이 말이 맞네. 성인이 직접 정치를 편다면 그런 고민이 필요 없겠지. 하지만 누구나 성인이 되는 것도 아니고, 그렇다고 포기할 수도 없는 노릇이네. 그렇다면 어찌해야 하겠나? 성인이 어떻게 정치를 펼쳤는지 보고 배우는 게 마땅하지 않겠나? 그래야 실수를 줄이고 최대한 올바른 길로 나아갈 수 있을 테니 말일세. 성인이 아니더라도 자기 이름에 걸맞게 직분을 다하는 것이 일반인이 택할 수 있는 최선이네. 내가 말한 정명론(正名論)이 바로 그것이지. 임금은 임금답게, 신하는 신하답게, 부모는 부모답게, 자식은 자식답게 행동해야 한다는 것이지. 이름이 바로잡혀야 명분이 생기고, 명분이 있어야 어떻게 행동할지 알고 질서를 바로잡을 수 있으니 말일세. 젊은이가 사는 21세기 세상이 손쓸 수 없는 지경에 이른 것도 이름을 똑바로 세우지 못했기 때문이네. 거짓이 정의로 둔갑한다면 무슨 명분이 세워지겠나? 그리되면 어떻게 행동해야 할지 아는 사람이 누가 있겠나?"

현수는 거듭 고개를 숙였다. 명심하겠다는 표시였다. 이를 본 플라톤이 입을 열었다.

"나는 자네에게 민주 정치에 대해 한마디 해 주겠네. 21세기 사람들은 민주 정치를 당연한 제도로 여기지만, 인간의 본성적 측면에서 과연 합당한 제도라고 할 수 있을까? 다시 말해 사람마다 능력 차이가 있는데, 그걸 무시하고 똑같이 대하는 것이 합리적인 질서라고 할 수 있겠나? 이런 말을 하는 내가 무슨 독재 정치나 전체주의를 주장하는 것처럼 보이겠지? 하지만 자네가 살고 있는 세상을 들여다보게. 민주 정치라고 하지만 실제로 누가 권력을 쥐고 있는가? 부를 축적하거나 사람들을 잘 선동하는 사람 아닌가?"

플라톤의 말은 핵심을 찔렀다. 현수는 새삼스레 플라톤의 얼굴을 바라보았다.

"사실 그럴 수밖에 없다네. 나처럼 철인을 놓고 정치를 생각하지 않는다면 사람이 무엇에 의해 평가받겠는가? 철인의 기준이 외면당하는 까닭은 사람들이 욕심에 지배받기 때문이네. 사람들은 자신의 욕심을 채워 줄 사람을 뽑기 마련이네. 부를 축적하는 사람, 자신의 입맛에 맞게 선동하는 사람을 능력 있는 인물로 평가하지. 그런 자들이 권력을 장악하고 정치를 하는 세상에서 제 이기심을 채우기 위한 싸움이 일어나는 것은 당연하네. 이런 점에서 나는 사람의 능력이 똑같다고 보는 정치에서는 해답이 나올 수 없다고 보네. 자네가 보기에는 불합리해 보일지 모르겠으나 결국 인간의 본성에 맞는 기준을 정하고, 그에 의거해 사람을 평가해야 한다고 생각하네. 그렇게 능력에 따라 대우하는 정치 질서를 세워야 합리적인 사회가 될 것이라고 보네. 당장 실현하기는 어렵지만, 이런 입장을 따라야 궁극적으로 철인 정치를 실현할 수 있는 길이 열리지 않겠는가?"

현수는 쓴 입맛을 다셨다.

"민주 정치는 좋은 제도라고만 여겼는데, 선생님 말씀을 듣고 보니 어떤 제도가 가장 좋은지 헷갈리기만 합니다. 하지만 두 분 말씀을 들으니, 불합리한 세상을 고치려면 무엇보다 근거와 기준을 분명하게 마련해야 한다는 생각이 듭니다. 그런 점에서 성인 정치나 철인 정치도 이해할 수 있을 것 같습니다. 그런데 여전히 풀리지 않는 의문이 있습니다. 과연 성인이나 철인이 인간 세상에서 탄생할 수 있을까요? 인간이 자기 이익이나 욕심을 완전히 떨쳐 버릴 수 있을지 확신이 서지 않습니다."

플라톤의 얼굴에 처음으로 웃음이 떠올랐다.

"우리 논지를 어느 정도 이해한 것 같구먼. 남은 의문은 자네 스스로 풀어 보게나. 그러면 도움이 될 걸세. 우리는 이제 할 일을 다한 것 같지요?"

플라톤의 말에 공자가 고개를 끄덕였다. 두 사람은 약속이라도 한 듯 동시에 일어나 현수의 어깨를 두드렸다. 그리고 서로 눈인사를 나눈 뒤 자리를 떠났다.

현수는 만감이 교차했다. 공자와 플라톤의 주장은 결국 잘못된 세상을 바로 세우자는 고뇌에서 나온 것이라는 사실이 뼈저리게 다가왔기 때문이었다. 고리타분하고 시대에 뒤떨어진 주장으로 넘겨짚다니, 정말 어리석은 생각이었다. 그때 맞상대가 입을 열었다. 더 이상 봐줄 수 없다는 기색이었다.

"잘 들었나? 중간에 질문을 하려다가 하도 진지하게 대화를 나눠서 봐주었네. 하지만 게임을 시작한 이상 이대로 물러날 수는 없지. 자, 이제 자네에게 몇 가지 묻겠네."

현수는 갑자기 정신이 바짝 들었다. 이 심정이 그대로 얼굴에 나타났는지 맞상대는 기분 나쁘게 웃어 댔다.

"긴장 좀 푸시게. 그냥 자네 생각을 밝히면 되는 거야. 어차피 모 아니면 도 아닌가? 다음 단계로 가거나, 여기를 사지(死地)로 삼거나."

현수는 기분이 확 상했다. 정신을 바짝 차리고 맞상대를 대해야겠다고 결심했다.

"대화하는 것을 보니, 자네는 철인이나 성인 정치라는 해답을 만족스러워하는 것 같지 않더군. 하지만 인간이 세상 문제를 해결하려면 결국 인간다움에서 해답을 찾아야 하지 않나? 그것을 인이나 덕, 선 등으로 정의하든 아니든 말이네. 자네도 민주 정치가 해답인지 의문스러워하지 않았는가? 그것은 21세기에 세계화라는 광풍이 불면서 적나라하게 드러나고 있지 않은가? 국가라는 장벽이 무력해지고, 세계가 무한 경쟁으로 접어들면서 일인자만이 살아남게 된 이유가 무엇이겠는가? 결국 인간다움을 잃었기 때문 아닌가? 그렇다면 결국 인간다움을 찾는 것이 근본적인 해결책이고, 그 대안은 철인이나 성인에 의한 정치라고 볼 수 있지 않겠나? 그런데 왜 자네는 해답으로 여기지 않는 것인가?"

현수는 잠시 대답을 주저했다. 머릿속이 복잡해서 정리가 되지 않았다. 그러나 대답을 해야 하는 것이 게임의 룰이었다. 현수는 차분하게 말하려고 노력했다.

"인간다움을 강조해야 하는 것은 옳습니다. 잘못된 세상을 고치기 위해서는 이기심과 탐욕을 배제해야 하고, 그건 결국 도덕적 가치를 마련하는 문제로 이어질 것입니다. 그런데 그 가치의 실현을 성인이나 철인에 연결한다는 점에서 문제가 발생합니다. 여태까지 인간사에서 성인이나 철인이 나타난 적이 없으니까요. 그렇다면 앞으로도 나오지 않는다고 추측할 수 있겠지요. 결국 성인이나 철인에 의한 정치는 실현될 가능성이 없습니다. 그러니 세상을 바로잡을 수 있는 해답으로는 부적절하다고 봅니다."

맞상대는 혀를 끌끌 찼다.

"두 분의 주장을 교묘하게 반박하는군. 그러나 자네 말에는 모순이 있네. 성인이나 철인이 지금까지 나타나지 않았다는 사실과 앞으로도 나타나지 않을 것이라는 주장은 다른 문제 아닌가?"

현수는 고개를 가로저었다.

"역사상 나타나지 않은 철인이나 성인에 대해서 묻는 것 자체가 잘못이지 않습니까? 그게 과연 참다운 질문이라고 할 수 있겠습니까?"

현수의 도전적인 질문에 맞상대가 버럭 소리를 질렀다.

"지금껏 그런 인물들이 나타나지 않았다는 사실을 내가 몰라서 질문한다고 생각하나? 그게 아니라면 인간을 어떻게 파악해야 하는지 본질적인 답변을 내놓아야 할 게 아닌가? 그래야 그에 맞게 인간이 세상 문제를 고칠 수 있는지 알 수 있을 것이니 말일세."

현수는 잠시 생각에 잠겼다. 문득 두 철학자가 인간다움을 도덕적 잣대로만 바라본 게 문제라는 생각이 들었다.

"성인이나 철인은 위대한 존재이고, 그런 분들이 나타나면 좋겠지요. 그러나 성인이나 철인은 인간을 한 측면에서만 파악한 개념이라는 생각이 듭니다. 사람은 분명 예의를 지키며 올바르게 살아가려고 노력하는 존재입니다. 하지만 다른 측면에서 보면 생존을 위해 먹고살아야 하는 존재이기도 합니다. 그런데 이런 부분이 간과되니 사람에 대한 이해가 좁아지고, 그 결과 사람을 차별적으로 바라볼 수밖에 없었던 것은 아닐까요? 두 분은 성인이나 철인이라는 기준에 입각해 사람을 공정하게 파악했다고 주장했습니다. 하지만 실제로는 도덕적 존재인 성인과 철인만 위대하게 평가하고, 생산 활동을 하는 사람들은 그들의 통치를 받아야 하는 존재로 취급했지요. 이렇게 불공평하게 사람을 바라보니 결국 성인이나 철인이 나타나지 못하는 것 아닐까요?"

맞상대는 퉁명스럽게 대꾸했다.

"그러면 자네는 공자나 플라톤을 성인이나 철인으로 보지 않는다는 것인가? 내가 알기로는 많은 사람들은 그렇게 믿고 있는 것 같은데? 그렇다면 성인이나 철인에 대한 자네의 생각은 무엇인가? 성인이나 철인 자체를 인정한다는 것인가, 그렇지 않다는 것인가?"

이러다간 마지막 승부가 될 기세였다. 현수는 당혹스러웠다. 어떤 논리적 근거를 가지고 대답해야 할지 떠오르지 않았다. 망설이는 그를 보며 맞상대가 말했다.

"이렇게 싱겁게 끝나면 재미없으니 힌트를 하나 주지. 자네가 아는 지식을 총동원해서 아리스토텔레스를 떠올려 보게. 아마 그래도 대답은 못하겠지만 말이야."

현수는 자신을 비웃는 맞상대의 모습에 화가 치밀었다. 그러나 감정을 누르고 해답을 찾아야 했다. 그때 아리스토텔레스가 형상과 질료를 놓고 플라톤의 이데아론을 비판한 부분이 떠올랐다.

"공자와 플라톤 선생님의 위대한 점은 인정합니다. 그러나 성인이나 철인에 대한 주장은 재고되어야 합니다. 그것들은 허상에 지나지 않기 때문입니다. 플라톤의 제자인 아리스토텔레스가 형상과 질료로 비판했던 것처럼, 이데아의 세계는 현상계와 명확히 단절되어 있지 않습니까? 그러니 현실을 설명하는 데에는 도움이 되지 않습니다. 즉 현실 속에서 살아가는 여러 측면을 종합적으로 고려해서 인간다움을 새롭게 정의해야 한다고 봅니다. 또 인간이 살아가는 기반인 자연에 대한 파악도 이루어져야 할 것입니다. 그래야 인간이 이 세상의 문제를 풀 수 있는지 없는지 판단할 수 있지 않겠습니까?"

현수의 명확한 주장에 맞상대가 입을 떡 벌렸다.

"뭣이? 현실 속에서 살아가는 여러 측면을 종합적으로 고려해서 인간다움을 새롭게 정의 내려야 한다고? 거기다 자연의 영역까지 포괄적으로 다루어서 풀어 나가야 한다고? 아뿔싸, 내가 너무 방심했구나."

맞상대는 분한 표정을 지으며 점점 사라져 갔다. 동시에 방금 전까지 얘기를 나눴던 장소도 온데간데없이 사라졌다.

현수는 첫 번째 게임에서 승리했다. 그는 얼떨떨한 기분이었다. 살아남기는 했지만 맞상대가 준 힌트 덕분이었다. 그렇게 생각하니 맞상대가 고맙기도 했다. 그러나 다음 단계에서는 어떤 맞상대가 나올지 알 수 없는 일이었다. 현수는 조심스럽게 앞으로 나아갔다.

우주와 자연의 법칙

현수가 몇 발자국 떼지도 않았을 때였다. 갑자기 무언가 나타나 꿈틀거렸다. 자세히 살펴보니 뿔이 난 도깨비처럼 생긴 짐승이었다. 주위에서는 으스스한 기운이 감돌고 있었다. 꺼림칙한 기분에 고개를 돌리려는 순간, 벼락같은 소리가 들려 왔다.

"어쩌다 요행수로 올라온 모양인데, 여기에서는 어림없다! 내가 봐주리라고 생각 마라!"

맞상대의 호통은 위압적이었지만 이대로 질 수는 없었다.

"힘으로 한번 해 보겠다는 거요? 이건 정당한 시합이 아니잖습니까?"

"허, 정당한 시합? 네가 우주의 이치와 자연의 법칙을 알기는 하느냐? 안다면 나한테 이리 맞서지는 못할 터! 좋다, 네가 얼마나 버틸 수 있는지 한번 두고 보자꾸나. 여기서 말씨름이나 할 필요는 없다. 자, 그럼 시합장으로 가서 승부를 겨뤄 보자."

맞상대는 다짜고짜 현수를 끌고 앞으로 나섰다. 그 순간 눈앞에 황량한 벌판이 펼쳐졌다. 유황 같은 연기가 벌판 곳곳을 자욱하게 뒤덮고 있었고, 벌겋게 달아오른 불덩어리가 마구 떨어지고 있었다. 여기서는 아무도 살아남을 수 없을 것 같았다. 지옥이 있다면 바로 이곳일 것 같았다.

현수는 사방으로 날아드는 불덩어리를 피하기 위해 몸을 바짝 움츠렸다. 그러나 불덩어리는 사정없이 날아들었다. 그는 다급한 마음에 이리저리 몸을 굴렸다. 아무리 봐도 피할 곳은 없었다. 유황 가스가 점점 폐를 파고들었고 죽음의 공포가 밀려오기 시작했다.

맞상대는 껄껄 웃으며 현수를 지켜보고 있었다. 그는 입과 코를 막으며 이 상황이 멈추기만을 바랐다. 그러나 상황은 더욱 악화되었다. 엎친 데 덮친 격으로 거센 회오리바람이 불어 몸이 휩쓸려 버릴 것 같았다.

'이제 영락없이 죽었구나!'

그때 회오리바람이 걷히며 검은 물체가 다가오는 것이 보였다. 갑자기 맞상대가 그 물체에게 머리를 조아렸다.

"너에게 소개해 드릴 분이다. 부디 한 수 배워라."

겁이 난 현수는 저도 모르게 한 발짝 뒤로 물러섰다.

"이까짓 두려움과 공포도 이겨 내지 못하면서 인간이 세상을 바꿀 능력이 있는지 시험해 보겠다고 큰소리쳤단 말이냐?"

형체를 알 수 없는 검은 물체가 말했다.

"그것과 공포가 무슨 관계가 있다고 그리 말씀하십니까? 솔직히 여기는 사람이 살 수 있는 곳이 아니지 않습니까?"

현수가 따지고 들었다.

“너희들이 살고 있는 세상이 원래부터 그랬던 줄 아느냐? 천만의 말씀. 바로 이런 곳이 인간들의 원래 고향이었다. 벌써 잊었느냐?”

“아니, 잊었다뇨? 이곳은 세상이 처음 창조될 때 나타난 혼돈 상태로 보이는데, 어떻게 이런 곳이 인간의 고향이겠습니까?”

현수의 말에 다시 불호령이 떨어졌다.

“이런 곳에서 생명이 잉태되고 진화가 거듭되면서 인간이 탄생한 것 아니더냐? 그런데도 이곳을 고향이라고 부르는 게 틀리다는 말이냐?”

“당장 인간 앞에 놓인 문제가 산더미 같습니다. 이런 문제까지 걸고넘어진다면 끝이 없을 텐데, 해답을 어떻게 찾겠습니까?”

길게 한숨을 쉬는 소리가 들렸다.

“답답한 놈이로다! 너희가 사는 곳이 어떤 곳인지도 모르면서 문제를 풀겠다고? 너희가 살 곳이 무너지면 너희가 존재할 수 있겠느냐? 그런데도 말귀를 못 알아듣고 문제를 회피하려 들다니!”

“우리가 살 곳이 무너지다니, 그런 말씀을 하시는 당신은 도대체 누구십니까?”

그제야 현수는 검은 물체의 정체가 궁금했다. 아무리 살펴봐도 무엇인지 알 수 없었다. 물체가 움직일 때마다 엄청난 에너지가 꿈틀거리는 것 같았다. 물체가 아무 대답을 하지 않자 현수가 다시 입을 열었다.

“피치 못할 사정이 있으십니까? 그렇지 않다면 정체를 밝혀 주십시오. 그래야 제가 이번 시합에서 도움을 받을 것 아닙니까?”

"뭣이? 정체를 밝히라고? 내가 뭘 숨길 게 있다고 모습을 감추겠느냐?"

"그럼 그게 본모습입니까?"

"그렇다. 이게 내 본모습이야. 그러니 나를 어떻게 바라보고 대할지는 온전히 너희 인간들의 몫이니라."

현수는 어안이 벙벙했다. 그러면서도 검은 물체는 사람이 아닐 거라고 짐작했다. 그는 마치 이렇게 말하는 듯했다.

'너희 인간이 이 세상의 주인처럼 행세하나, 이 세상의 실질적인 창조자는 바로 나다.'

"그렇다면 당신이 우주와 지구를 실제로 조종한다고 주장하시는 겁니까?"

현수는 따지듯이 물었다.

"나는 그렇게 말한 적이 없지만 너희들이 그렇게 맘대로 말하더구나. 허나 너희들이 어떻게 부르든 나는 여전히 내 활동을 할 거다. 그게 내가 존재하는 방식이니까. 믿기지 않는다면 이곳이 어떻게 변하는지 두 눈으로 똑똑히 봐 둬라."

검은 물체의 말이 끝나자마자 또다시 혼돈의 세계가 어지럽게 펼쳐졌다. 어느 순간 거대한 물질 덩어리가 만들어지는가 싶더니 뭔가 꿈틀거리는 게 보였다. 우주가 어떻게 탄생했는지, 그 속에서 어떻게 생명체가 등장했는지 보여 주려고 하는 것 같았다.

현수는 현기증이 난 것처럼 어지러웠다. 그래서 몸을 가누지 못하고 그 자리에 풀썩 주저앉았다.

인간 세상을 고치는 게 이토록 어려운 줄은 상상조차 하지 못했다.

그저 인간들끼리 아귀다툼을 벌이지 않고 사는 방법을 내놓으면 된다고 생각했다. 그런데 우주가 창조되고 운행되는 비밀까지 알아야 한다니! 인간에 대한 고민도 해결하지 못했는데, 우주적 차원에서 고민해야 한다고 생각하니 앞이 아득했다.

하지만 곰곰이 생각해 보니 그건 너무도 당연한 이치였다. 인간은 우주 안에서 사는 존재 아닌가? 게다가 당장 먹을 식량을 생산하기 위해서는 자연의 영향이 얼마나 지대한가? 첨단 과학을 자랑하는 21세기에도 이 같은 사실은 변함없는 진리였다.

옛날에 하늘의 별자리를 보면서 우주의 법칙을 알려고 했던 이유가 무엇이었을까? 그게 다 인간의 삶에 지대한 영향을 주기 때문이 아니었을까?

현수는 아무 대비도 없이 세상을 구하겠다고 나선 자신이 얼마나 안일했는지 실감했다. 생각을 거듭하다 보니 검은 물체의 수장은 다 옳았다. 아찔했다. 우주가 어떻게 생겨났는지 고민해 본 적도 별로 없지만, 그것을 어떻게 다 알 수 있겠느냐는 생각이 들었기 때문이다.

사실 현수는 우주의 탄생에 대해서는 까막눈이나 마찬가지였다. '빅뱅설'이 있다는 것 정도만 알 뿐 그 내용도 잘 모르는 상태였다.

빅뱅설도 결국 따지고 보면, 약 140억 년 전에 작은 포도송이만 했던 우주가 폭발한 뒤 계속 팽창을 거듭해 지금의 상태에 이르렀다는 주장이다. 하지만 현수는 과학자가 아니어서 그런지 별로 받아들이고 싶지 않았다. 빅뱅설에 따르면 우주에 시작이 있기 때문이다. 시작이 있다면 결국 끝도 있다. 그럼 우주가 영영 사라질 수도 있단 말인가?

　그러면 그 끝은 도대체 무엇일까? 끝없는 팽창이나 수축이 계속 돼 시작점으로 돌아온다면, 지금 당장은 아니더라도 언젠가는 그렇게 된다는 말이 아닌가.

　현수는 우주가 사라지고, 생명체가 살 수 없게 된다는 생각을 하고 싶지 않았다. 내가 죽더라도 인간이 영원히 살아남아야 한다는 생각 때문이었다. 아니, 그보다는 우주의 시작과 끝을 부정하고 싶었다.

　도대체 시작이라는 게 무엇일까? 아무것도 없는 곳에서 갑자기 무언가가 생겨날 수 있을까? 아무래도 그건 불가능할 것 같았다. 그렇다면 아무것도 없어 보여도, 실제로는 다 갖춰져 있다는 말이 맞는 것 같았다. 물질세계에서는 양적 변화나 질적 변화를 일으키는 발전이 있을 수 있다. 그러나 아무것도 없는 상태에서 무엇이 갑자기 생겨날 수는 없다. 이런 법칙은 지구뿐만 아니라 우주에서도 적용되는 것 같았다.

　우리는 일반적으로 봄을 사계절의 시작이라고 부른다. 하지만 시작을 달리 본다면 그 어느 계절도 시작도, 끝도 아니다. 다만 영원히 돌고 돌 뿐이다.

　여기까지 생각이 미친 현수는 화들짝 놀랐다. 어차피 봄을 시작이라고 부르든, 끝이라고 부르든 일 년은 결국 끝난다. 그렇다면 우주 대폭발을 시작으로 보든 말든 언젠가 지금의 우주도 끝난다. 혹시 우주는 팽창과 수축을 반복하는 것일까? 그렇다면 대폭발 전의 상태는 무엇인가? 과연 그 상태는 존재하는 것일까, 존재하지 않는 것일까?

만약 팽창도 수축도 일어나지 않는 상태가 존재한다면, 그 상태에서 팽창했다가 수축해 다시 초기의 상태로 돌아오는 것을 반복하는 것일까? 이것 역시 시작도 끝도 없는 것으로 볼 수 있지 않은가? 하지만 그런 상태가 존재할까?

만약 그런 상태라면 시간과 공간이 없는 세계일 것이다. 그렇지만 그런 세계가 존재할 수 있을까? 아니, 다르게도 볼 수 있다. 시·공간이 없는 세계에서 시·공간이 있는 세계로 운행하다가 다시 반대로 움직이는 것이다. 그러면 이 역시 시작도 없고 끝도 없는 것이 되므로 이치에 맞지 않을까? 말하자면 시·공간이 있는 세계에서는 팽창과 수축 활동을 하지만 시·공간이 없는 세계에서는 그런 활동도 없는 것이다.

현수의 짧은 지식으로는 어떤 결론도 쉽사리 내릴 수 없었다. 그가 궁리해 낸 것은 단순했다. 우주 운행의 원리가 어떤 것이든 시·공간이 존재하는 우주가 지속하려면 팽창과 수축 활동이 균형점을 유지하면 된다는 것이다.

하지만 그 상태가 계속 유지될 수 있을까? 지금 당장은 힘들겠지만, 과학 기술이 고도로 발달한 미래에는 가능할 수도 있지 않을까?

'지금 당장 우주가 사라지는 것도 아닌데 내가 너무 과민하게 반응했구나.'

이렇게 생각하자 현수는 마음이 홀가분했다.

그때 검은 물체의 목소리가 들려왔다.

"쯧쯧쯧. 눈앞에 놓인 문제가 아니라고 위안하는 모양인데 과연 그럴까?"

"거기에 매달려 봤자 지금은 해결할 수도 없지 않습니까? 차라리 그럴 바에는……."

검은 물체가 다시 끼어들었다.

"지금 눈앞에 놓인 문제나 해결하자고? 과연 그럴 수 있을까? 나를 따라와라."

검은 물체가 갑자기 공중으로 솟구쳤다. 현수의 몸도 검은 물체를 따라 움직였다. 순식간에 벌어진 일이라 영문을 알 수 없었다.

울창한 삼림이 펼쳐지고, 거대한 공룡들이 맹렬한 기세로 다가오고 있었다. 현수가 눈을 질끈 감은 순간, 섬광이 번쩍였다. 무서운 속도로 달려들던 소행성과 지구가 부딪친 것이었다. 순식간에 어마어마한 먼지와 화산재가 하늘을 휩쓸었고, 그 충격으로 생명체의 3분의 2 정도가 죽어 갔다. 지구를 지배하던 거대한 공룡들도 자취를 감추었다. 황폐해진 지구의 모습만 보였다.

현수는 6,500만 년 전에 공룡이 멸종한 이유가 지구와 소행성이 충돌했기 때문이라는 주장을 접한 적이 있었다. 하지만 과학적 지식이 부족한 그는 어떤 판단도 내리지 못했다. 대신 그것을 어떻게 알 수 있는지 의문이었다. 과학자들은 지름 10km 크기인 소행성과의 충돌로 생긴 이리듐이나 석영 등의 성분을 분석해서 증명한다고 했다. 그러나 몇 가지 근거만으로 확신하는 건 무리라고 생각했다.

물론 공룡이 멸종한 것은 사실이었다. 그 원인을 두고 과학자들의 의견이 팽팽히 맞서고 있었다. 소행성 혹은 운석과 충돌했다는 운석 충돌설, 거대한 화산이 폭발했다는 화산 분화설, 급격한 환경 변화로 생태계가 파괴됐다는 환경 변화설 등 여러 가설이 제시되었다.

이러한 가설은 인간들의 추측일 뿐이다. 결국 가장 그럴듯하게 보이는 주장이 그나마 인정된다. 이것이 21세기 과학의 수준이었다. 첨단 과학이라고 주장해도 우주는 말할 것도 없고, 지구도 정확히 모르는 형편인 것이다.

인간의 힘이 이처럼 미약한데 미래에는 우주적 문제를 해결할 수 있을까? 만약 해결하지 못한다면 어떻게 될까? 결과를 묵묵히 받아들여야 하는 건가? 아니면 다른 일에는 신경 쓰지 말고 이 문제를 해결하기 위해 모든 것을 걸어야 할까?

사회 문제를 해결하면 잘못된 세상을 고칠 수 있을 거라고 생각했는데, 우주와 지구 문제에 비하면 새 발의 피였다. 인간의 생존 여부가 달린 중대한 문제를 피한다면 인간 세상 자체가 없어질 수도 있다. 그렇다면 결국 인간의 생존을 담보할 수 있는 원칙적인 문제에 매달려야 한다는 결론이 나왔다.

현수는 더욱 아득한 수렁 속으로 빠지는 듯했다.

우연이든 필연이든 생명체가 멸종한다면 인간도 살아남지 못할 것이다. 공룡이 멸종한 것처럼 자연의 변화로 인해 인간도 언제든 멸종할 수 있다. 과학자들이 주장하는 운석 충돌설에 의하면, 지구 생명체의 3분의 2 이상이 멸종되었다가 다시 번성하는 데 약 1,500만 년이 걸렸다고 한다. 그때처럼 지구가 소행성이나 운석과 충돌할 가능성은 얼마든지 있다.

뿐만 아니라 은하계의 충돌 가능성도 배제할 수 없다. 과학자들은 안드로메다은하와 지구가 속해 있는 우리 은하가 점점 가까워져서 결국 충돌할 것이라고 예측한다. 몇십억 년 뒤의 일이라고는 하지만, 그렇다면 지구는 어떻게 될 것인가?

아까 보았던 황폐한 지구의 모습이 언젠가 인류의 미래에 닥칠 재앙으로 느껴졌다. 현수의 마음은 울적해졌다.

다시 검은 물체의 목소리가 들려왔다.

"이제 알겠느냐? 우주 문제가 바로 지구 문제이며 인간 문제이기도 하다는 것을 말이야."

현수의 목소리가 기어들었다.

"앞으로 지구에 재앙이 닥칠 것이라고 예고해 주시는 것입니까?"

"그야 모르지. 아니, 그건 너희 인간들이 더 잘 알지 않느냐? 지구가 소행성과 충돌하지 않는다고 어찌 장담하겠느냐? 그렇다고 꼭 충돌할 거라고도 말할 수는 없느니라. 그건 아무도 모르는 일이니까."

검은 물체의 변덕스러운 대답에 현수는 기가 막혔다.

"아니, 그런 대답이 어디 있습니까? 그럼 한 가지만 물어보겠습니다. 생명체가 다 멸종하는 게 옳은 일입니까? 생명체가 왕성하게 활동하도록 돕는 게 더 멋진 일 아닙니까? 힘이 있다면 그런 일이 안 일어나도록 조치를 취해 주는 건 어떠십니까?"

현수의 항의에 검은 물체는 가소롭다는 듯 대꾸했다.

"생명체가 소중하다는 건 너희들의 판단 아니냐? 나에겐 생명체든 아니든 다 소중하다."

"그러면 지금 저에게 하고 싶은 말씀이 무엇입니까? 인간 사회의 문제를 해결하려고 백날 노력해 봤자 헛수고라는 말씀입니까? 아니면 지구가 종말에 이르지 않도록 노력하라는 말씀입니까? 우주 결사대나 지구 결사대를 조직해 우주와 지구를 먼저 구하고 난 다음, 인간 사회의 문제를 풀든 말든 하라는 겁니까?"

검은 물체는 분통을 터뜨렸다.

"그건 너희들이 알아서 판단할 몫이다. 나는 우주나 지구에서 그런 일이 언제든 벌어질 수 있다는 걸 보여 준 거야."

"그런 무책임한 말씀을 하시다뇨? 이런 장면을 보여 줬으면 그에 알맞은 대책을 내놓으셔야죠."

검은 물체는 한숨을 쉬었다.

"아직도 말귀를 못 알아듣는구나. 나는 내 모습대로 행하는 것이고, 책임은 너희들의 몫이야."

현수는 검은 물체의 말을 종잡을 수 없었다.

'자신은 맘대로 할 테니 인간도 맘대로 하라는 것인가? 단, 책임은 인간의 몫이라니?'

뜻을 알 수 없는 아리송한 말이었다. 그렇다면 인간의 이익을 위해 맘대로 행동하라는 말인가? 하지만 이 세상은 본래 인간의 것이 아닌데 어떻게 인간 맘대로 할 수 있을까? 그런데 인간인 이상, 인간을 위하지 않고 다른 누구를 위해 행동하는 것이 가능하겠는가?

검은 물체는 조화를 부리듯 또다시 움직이기 시작했다. 이번엔 비가 억수처럼 퍼붓는 광경이었다. 지구는 온통 물바다가 되었다. 모든 것이 물에 잠기고 휩쓸렸다. 그런데 물난리를 뚫고 풍랑에 따라 둥둥 떠다니는 배 한 척이 보였다.

대홍수 이야기를 보여 주는 건가? 이런 이야기는 세계 여러 곳에서 오래전부터 떠돌았는데……. 이게 정말 일어났던 일이란 말인가?

구약 성경 창세기에서도 대홍수가 일어나 모든 생물이 죽고 노아의 방주에 탄 사람과 생명체만 살아남았다고 전한다. 중국 사천 지역의 신화에서도 박 속에 들어간 복희와 여와만 살아남고, 그들로 인해 자손이 늘어났다고 한다. 또한 수메르나 바빌로니아 등 인류가 살아온 대부분의 지역에도 홍수 신화가 있다.

인간이 겪는 재앙 중에서 홍수는 특히 엄청난 피해를 입힌다. 화재는 재라도 남기지만 홍수는 아무것도 남기지 않는다. 모든 것을 휩쓸고 삼켜 버리기 때문이다.

21세기에도 이 같은 상황은 달라지지 않는다. 인간이 자연의 세계는 물론이고 우주와 지구의 운행 법칙 등을 완벽히 파악하지 않고서야 어떻게 이런 재난을 완전히 막을 수 있겠는가? 현재로서는 불가능에 가까운 일이었다.

하지만 우리에게 어찌하라는 것인가? 운 좋게 노아의 방주나 박 같은 것을 얻어 타서 살아남는 것을 바라기라도 하라는 말인가? 하지만 그렇게 운에 기대는 것이 과연 해답일까?

현수는 인간의 한계를 적나라하게 보여 주는 검은 물체의 태도에 반발하고 싶은 충동이 일었다. 그는 순간 주먹을 불끈 쥐었지만, 이내 힘없이 고개를 수그렸다. 이 거대한 우주와 지구 앞에서 인간이 얼마나 미약한 존재인지 인정하지 않을 수 없었던 것이다.

생각해 보면 인간이 세상에서 겪는 문제는 별것 아니었다. 돈만 있으면 해결할 수 있는 것이 태반이었다. 하지만 아무리 돈이 많더라도 우주와 지구에서 생명체가 살아남을 수 없다면 소용없는 일이었다.

현수는 새삼 세상을 바로 세운다는 것이 얼마나 어려운지 절감했다. 세상이 어떠한 법칙에 의해 돌아가는지도 모르고, 감히 인간의 힘으로 고칠 수 있다고 덤벼들다니!

그는 점점 절망했다.

미래에 어떤 일이 닥칠지 모르니 어찌해야 할지 답이 나오지 않았다. 자포자기해야 하나? 아니, 아예 고민할 필요가 없는지도 모른다. 언제 어떠한 재앙이 들이닥칠지 모르니 차라리 맘 편하게 사는 게 낫지 않을까?

그때 검은 물체가 서서히 움직이기 시작했다.

이번에는 망연자실한 백성들의 모습이 보였다. 홍수가 범람해 온갖 곡식이 물에 잠기고 집이 무너져 있었다. 그런데 한 사람이 부지런하게 몸을 놀리는가 싶더니 점차 물길이 트였다. 현수는 눈을 의심했다.

중국의 전설적인 임금인 우가 홍수를 다스렸다고 하는데 그 광경인가? 오늘날에도 홍수를 막기가 쉽지 않은데 어떻게 저럴 수 있었을까?

현수는 우 임금이 홍수를 다스렸다는 이야기를 설화로만 생각했을 뿐 큰 관심을 기울이지 않았다. 그런데 이 광경을 보니 그냥 옛날이야기로 넘겨 버릴 일이 아니라는 생각이 들었다.

전해 내려오는 이야기에 따르면, 중국 요 임금 시대는 그야말로 태평성대였다. 하지만 이때에도 끊임없이 내리는 비 때문에 백성들이 온갖 어려움을 겪었다. 그래서 요 임금은 부족장들의 추천을 받아 곤이라는 사람을 등용해 홍수를 다스리게 했다. 9년간 갖은 노력을 다했지만 해결하지 못해 큰 어려움을 겪었다.

이 때문에 여러 나라의 대표들이 참여한 회의가 도산(塗山)에서 열렸다. 고조선의 단군도 상황을 전해 듣고, 태자 부루를 보내 우 사공(虞司空, 후에 우 임금으로 등극함)에게 금간옥첩(金簡玉牒)을 전해 오행치수(五行治水)의 법을 가르쳐 주도록 했다.

한편 요 임금의 뒤를 이어 왕위에 오른 순 임금은 홍수를 잡는 데 실패한 곤을 대신해 그의 아들 우에게 치수를 맡겼다. 이에 우는 금간옥첩에서 일러준 대로 오행치수의 법을 활용해 물길을 잡았다.

물론 오행치수의 법을 전해 받았다고 곧바로 해결책을 낸 것은 아니었다. 무려 13년 동안 발품을 팔며 온갖 고생을 겪은 뒤에 법도를 알게 되었던 것이다.

우는 아버지 곤이 실패한 것을 교훈 삼아 제방을 쌓아 물을 가두려고만 하지 않고 물이 흐르도록 하는 방안을 마련해 간신히 홍수를 막았던 것이다.

우가 치수를 위해 얼마나 골몰했는지 알려 주는 일화가 있다. 사마천의 『사기』를 보면, 우는 자기 집 문 앞을 지나갈 때 아내와 자식의 울음소리를 듣고도 그대로 지나쳤다고 한다. 또 허벅지의 살이 쭉 빠지고 정강이의 털도 빠졌으며 등은 낙타처럼 굽어 절룩거리며 걸었다고 한다. 그래서 이런 걸음걸이를 우보, 즉 우의 발걸음이라고 부른다고 한다.

하지만 현수는 갈피를 잡을 수가 없었다.

왜 이런 장면을 보여 주는 걸까? 인간의 힘으로 자연을 극복할 수 있다는 것을 알려 주려는 걸까? 아주 오랜 옛날에도 물을 다스릴 줄 알았으니 오늘날에는 더 잘할 수 있다고 전해 주려는 걸까?

하지만 이것은 상대적인 비교일 뿐이다. 더 큰 재앙 앞에서 우처럼 할 수 있다고 어느 누가 확신할까? 이게 아니라면 인간의 오만함을 꾸짖는 것일까? 그러나 인간의 역사는 자연과의 투쟁을 통해 하나하나 발전해 온 과정이지 않은가? 자연의 위협에 대책 없이 굴복했다면 오늘날 같은 번영은 없었을 것이다.

결국 인간의 의지로 모든 것이 달라질 수 있다는 걸까? 하지만 아무리 강한 의지가 있다고 한들 의지 하나만 가지고 모든 문제를 해결할 수는 없을 것이다.

현수는 고개를 절레절레 내저었다.

곤이 치수에 실패한 이유는 의지 때문이 아니었다. 9년 동안 온갖 노력을 기울였으니 의지가 약했다고 할 수는 없다. 곤이 실패한 것은 원인을 제대로 찾지 못한 어리석음 때문이었다. 물이 자연스럽게 흘러가도록 하지 않고, 무조건 둑을 쌓아 막으려고 하다가 실패한 것이다. 많은 비가 내리면 제방이 무너져 더 많은 피해를 불러왔다. 우는 실패를 거울삼아 현지 조사를 하고 물이 바다로 빠지도록 대대적인 공사를 벌였다. 하지만 곤은 물의 이치를 깨닫지 못해 참다운 결실을 맺을 수 없었다. 굳은 의지가 있어도 과학적 이치에 따라야 올바른 성과를 낼 수 있다.

결국 과학 기술을 발전시키는 것이 해답이라는 말인가? 그러나 과학 기술이 아무리 발전한다고 해도 모든 재난을 다 해결할 수는 없다.

그렇다고 포기할 수는 없었다. 더 좋은 해결책이 있으면 더 많은 사람이 살아남을 수 있지 않은가? 최선을 다해 노력하고, 그래도 안 되면 고통을 달게 받아야 하는 것이 인간의 삶인가? 공자는 인의(仁義)에 기초해 최선을 다해 살아도 일이 제대로 풀리지 않는 것은 천명(天命)이라고 했는데, 이러한 상황을 두고 한 말이 아니겠는가? 인간의 능력으로 얻은 과학 기술이지만 그것으로도 안 된다면 천명으로 받아들여야 하는 것인가?

현수는 잠시 생각을 멈추고 검은 물체를 뚫어지게 바라보았다. 갑자기 의문이 생겼다.

'인간이 우주와 지구 환경을 지키기 위해 최선을 다하고도 재난을 당한다면 어쩔 수 없는 일로 인정하겠다. 그런데 인간의 능력은 과연 어디까지일까? 그것을 알아야 마음의 준비도 할 수 있지 않을까?'

검은 물체는 현수의 마음을 읽기라도 한 듯 또 다른 조화를 부렸다. 광활한 모래 언덕이 그림처럼 펼쳐지고 웅장한 건축물이 드러났다. 이집트 기자 지역에 우뚝 솟은 3기의 피라미드였다.

이 피라미드들은 약 4,500년 전인 고왕국 시대에 지었다고 하는데, 그중 가장 웅대한 쿠푸 왕의 피라미드는 높이가 무려 146.7m에 달했다. 돌 하나의 평균 무게만 2.5톤에 이르는데, 230만 개 이상의 돌을 사용해 지은 것이었다. 이처럼 오래전에 어마어마한 규모의 건축물을 지었다는 것에 사람들은 경탄을 금치 못했다.

현수는 검은 물체를 물끄러미 쳐다보았다.

'인간의 힘과 능력을 믿으라고 이런 장면을 보여 준 걸까?'

검은 물체는 아무런 움직임이 없었다. 판단을 내리는 건 너의 몫이니, 알아서 판단하라는 것 같았다.

인간이 지금까지 발전시켜 온 기술을 보면 대단하다고 평가하지 않을 수 없다. 지느러미도 없는데 잠수함을 타고 바닷속을 누비고, 날개도 없는데 우주를 향해 날아간다.

그렇다면 우주와 자연이 무한한 것처럼 인간의 능력도 무한하다는 것인가? 인간의 잠재력을 남김없이 발휘하면 모든 것을 해결할 수 있다는 뜻일까? 현수는 뭔가 이상야릇한 기분이 들었다. 인간의 무한한 능력을 그냥 받아들이면 모든 게 다 해결될지 의문이 생긴 것이다.

아주 오랜 옛날, 보잘것없는 도구만으로 엄청난 무게의 돌을 운반해 한 치의 빈틈도 없이 딱 들어맞도록 피라미드를 세운 것을 보면 현수도 입이 다물어지지 않았다. 그러나 과연 그것이 인간에게 무슨 도움을 주었는가? 인간을 위해 만든 것이 아니라면 무슨 소용이 있을까?

피라미드는 우의 치수 사업과 여러 모로 비교가 되었다. 우의 치

수 사업은 홍수 피해를 줄였지만 왕의 무덤으로 만들어진 피라미드는 백성들에게 아무 도움이 되지 않았다. 몇몇 사람들은 피라미드가 천문대의 기능을 했다고 주장하지만, 이 때문이라면 그렇게까지 웅장한 건축물을 지을 필요가 있었을까? 피라미드 건축을 위해 무려 30년 동안 수천 명의 석공들과 수만 명의 사람들이 동원되었다. 이렇게까지 수고를 하면서 피라미드를 지을 가치가 있었는지 의문이었다.

도대체 누구의 필요에 의해서 피라미드를 지었을까? 희생된 고통에 비해 얻은 이익이 적다면 누가 책임지는 것일까? 피라미드를 단순히 인간의 무한한 능력을 드러내는 상징물로만 받아들일 수만은 없지 않을까?

과학 기술은 삶의 향상에 도움을 주어야 한다. 따라서 과학 기술에도 가치관이 개입될 수밖에 없다. 그렇다면 인간이 과학 기술을 무한히 발전시켜 나가는 것처럼 가치관도 그래야 한다. 즉 공자나 플라톤의 이야기가 과학 기술에도 통용되어야 한다.

뭔가 풀릴 듯 말 듯했지만 여전히 해답은 명확히 다가오지 않았다. 현수는 간절하게 검은 물체를 바라보았다. 갑자기 아름다운 열대 해변이 펼쳐지고, 엄청난 크기의 인공 섬이 보였다. 두바이에서 '과수원의 신부'라고 불리는 대추야자 열매 모양의 인공 섬을 개발했다더니, 그곳인 모양이었다. 이곳은 세계 최초에 최고라는 명성이 자자했다. 왜 이곳을 보여 주는 걸까?

의문이 풀리기도 전에 아마존의 거대한 밀림이 나타났다. 바로 이어서 밀림을 관통하는 고속 도로와 개발 중인 금광과 거대한 목장이 보였다. 이윽고 거대한 밀림이 급속도로 줄어드는 모습이 나타났다. '지구의 허파'라는 아마존 밀림이 인간에 의해 파괴되는 모습을 보고 경각심을 가지라는 것인가?

여러 장면이 파노라마처럼 연거푸 펼쳐졌다. 눈부시게 하얀 설원이 넓게 펼쳐져 있었고, 먹이를 찾아 헤매는 북극곰이 등장하는가 싶더니 얼음이 녹는 장면이 보였다. 다음은 남극 대륙 위 오존층에 구멍이 뚫린 장면이었다.

검은 물체는 더 이상 움직이지 않고 현수를 가만히 지켜보았다.

아마존 숲이 파괴되거나 북극의 얼음이 녹는 것, 남극의 오존층이 파괴되는 것은 모두 인간이 자연을 개발하는 과정에서 생겨났다. 지구 온난화 현상이 생기면서 자연 생태계를 보존하자는 주장이 제기되고 있다. 자연을 무분별하게 개발하면 결국 환경이 훼손되고, 끝내 인간의 생존까지 위협하게 된다는 것이다. 지구가 훼손되면 인간이 어떻게 살아가겠는가? 그러니 인간의 생존 공간을 지키자는 것은 당연한 주장이었다.

문득 현수에게 이런 의문이 떠올랐다. 도대체 인간의 책임은 어디까지인가? 운석 충돌 같은 자연 현상 때문에 생명체가 죽기도 한다. 이런 경우까지 인간이 책임을 질 수는 없지 않을까?

지구에 살고 있는 생명체 중에 자연을 훼손하지 않고 생명을 유지하는 존재가 있을까? 인간은 다른 생명체와는 달리 지구 생태계에 미치는 악영향이 크다고? 그렇다면 환경을 개발하지 말고 그대로 보존하자는 말인가? 하지만 인간은 자연 상태 그대로만 이용해서는 살 수 없지 않는가.

인간이 자연을 개발하고 이용하는 것을 자연스러운 모습으로 인정해야 하나? 어차피 자연의 법칙을 위반해서는 새로운 것을 만들어 낼 수 없지 않은가? 그럼 인간이 자연에 가하는 모든 행동을 자연스럽다고 인정해야 할까? 그게 아니라면 인간이 어디까지 책임을 져야 할까?

지구 온난화 문제만 봐도 어디까지 인간의 책임이라고 말할 수 있을지 어려웠다. 지구의 온도가 높아진 것은 사실이지만 지구 자체의 흐름 때문인지, 이산화탄소량이 많아져서인지 파악하기 쉽지 않았다.

게다가 책임의 한계를 짓는 것이 무슨 의미가 있을까? 어차피 지구가 파괴되면 인간도 살 수 없다. 결국 인간은 지구에 무한한 책임을 져야 하는 존재가 아닌가?

하지만 역으로 인간도 지구에 권리를 행사할 수 있어야 하는 것 아닌가? 그렇다면 어느 정도 행사해야 할까? 지구 상에는 인간 말고도 수없이 많은 생명체가 있다. 그럼 생명체의 권리는 어느 정도가 적당할까? 선을 명확히 정해야 어느 정도 개발하고 어느 정도 보존할지 분명해질 것 아닌가? 하지만 그걸 누가 알 수 있단 말인가?

현수는 생각을 거듭할수록 머릿속이 실타래 엉키듯 복잡해지는 걸 깨달았다. 애당초 간단하게 생각하고 게임에 임했던 게 후회스러웠다.

검은 물체가 호통을 쳤다.

"참으로 미련하구나. 인간의 책임과 권한, 가치관을 떠올리면서

서서히 실타래를 풀어 가는가 싶더니 또다시 옆길로 새 버렸어! 분명히 말하지만 나는 내 맘대로 한다. 허나 너희는 나로 인해 탄생한 인간이다. 그러니 너희는 인간으로서 생각해야 할 것 아니냐! 자, 마지막 장면을 보여 줄 테니 잘 보아라.”

검은 물체가 움직이자 화산, 지진, 홍수, 해일, 태풍, 가뭄, 눈사태 등 온갖 자연재해가 눈앞을 스치고 지나갔다. 사람들은 속수무책으로 당하고만 있었다.

현수는 차라리 눈을 감고 싶었다.

‘아직까지 인류는 이런 재앙을 완전히 극복하지 못하고 있다. 이를 어찌한단 말인가?’

안타까움에 발을 굴렀지만 도움을 줄 수 없었다.

갑자기 엄청난 강도의 지진에도 무너지지 않은 튼튼한 건축물들이 또렷이 모습을 드러냈다. 이곳에서는 인명 피해가 일어나지 않았다.

‘한편에서는 속절없이 사람들이 죽어 가는데, 다른 한편에서는 아무런 피해가 없다니! 자연에 대한 인간의 권리가 너무나 불공평하게 나타났어! 결국 이것을 바꾸는 것이 인간이 해야 할 일이라는 것일까?’

현수는 큰 충격에 휩싸였다. 모든 것은 인간의 문제로 귀결된다는 것을 말해 주는 것 같았다. 그는 검은 물체에게 물었다.

“자연의 문제도 결국 인간의 문제라는 걸 말씀하시는 겁니까?”

“그걸 왜 나한테 물어? 알아서 판단하라고 그렇게 일렀건만. 그럼 나는 이만 가 봐야겠다.”

검은 물체는 순식간에 사라져 버렸다. 그러자 이제껏 조용히 지켜보고만 있던 맞상대가 말했다.

"자연의 위력이 얼마나 대단한지 잘 보았겠지. 자, 그걸 보고도 나하고 겨룰 자신이 있느냐?"

현수가 공손하게 대답했다.

"솔직히 말하자면 자신이 없습니다. 하지만 게임이니 승부를 내야 하지 않겠습니까?"

맞상대는 기가 막히다는 표정을 지었다.

"너는 내 인정을 바라는 것처럼 처신하지만 어림도 없는 수작이다. 자연은 결코 인간의 간사함에 놀아나지 않기 때문이지. 우리는 어떤 것도 다 휩쓸어 버리는 대단한 힘을 가지고 있어. 그렇다면 우주와 자연의 위대함을 알고 교만함부터 버려야 할 것 아니냐? 그런데 뭐가 어째? 게임이니 승부를 내자고? 겁도 없이 내게 덤비겠다는 거냐? 여태껏 내가 가만히 있었던 이유는 게임의 승자가 나라는 걸 알고 있었기 때문이다. 그런데도 감히 내게 맞서겠다는 이유가 무엇이냐?"

현수는 갑자기 말문이 막혔다. 하지만 차분히 생각을 가다듬고 입을 열었다.

"자연의 위력 앞에서 인간이 미약한 존재라는 점은 인정합니다. 하지만 아무것도 안 해 보고 무작정 포기할 수는 없습니다. 인간은 자연재해를 겪으면 회복하기 위해 혼신의 힘을 기울입니다. 게다가 자연이 인간과 세상 만물 모두를 무차별적으로 대한다는 말에는 동의할 수 없습니다. 지진이 일어났을 때 판잣집에 살면 죽고,

내진 설계가 잘된 곳에 살면 살아남으니 말입니다. 그렇다면 인간을 놓고 사회 문제를 바라보듯 자연 문제도 바라봐야 하지 않겠습니까?"

"자연을 두려워하고 공경해도 모자란 판국에 인간 맘대로 자연을 개발하겠다는 수작이로군. 그렇게 하면 결국 인간의 생존 자체가 위협받는다는 것을 잘 알고 있지 않느냐? 그런데도 너는 환경을 보호하자는 것이 잘못된 주장이라고 생각한단 말이냐?"

현수는 자신의 말이 오해를 불러왔음을 깨달았다.

"그런 말이 아닙니다. 환경을 보존하든 개발하든 인간이 하는 일은 인간의 눈으로 보게 마련이라는 겁니다. 어떤 주장이든 그 이면을 들여다보고 어떤 방식이 인간에게 나은지 판단해야 한다는 것입니다. 이런 측면에서 보면, 무분별한 개발도 문제고 무조건적인 생태계 보전도 문제입니다. 어느 한쪽이 꼭 인간에게 이득이 된다고는 볼 수 없으니까요. 인간의 힘이 자연 앞에서 미약하다는 것을 생각해 보면, 생태계를 무조건 보전하자고 외치는 주장은 자연에 대한 인간의 대응 능력을 낮추는 일이 될 수도 있지 않겠습니까?"

현수는 강력하게 자신의 주장을 펼쳤다.

"네 말은 어떤 경우에도 인간의 눈으로 세상을 보겠다는 것이냐? 절대로 포기할 수 없다는 것이냐?"

맞상대의 말에 현수는 대답을 망설였다. 자칫 잘못하다간 더 깊은 웅덩이로 빠질 것 같은 두려움이 앞섰기 때문이었다. 그러나 현수는 결심한 듯 또박또박 자신의 주장을 폈다.

"그렇습니다. 더 정확히 말씀드린다면, 자연의 문제까지 아울러서 인간이 어떤 질서를 세우고 살아야 하는지 고민해야 합니다. 그래야 인간이 세상을 고칠 수 있을지 판단할 수 있다고 생각합니다.”

맞상대가 거대한 몸을 부르르 떠는 것을 보고 현수는 겁에 질렸다.

“자연의 영역까지 인간 문제로 보고 어떤 질서를 세워야 할지 고민한다고? 어허, 보통이 아니구나.”

그러면서 맞상대는 물거품처럼 사라져 버렸다.

현수는 어안이 벙벙했다. 이번 게임에서 이길 수 있을지 자신이 없었기 때문이었다. 다만 인간인 이상, 인간의 눈으로 바라볼 수밖에 없다는 것을 명확히 밝힌 것뿐이었다. 공자와 플라톤이 우주나 자연이 아니라 ‘인간다움’에서 모든 문제를 풀려고 했던 것을 이용한 거였다. 그래서인지 이겼다는 것이 실감나지 않았다. 도리어 허탈하기까지 했다.

지금껏 공자와 플라톤, 검은 물체에게 여러 이야기를 들었지만 해결 방안은 더욱 어렵게 다가왔다. 그러나 다른 방법이 없었다. 운명을 건 게임인 만큼 맞서 싸우는 길만 남았다. 게다가 이게 딸을 찾을 수 있는 유일한 방법이었다.

정령과 제우스의 만물 존중과 질서의 세계

현수는 허우적거리며 앞으로 나아갔다. 허탈감이 밀려들었다. 답을 찾기 위해 최선을 다해야 한다는 것은 알았다. 그러나 정해진 답은 없고, 결국 답을 찾지 못할까 봐 불안했다.

그때 무언가가 주위를 맴도는 것 같은 기분이 들었다. 현수는 걸음을 멈추고 주변을 둘러보았다. 그렇지만 아무 소리도 들리지 않았다. 보이지도, 들리지도 않는데 누군가 자기를 주시하고 있다는 느낌이 들었다. 아무렇지 않은 듯 여기려 했으나 헛된 일이었다. 현수의 모든 감각은 칼날처럼 날카로워져 있었다. 아무리 두 눈을 부릅떠도 아무것도 보이지 않아서 그는 아예 눈을 감아 버렸다. 여전히 뭔가와 대치하고 있는 것 같은 팽팽한 긴장감이 감돌았다. 얼마나 시간이 흘렀는지 모른다. 시간도 없고 공간도 없는 미지의 세계에 와 있는 느낌이었다.

드디어 그 존재가 움직였다. 눈을 감았는데도 분명히 보였다. 그것은 불빛 같기도 하고, 곰이나 호랑이 같기도 하고, 새 같기도 했다. 다시 보니 사람의 형상이었지만 감히 범접하지 못할 신성한 기운이 흐르고 있었다. 그 존재는 이번 게임의 맞상대였다. 그가 모습을 드러내며 입을 열었다.

"별반 아는 것도 없이 배짱으로 여기까지 올라왔다더니 정말 그런 모양이군. 나를 보고도 놀란 기색이 없으니. 그러나 세상 문제를 어찌 배짱만으로 풀 수 있겠느냐? 어떻게 풀 것인지 마땅한 해답을 제시해야 하거늘. 자네가 그럴 수 있는지 내가 시험해 볼 수밖에."

"당신은 이미 해답을 알고 있다는 말씀입니까?"

현수는 맞상대에게 바짝 다가가며 물었다. 게임 자체보다는 그 부분이 더 궁금했다. 그런데 맞상대는 현수가 꾀를 부리려는 것으로 오해한 모양이었다.

"구슬리면 입을 열 것처럼 내가 그리 어수룩해 보였단 말이냐? 아무 노력 없이 이 게임의 승자가 되겠다고? 그건 용납할 수 없다. 너의 꼼수에 당하지 않기 위해서라도 빨리 시합을 해야겠다."

맞상대는 현수에게 게임의 룰을 설명했다. 이번에 만날 인물은 정령과 제우스였다. 공자와 플라톤을 만났을 때처럼 한꺼번에 보면 편하겠지만, 정령과 제우스는 한자리에 있는 것을 싫어해 따로따로 만나야 한다고 했다.

"자, 얼른 정령을 찾아가도록 하자."

맞상대는 다급하게 현수를 이끌었다.

출발한 지 얼마 되지 않아 정령의 화신이 보였다. 화려한 복장이나 얼굴에 이는 광채로 보아 주술사나 샤먼, 무당처럼 보였다. 원시 사회의 추장 같은 모습에 현수는 좀 실망했다. 이런 사람에게 의지해 해답을 찾아야 하는 자신의 신세가 탐탁지 않았다. 갑자기 정령이 그를 꾸짖었다.

"도움을 받으려고 온 게 맞느냐? 편견에 사로잡혀 들으려고도 하지 않는 태도는 도대체 무엇이냐? 그런 오만과 편견이 해답을 가로막고 있다는 걸 정녕 모르겠느냐? 당장 그 태도부터 고치도록 해라."

현수는 뜨끔했다. 쓴소리를 듣고도 찜찜한 기분은 사라지지 않았지만 당장 그에게 필요한 것은 해답이었다. 현수는 마지못해 잘못을 시인했다.

"저의 태도에 문제가 있었습니다. 용서해 주십시오. 그러나 그것은 진리를 찾는 자세일 뿐이고, 그 자세가 진리를 말해 주는 것은 아니지 않습니까?"

현수가 볼멘소리로 항변하자 다시 호통이 떨어졌다.

"아직 한참 멀었구나. 편견과 독단이 진리를 추구하는 자세로 옳지 않다면, 내용 또한 그래야 하지 않겠느냐?"

현수는 무의식중에 고개를 끄덕였으나 그 내용이 무엇인지 명확히 다가오지는 않았다.

"편견과 독단에 빠지지 않는 것이 진리라고 말씀하신 것 같은데, 그게 무엇입니까?"

정령은 쓴웃음을 지으며 답했다.

"이제야 내 말을 좀 알아듣는구나. 그래, 좋다. 네가 플라톤을 만나 보았으니 그에 빗대어 설명해 보겠다. 너도 알다시피 플라톤은 사람들에게 동굴의 비유를 들어 허상에서 빠져나오라고 주장하지 않았느냐? 그 이유가 무엇이었느냐?”

현수는 기억을 더듬어 대답했다.

“그, 그야…… 사람들이 실재를 보고 있는 것이 아니라 그림자만 보고 있다고 생각했기 때문 아닙니까?”

그의 대답에 정령은 실소를 터뜨렸다.

“대답은 넙죽넙죽 잘한다만, 그러고도 답을 모르겠느냐? 허상에서 빠져나오라고 한 건 온갖 편견과 독단에서 빠져나오라는 말이니라. 하지만 플라톤은 과연 편견과 독단에서 빠져나왔다고 볼 수 있을까? 그리고 그의 주장이 공정하고 옳은 내용이라고 볼 수 있겠느냐?”

“이데아와 철인을 말씀하시는 겁니까?”

“그래, 바로 그 말이야. 이데아와 철인 자체는 참 좋아. 그런데 이 세상에는 철인들만 살고 있는 것이 아니라 각양각색의 사람이 살고 있지. 그러니 겉으로는 철인으로 숭상하는 척해도 속으로는 그 주장을 받아들이지 못하는 거야. 게다가 여기엔 사람만 살고 있는 것도 아니지 않느냐? 동식물을 비롯해 얼마나 많은 생명체가 살고 있느냐? 하나의 잣대로만 판가름한다면 어리석은 짓 아니겠느냐? 그 자체가 독단인 것이지.”

정령다운 대답이었다.

“세상의 모든 만물을 그대로 인정하고 받아들이는 것이 진리라는 말씀입니까?”

정령은 못마땅하다는 표정을 지었다.

“모든 것들이라고 말하지는 않았다. 이 세상에는 수많은 생명체가 있고, 그 생명체는 모두 존중받을 권리가 있다고 했을 뿐이야. 그러니 자신의 생각과 다르다고 배제하는 주장은 올바른 자세가 아니지. 진리는 더더욱 될 수 없고. 알겠느냐?”

세상 모든 만물을 겸허하고 경건한 태도로 대하라는 뜻이었다. 맞는 말이었다. 그러나 모든 만물에 정령이 깃들어 있다는 생각은 받아들이기 어려웠다. 현수는 다시 반문했다.

“물론 존중해야지요. 그렇다고 어떤 주장이든 무조건 존중할 수는 없지 않습니까? 어느 정도 타당성을 지녀야지요. 그래서인지 영혼이 존재한다거나, 영혼과의 대화가 가능하다는 주장에는 수긍할 수 없습니다. 생명체가 죽으면 이승에서의 삶이 끝나는 것 아닙니까?”

“허, 너의 사고방식에서나 나올 법한 질문이구나. 그렇다면 한 가지 묻겠다. 너는 이 세상이 어떻게 되어 있는지 다 알 수 있다고 확신하느냐?”

“그걸 어떻게 확신하겠습니까? 하지만 사람이 죽으면 육체가 썩는다는 것 정도는 알고 있습니다.”

“그리 대답할 줄 알았다. 그런데 네가 말하는 건 육체일 뿐이야. 공자와 플라톤을 만나고, 검은 물체와도 대화를 해 보았으니 고민을 했겠지? 도대체 인간이 무엇이냐? 또 거대한 우주는 어떻게 생겨났으며, 어떻게 운행되는지 아느냐?”

현수는 대답할 말을 찾지 못하고 얼굴만 붉혔다. 아무 대꾸도 못 하는 그를 보며 정령이 다시 말을 이었다.

“그래도 부끄러움은 아는 모양이구나. 네가 정확히 모르는 게 당연한지도 모른다. 네가 알고 있다고 생각하는 것도 대략적으로 그 럴 것이라는 예측에 불과해. 그러니 모든 것을 아는 것처럼 굴면 안 된다. 이 세상은 네가 보고 있는 게 전부가 아니야. 그러니까 네 가 사는 세상과는 달리 시·공간 개념이 무의미한 세상도 존재한 다는 것이지."

현수는 고개를 번쩍 들었다.

"그 얘기를 해 주십시오. 그러면 우주가 시·공간이 없는 세계에 서 있는 세계로 발전했다는 말씀입니까?"

현수는 검은 물체와 대화할 때 떠오른 의문이 생각나 정령의 대 답을 듣고 싶었다.

"그거야 모르지. 그런 식의 사고방식은 너희들이나 하는 거야. 단, 내가 말하고자 하는 건 영혼의 세계는 분명 존재한다는 거야. 그리고 육체는 시·공간의 지배를 받지만 영혼은 그렇지 않다는 거지. 그래서 얼마든지 시·공간을 초월한 영적인 대화가 가능한 거야. 아무나 할 수 있는 건 아니지만."

현수는 고개를 갸우뚱거렸다.

"그런 말이 어딨습니까? 영혼의 세계가 존재한다면 누구나 영적 인 대화가 가능해야지요. 안 그렇다면 플라톤 선생님께서 철인만 이 이데아 세계를 볼 수 있다고 한 주장과 무엇이 다릅니까?"

"영혼이 존재한다고 한 점에서는 같을 수 있겠지. 그러나 이것 을 제외하곤 무척 달라. 나는 플라톤처럼 하나의 이데아만 존재한 다고 주장하지 않아. 또한 나는 수많은 정령과 영적인 대화를 나눌 수 있어. 그러나 이것을 그림자나 허상이라고 하지는 않지. 그러니 나와 플라톤의 주장이 어떻게 같겠느냐?"

현수는 다시 반론을 폈다.

"모두 정령과 대화를 나눌 수 있는 것도 아니고, 누구는 할 수 있지만 누구는 할 수 없다면 어떻게 되겠습니까? 그것 역시 편견과 독단으로 빠질 가능성이 있지 않습니까?"

정령의 대답은 단호했다.

"네가 그렇게 생각하는 것 자체가 편견과 독단인 게야. 아까도 분명히 말했지만, 영적인 대화는 네가 살고 있는 시·공간의 개념으로는 파악할 수 없어. 그런데도 그런 식으로만 받아들인다면 영영 이해하지 못할 게야. 이해를 돕기 위해 한 가지만 물어보겠다. 네가 자면서 꾸는 꿈도 시·공간의 제약을 받더냐?"

"꿈은 그저 꿈일 뿐입니다. 실제로 일어난 일은 아니지 않습니까?"

정령이 답답하다는 듯 한숨을 쉬었다.

"네가 이해하기 쉽도록 꿈이란 예를 든 것 아니냐? 의식 세계와는 다른 무의식의 세계가 있다는 걸 이해하도록 말이야. 그러면 너는 무의식의 세계가 있다는 걸 인정하지 못한단 말이냐?"

현수는 쉽게 대답하지 못했다.

"프로이트에 따르면 무의식의 세계가 있다고 하는데……."

"어디서 들어 보기는 한 모양이로군. 프로이트가 무의식의 세계를 발견한 것은 좋지만, 성적 억압의 문제로 국한해 생각한 게 문제야. 어찌 무의식의 세계가 그런 것만을 담고 있겠느냐? 무의식의 세계에서 더욱 중요한 것은 생명력, 즉 영혼의 활동이 아니더냐.

무의식의 세계가 존재하는 것처럼 시·공간을 초월한 세계도 존재하지."

"말씀은 타당하지만 여전히 의문이 남습니다. 제가 납득할 수 있도록 증거를 제시해 주시면 안 되겠습니까?"

정령은 혀를 내둘렀다.

"참으로 집요하구나. 너와 다른 입장도 있을 수 있으니 이해하기 위해 노력하라는 얘기야. 하긴 편견이나 독단이 어디 한두 마디에 고쳐지겠느냐? 정 그렇다면 실질적인 증거를 보여 주마."

현수는 고개를 끄덕였다. 그렇게 해 준다면 언쟁할 필요도 없었다.

"신기가 있다거나 신이 내렸다는 사람에 대해 말을 들어봤을 것이다. 그렇지?"

현수는 그런 말을 수차례 들어 봤다. 그러나 그 현상을 어떻게 받아들여야 할지 판단이 서지 않았다. 그 사람들은 본인의 의지와는 상관없이 신병을 앓는다고 했다. 짧게는 몇 년, 길게는 수십 년이 넘는다고 했다. 험난한 길을 피하려고 병원을 다니며 갖은 약을 먹어 보지만 결코 낫지 않았다. 그러나 결국 무당의 길을 걷자 그간 그 사람을 괴롭혔던 병이 씻은 듯이 나았다는 것이다. 그러나 현수는 이러한 사실을 곧이곧대로 받아들이고 싶지 않았다.

이를 인정한다면 도대체 사람이 할 수 있는 일은 무엇일까? 인간이 아무리 발버둥치고 노력해도 이미 정해진 운명의 길을 간다는 것이 아닌가. 이렇게 무기력한 인간의 모습은 받아들이기 힘들었다.

"그 사람들이 정말로 정령을 만나거나 영적인 대화를 했는지 어떻게 확인합니까? 아무도 모르는 일 아닙니까?"

"증거를 내밀어도 믿을 수 없단 말이지? 원래부터 인정할 생각이 없었던 것 아니냐? 네 문제는 바로 그거야. 정말 실망스럽구나."

정령의 태도에 현수는 당황스러웠다. 그렇다고 본심을 숨기고 거짓말을 할 수도 없는 노릇이었다. 현수는 더욱 분명한 어조로 말했다.

"영혼이 있다는 것을 인정한다고 하더라도, 신성의 세계와 속세는 다르다는 것이 제 생각입니다. 영역이 다른데 어떻게 서로 영향을 미칠 수 있겠습니까? 다른 영역을 침범하려고 한다면 그게 반칙 아닐까요?"

정령은 자기주장을 굽히지 않는 현수의 태도에 화를 냈다.

"너의 이분법적인 사고방식으로는 그리 판단되겠지. 이게 있으면 저게 없고, 저게 있으면 이게 없다는 식이니 말이야. 하지만 우리는 그렇게 생각하지 않아. 속계도 인정하고 신성계도 인정하지. 우주에서는 모든 것이 하나로 어우러져 있거든. 그러니 당연히 서로에게 영향을 미치고, 대화도 가능하지."

현수는 이번 기회에 평소 궁금했던 걸 물었다.

"그럼 유체 이탈이나 빙의 같은 현상이 실제로 일어날 수 있습니까?"

"내 그리 말해 주었건만……. 믿고 안 믿고는 네 자유이니, 더 이상 나도 뭐라 말 안 하겠다. 하지만 그런 것을 보고 정신병이니 미신이니 여기는 사람이 훨씬 더 모순적이고 미신적이야.”

현수는 정령이 억지를 부린다고 생각했다.

“과학적인 근거를 보여 달라고 하는 것이 더 모순적이고 미신적이라뇨? 그런 말도 안 되는 논리가 어디 있습니까?”

정령은 화가 났는지 고개를 외로 꼬고 있다가 말했다.

“말도 안 된다? 그러면 하나 물어 보자. 정령 같은 것을 믿지 않는다면, 왜 명당이니 뭐니 하면서 조상의 무덤을 좋은 데 쓰려고 하는 것이냐? 이런 게 바로 모순적인 행동이란 말이야. 그러나 너희들이 벌이는 미신적인 행위에 비하면 이건 새 발의 피다. 너희는 다른 사고방식에 대해서는 과학적 근거를 대라고 닦달하지. 그러나 정작 자기주장에 대해서는 어떤 근거도 대지 않아. 그러고는 자신의 생각과 조금만 다르면 무조건 이상한 존재로 몰아 버리지. 중세 시대의 마녀사냥이 그렇지 않았느냐? 너희들은 있지도 않은 것을 만들어 내곤 무서워 벌벌 떨지. 그게 미신이 아니면 도대체 뭐란 말이냐?”

현수는 묵묵부답이었다. 정령의 주장에 따르면 속계에 사는 인간들이 미신에 더 빠져 있다는 것이었다. 한편으로는 맞는 얘기였다. 그렇지만 무조건 동의할 수는 없었다.

“네, 저희가 잘못을 저지르기도 했습니다. 그러나 속계에서는 한때 범한 잘못이나 오류를 극복할 길이 있지 않습니까? 역사적 과정을 보면 잘 알 수 있지요. 따라서 속계에는 미신에서 벗어날 길이 열려 있다는 것입니다. 하지만 정령의 세계에서는 결코 그리될 수 없지 않습니까?”

정령이 버럭 호통을 쳤다.

"너는 어찌 그리 고집불통이냐. 모든 걸 거꾸로 생각하다니. 정령의 세계에서는 모든 생명체가 응당한 대접을 받는다. 만물이 존중받는 거지. 그런데 왜 미신이 필요하겠느냐? 너희가 살고 있는 속계는 그렇지 않아. 인간들이 자기 욕심을 채우기 위해 의도적으로 미신을 만들어 내기 때문이지. 물론 모든 사람이 처음부터 그렇게 하지는 않았겠지. 그러나 결과적으로 보면 대다수가 미신에 동조해 이루어진 것 아니냐? 네 말대로 속계에서 미신을 극복해 온 것은 사실이나, 또 다른 미신이 등장한다는 것 역시 사실 아니더냐. 하나가 쓸모없어지면 또 다른 미신을 만들어 내니까. 그런 게 바로 유언비어가 아니냐? 그런데 어떻게 속계에서 미신을 극복할 수 있겠느냐?"

현수는 충격으로 입을 다물지 못했다. 그만큼 정령의 주장은 신선하게 다가왔다. 하지만 곧 다른 의문이 떠올랐다.

"왜 세상 만물을 존중하라고 하시는지 조금은 이해가 됩니다. 하지만 이런 의문이 듭니다. 만물을 존중하기만 하면 모든 문제가 해결될까요?"

정령은 물끄러미 현수의 얼굴을 바라보았다.

"이해하려고 노력하는 모습이 가상해서 대답해 주겠다. 그전에 너에게 하나 묻겠다. 너는 무당이나 샤먼이 굿이나 주술을 행하는 것을 본 적이 있을 것이다. 그들이 왜 그런다고 생각하느냐?"

대답 대신 질문이 돌아오자 현수는 당황했다.

"그, 그거야 액을 막거나 복을 받기 위해서겠지요?"

"그렇지. 그런데 액을 막거나 복을 내릴 때 무엇을 하는 줄 아느냐? 잡귀도 몰아낸다."

현수는 정령의 말이 언뜻 이해되지 않았다.

"아니, 잡귀를 몰아내다니오? 그럼 지금까지의 주장과 모순되는 것 아닙니까? 저에게는 모든 생명체와 만물을 그대로 인정하라고 하셨잖습니까? 그런데 왜 잡귀를 몰아내려는 건가요? 그렇다면 결국 존중하지 않겠다는 말 아닌가요? 정령의 세계도 인간의 세계처럼 대립된다는 뜻입니까?"

정령은 고개를 절레절레 흔들었다.

"이 세계에는 온갖 생명체가 어우러져 있다. 만물이 소중한 생명체로 존중받으려면 어찌해야 하겠느냐? 다른 생명체를 인정하지 않고 짓밟으려는 행위를 막아야 할 것이다. 그렇지 않으면 우주의 질서가 혼란해지고, 소중한 생명체가 존중받지 못할 것 아니냐?"

현수는 이 말을 듣고 되물었다.

"그러니까 인간이 사는 현실을 놓고 보면, 오만과 독단에 빠져 있는 사람들의 행위를 막는 것이 소중한 존재로 인정받는 방안이라는 말씀입니까?"

정령은 안타까운 눈빛으로 현수를 바라보더니 말했다.

"이제 가야 할 시간이야. 마지막으로 몇 마디만 해 주겠다. 현실을 고칠 방안이 왜 안 보이는지 아느냐? 사회를 좀먹는 잡귀를 제거하려고 하지 않기 때문이야. 너는 권력이 존재하는 한 문제를 풀 해답이 없다고 여기는 모양인데, 얼마나 아둔한 생각인지……. 정령이나 사람 자체가 나쁜 것이 아니듯 권력 자체가 악한 것은 아니다.

하지만 정령도 제 길을 못 찾으면 잡귀가 되고, 사람도 잡귀가 들면 병이 들고 재앙을 당하지 않느냐? 이렇듯 권력에도 잡귀가 들면 피바람을 일으킨다. 그렇다면 어찌해야 하겠느냐? 잡귀를 제거해야 공평해질 수 있다. 이제 알겠느냐?"

말을 마친 정령은 현수가 더 물어볼 겨를도 없이 그곳을 떠나 버렸다. 그는 감사한 마음으로 정령이 사라진 곳을 바라보았다. 현수를 계속 지켜보던 맞상대가 입을 열었다.

"처음과는 달리 꽤 신선한 충격을 받은 모양인데, 해답을 얻기는 했느냐? 손에 쥐어 줘도 모르겠다고 말하는 것을 보니 아직 멀었겠지. 그래도 시합은 시합이니까 구색은 갖춰야지. 자, 그럼 묻겠다. 정령이 너에게 잡귀를 제거하라는 해결 방안을 주었다. 그렇다면 그 같은 방식으로 세상 문제가 해결될 수 있다고 여기는지 말해 봐라."

현수는 잠시 망설이다가 말했다.

"만물이 어우러져 존중받고 살려면 질서를 깨뜨리는 자들을 응징해야 한다는 주장에는 수긍이 갑니다. 하지만 그게 해답이 될 수 있을지는 모르겠습니다. 잡귀를 제거하려면 그보다 더 큰 힘이 있어야 할 것 아닙니까? 결국 누가 더 힘이 센가의 문제인데 그게 과연 해답이겠습니까? 세상 문제가 풀리지 않는 것은 잡귀의 힘이 세서 그런 것 아닙니까? 그런데 힘을 더 키우라고 한다면 도대체 어떻게 되겠습니까? 게다가 새로운 미신이 등장하듯 새로운 잡귀가 계속 등장할 것입니다. 그러니 우리가 원하는 해답을 찾으려면 어떤 힘에 의해 세상의 질서가 세워지고 돌아가는지 살펴보아야 하지 않을까요?"

"흠, 제법이로구나. 좋다! 그 문제에 대해 제우스는 어떻게 대답하는지 들어 보도록 하자. 그 후에 시합을 계속하도록 하지."

맞상대는 다시 현수를 이끌고 어디론가 나아갔다. 얼마 지나지 않아 그를 내려다보는 뭔가가 보였다. 현수는 이상한 기운에 이끌려 그곳으로 향했다. 그 존재와의 거리가 점점 가까워지자 몸이 움츠러들었다. 엄청난 위압감이 그를 덮쳤다. 현수는 몸이 떨렸지만 애써 숨기며 자신을 내려다보는 존재를 천천히 바라보았다.

그는 놀랍게도 건장한 사내였다. 이 사내는 자신을 둘러싼 천둥과 번개를 공 다루듯 했다. 왼손에 쥐고 있는 지팡이에는 독수리가 앉아 있었다. 그리스 신화에서 본 제우스였다. 현수는 조심스럽게 물었다.

"혹시 우주를 관장하고 온 세상을 지배한다는 제우스 신이십니까?"

"나를 대번에 알아보는 걸 보니 해답을 못 찾지는 않겠군. 그래, 사람들은 나를 제우스라고 부르지. 신이라 불리는 사나이이기도 하고."

현수는 고개를 갸웃거리며 물었다.

"신이라 불리는 사나이라고 말씀하시니 이상하네요. 다른 뜻이 담긴 말입니까?"

제우스의 목소리가 갑자기 커졌다.

"사실을 말한 것뿐인데 다른 뜻이라니? 그럼 나보고 유일신인 양 거짓 행세라도 하라는 말이냐? 너도 알다시피 신은 하늘에도,

지하에도, 바다에도 있다."

대뜸 혼이 난 현수는 무조건 사과했다.

"제가 그만 실수를 저질렀습니다. 신이라고 하니 그저 유일신이 떠올라서……. 부디 아량을 베풀어 주십시오."

현수는 제우스의 위엄 있는 태도도 좋았지만, 자신이 여러 신 중 하나라는 사실을 숨기지 않는 솔직한 태도와 자신감에 기대가 컸다. 현수는 조심스럽게 다시 말문을 열었다.

"지금껏 답을 찾고자 노력했지만 더욱 헷갈리기만 합니다. 제발 속 시원히 가르쳐 주십시오. 그러면 그 은혜는 결코 잊지 않겠습니다."

"당연히 그래야지. 만약 내 말을 거역했다간 큰코다칠 것이니라."

제우스는 자유자재로 벼락과 번개를 움직였다. 인간과 신들이 왜 제우스를 무서워했는지 알 것 같았다. 현수는 제우스가 어떤 답을 줄지 궁금했다.

"해답은 아주 간단하다! 강력한 힘을 가지면 되지."

현수는 다음 말을 기다렸지만 제우스는 더 이상 아무 말도 없었다. 현수의 실망스러운 표정을 본 제우스가 다시 입을 열었다.

"뭔가 큰 착각을 하고 있는 모양이로구나. 진리를 대단하고 고상한 것으로 여기는 모양이지? 진리는 아주 간단하고 단순해. 그래서 진리인 거지. 사람들과 요정, 심지어 다른 신들까지 왜 나를 무서워하는 줄 아느냐? 이 벼락과 번개 때문이야. 내가 이걸 다룰 줄 몰랐다면 누구도 내 말을 듣지 않았을 것이다."

하늘의 제왕이라는 제우스가 하는 말치고는 너무 단순하고 솔직했다. 하지만 현수는 그게 답이라고 받아들일 수는 없었다. 그래서 정령이 제시한 답에 대한 고민을 솔직하게 털어놓았다.

"저는 힘을 키워 문제를 해결하는 것은 잡귀와의 영원한 싸움이라고 생각했습니다. 그런데 제우스 신도 강력한 힘만이 문제를 풀수 있는 열쇠라고 말씀하시니……. 두 분의 말씀이 뭐가 다른지 궁금합니다."

제우스는 번개를 번쩍거리며 노여워했다.

"일개 정령과 나를 비교하다니! 정령은 개별적인 영의 힘에 불과해. 그러나 나는 개별적인 힘을 하나의 질서로 통제하지. 그러니 어떻게 비교가 되겠느냐?"

현수는 잘 이해할 수 없었다.

"결국 힘의 문제이니 비교 가능하지 않을까요? 저에게는 정령도 무서운 존재이니 말입니다."

제우스는 흥분을 가라앉히고 차분하게 설명하기 시작했다.

"그건 너의 판단 착오다. 정령의 세계는 무질서, 즉 카오스의 세계이고 나의 세상은 질서, 즉 코스모스의 세계야. 이렇듯 각기 다른 세상이기에 비교할 수 없다. 하지만 나는 카오스의 세계를 극복하고 이 세상의 질서를 잡아 주는 강력한 존재지. 이제 내가 어느 위치에 있는지 분명히 알겠느냐?"

제우스는 의기양양한 표정이었다. 현수는 왜 제우스가 자신만만한지 이해되었다. 그런데 머릿속에 또 다른 의문이 떠올랐다.

"아까 질서와 무질서의 세계가 있다고 하셨는데 납득이 안 됩니다. 무질서라는 게 정말 질서가 없는 거라고 단정할 수 있을까요? 질서가 없는 것처럼 보이지만 또 다른 질서가 있는지도 모르지요."

제우스는 심기가 불편한 듯 끙, 하고 앓는 소리를 냈다.

"무질서의 세계에도 질서가 존재한다고? 그렇다면 무질서의 세계도 질서의 세계이고, 질서의 세계도 무질서의 세계라고 할 수 있겠구나. 그렇다면 질서와 무질서란 말을 할 필요가 있겠느냐? 잘 들어라. 질서의 세계란 위계가 잡힌 것이다. 위계 없이 어떻게 혼란을 막을 수 있겠느냐. 너는 그런 혼란스러운 상황을 질서라고 우길 것이냐?"

분노한 제우스의 모습은 현수의 눈에 들어오지 않았다. '질서의 세계란 위계가 잡힌 것'라는 말이 그의 뇌리에 박힌 것이다. 정령과는 확연히 다른 주장이었다. 잡귀를 제거하려면 힘의 싸움이 계속될 수밖에 없다. 그런데 위계질서를 세우면 싸움의 종지부를 찍을 수도 있다. 그 점에서는 수긍이 갔다. 그러나 또 다른 의문이 고개를 들었다.

"말씀하신 대로 위계질서를 세우면 혼란이 멈출 것입니다. 하지만 그렇게 되면 가장 힘센 존재가 세상을 좌지우지할 것 아닙니까? 세상을 바로잡기 위해 꼭 그런 질서를 세워야 하는지 의문입니다. 그런 세상이 과연 공명정대할까요?"

제우스는 한숨을 쉬었다.

"네 말대로라면 계속 혼란스럽게 싸워야 한다는 건데 그것이 옳다는 얘기냐? 그러지 않으려면 모두가 복종할 수 있는 질서를 세워야 한다. 그것이 바로 세상의 질서이고 진리인 것이야. 알겠느냐?"

현수는 힘이 세상의 모든 것인 양 얘기하는 제우스가 못마땅했다.

"결국 힘이 기준이라는 말씀이시네요. 하지만 저로서는 이해가 안 갑니다. 진리라면 모두가 납득해야 하는 것 아닙니까?"

"그래, 바로 그거야. 내가 말하고자 하는 바가 그것이다."

현수는 어이없는 표정을 지었다. 제우스의 말이 모순에 가득 찬 것 같았기 때문이다. 하지만 제우스는 자신만만한 표정으로 말을 이었다.

"네가 아직 내 말뜻을 이해하지 못한 모양이구나. 자, 들어 보려무나. 처음에 대지 모신에 의해 수많은 생명체가 탄생했다. 그런데 그 수많은 생명체들은 제멋대로 살아가려고 했지. 치열한 경쟁과 싸움으로 세상은 늘 혼란스러웠어. 승자가 빨리 나올수록 피로 얼룩진 상황이 끝날 것 아니냐? 물론 승자가 누가 될지는 아무도 몰랐지. 하지만 분명한 건 승자가 누구든 싸움에 종지부를 찍으려면 질서를 세워야 한다는 것이야. 이제 알겠느냐?"

어디선가 많이 들어 본 얘기였다. 이 세상에 나온 이상 경쟁하지 않을 수 없다고? 그 경쟁이 세상을 혼란스럽게 만든다고? 그걸 막으려면 강자가 등장해 질서를 세워야 한다고? 이는 적자생존이니 세계화니 일등이니 하는 말과 다를 바가 없었다.

그러면 정령이 말한, 서로 인정하고 존중하는 세상은 애초부터 불가능한 것일까? 그렇다면 사람들은 지금처럼 끝없는 경쟁을 벌이며 힘겹게 살아가야 한다. 현수는 회의를 느꼈다.

"물론 어느 세상에서건 경쟁이 벌어지겠지요. 하지만 그렇다고 꼭 승자가 나와야 하고, 그 승자가 약자를 짓눌러야 하는 겁니까? 선의의 경쟁도 있고 서로 공존하고 공생하는 방식도 있지 않습니까? 서로 잘 살 수 있는 규칙을 만들고, 그에 따라 행동하면 되지 않을까요? 그게 참다운 조화요, 질서 아니겠습니까?"

제우스는 껄껄 웃었다.

"이 세상이 네 맘처럼 굴러가는 줄 아느냐? 네가 말하는 조화로운 질서는 힘에 의해 이루어진다. 생각은 참으로 기특하다만, 네가 말한 대로 사람들이 움직이지 않으면 어떡할 것이냐? 붙잡고 애원할 것이냐, 계속 설득할 것이냐? 그래도 말을 안 들으면 어떡할 것이냐?"

현실적인 말이었다. 현수는 더 이상 아무 말도 하지 못했다. 자신이 말한 게 환상이란 건 스스로도 알고 있었다. 그런 그를 본 제우스가 씁쓸한 표정을 지었다. 승리감에 쾌재를 부를 줄 알았는데 의외였다.

"너는 나를 단단히 오해하는 모양이구나. 내가 세상에 대한 지배권을 차지하기 위해 승자가 됐다고 생각하는 모양이지? 하지만 그건 잘못된 생각이다."

현수는 의아해하며 제우스의 얼굴을 물끄러미 쳐다보았다.

"내가 아버지인 크로노스를 왕국에서 추방한 것을 못마땅하게 여기는 자가 많다는 걸 안다. 너도 그렇게 생각하겠지. 불가피한 일이었어. 세상 어느 누가 자기 부모를 내쫓겠느냐?"

제우스는 당시 상황을 설명하기 시작했다.

처음 세상은 혼돈으로 둘러싸여 있었다. 그런 카오스가 끝나고 넓은 가슴을 지닌 대지의 신 가이아와 무한 지옥인 타르타로스 등이 생겨났다. 가이아는 맨 처음 자신과 같은 크기의 하늘인 우라노스를 낳았다. 또 높은 산 오레, 거칠게 날뛰는 바다 폰토스 등도 낳았다.

가이아는 처음엔 남성과 교합하지 않았지만 차츰 여러 상대와 교합해 많은 존재를 낳았다. 땅속의 타르타로스와는 사람과 짐승의 혼합체인 여러 괴물들을 낳았다. 하늘인 우라노스와는 12명의 티탄 신족, 외눈박이 키클로페스 3형제, 괴물 헤카톤케이레스 3형제를 낳았다. 대양의 신 오케아노스, 올림포스의 신들을 낳은 크로노스와 레아는 티탄의 일원이기도 했다. 가이아는 폰토스와도 교합해 케토와 포르키스라는 괴물을 낳기도 했다. 이 괴물들이 교합해 낳은 것이 눈을 보기만 해도 돌로 변해 버린다는 괴물 메두사였다.

점점 생명체의 수가 많아지면서 자연스레 질투와 경쟁이 벌어지고 주도권 싸움이 시작되었다. 그러다 보니 결국 힘이 중시되었고, 그 결과 가이아보다 힘이 센 우라노스가 점차 지배권을 행사하게 되었다.

그런데 우라노스의 지배권은 항상 도전을 받았다. 키클로페스와 헤카톤케이레스 3형제는 외모가 흉하고 사나웠다. 게다가 우라노스는 그들이 언젠가는 자신에게 도전해 올 것이라는 두려움에 사로잡혔다. 그래서 그들을 영원히 빠져나올 수 없는 지하 감옥 타르타로스에 던져 버렸다.

이 사실을 안 가이아는 몹시 화가 났다. 아비가 어떻게 자식들에게 그리 뻔뻔한 짓을 할 수 있느냐는 것이었다. 게다가 우라노스에게 지배권을 빼앗긴 데 따른 분노도 치밀었다. 가이아는 자식들에게 복수 방법을 알려 주며 부추겼다. 하지만 자식들은 실권자인 아버지가 무서워 감히 나설 엄두를 내지 못했다. 그중 크로노스만이 가이아의 뜻에 따르겠다고 나섰다.

크로노스는 때를 골라 우라노스가 나타날 장소에 숨어 있다가, 가이아가 건네준 낫으로 아버지의 생식기를 잘라 던져 버렸다. 여기서 흘러나온 피가 가이아의 몸으로 떨어져 거인 기간테스가 태어났다.

크로노스는 형제들의 도움을 받아 아버지 우라노스를 폐위하고 최고의 권력자가 되었다. 크로노스는 처음에는 자기 위치가 불안하다고 판단해 형제들에게 높은 자리를 주어 자신에게 복종하도록 했다. 하지만 점차 권력 기반이 튼튼해지자 절대 권력을 행사하고자 하는 욕망에 사로잡혔다. 그래서 자기에게 위협이 될 만한 형제들을 상대로 전쟁을 일으켰다. 그런 다음 그들을 타르타로스에 가둬 버렸다.

그렇게 절대 권력을 갖게 된 크로노스는 항상 누군가 자기의 권위에 도전해 올까 봐 전전긍긍했다. 특히 우라노스가 자신에게 한 저주가 머릿속에서 떠나지 않았다. 크로노스에게 패배한 우라노스가 "너 역시 나와 같은 운명에 처할 것이다."라고 예언했기 때문이었다. 크로노스는 예언에서 벗어나려면 실현 가능성을 아예 차단해 버려야 한다고 생각했다. 그래서 자식들이 태어나자마자 삼켜 버렸다. 그의 아내였던 레아는 슬픔과 분노에 치를 떨었다. 레아는 여섯 번째 자식인 제우스를 낳을 때 모종의 결심을 했다. 자식을 구하기 위해 부모인 우라노스와 가이아에게 도움을 청한 것이다. 크로노스의 배은망덕에 화가 나 있던 그들은 요구를 수락했다. 그들의 조언에 따라 레아는 갓 태어난 제우스를 몰래 숨겨 놓고 대신 아기 옷에 돌을 넣어 두었다. 크로노스는 재빨리 갓난아기를 삼키려고 서두르다가 이 같은 속임수를 알아차리지 못하고 돌을 삼켰다.

이렇게 해서 제우스는 간신히 목숨을 보전할 수 있었다. 제우스는 레아의 고향이자 사제들이 있는 크레타에서 숨어 살았다. 비극적인 탄생이었지만, 제우스는 요정들의 극진한 보살핌 덕에 건강하게 자라났다. 육체적으로 강인해진 것은 물론 교육을 통해 지혜도 출중해졌다.

어른이 된 제우스는 잘못된 상황을 바로잡기로 마음먹었다. 그러기 위해서는 형들과 누나들을 낮의 빛 속으로 데리고 나와야 했다. 제우스는 여신 메티스의 도움으로 크로노스가 약을 마시고 삼켰던 아이들을 뱉게 만들었다. 그들은 삼켜졌던 반대 순서대로 튀어나왔는데, 하데스, 포세이돈, 헤라, 데메테르, 헤스티아 등이었다.

제우스의 계략에 속아 넘어갔다는 것을 안 크로노스는 분노했다. 이로 인해 아버지와 아들 세력 간에 한판 싸움이 벌어졌다. 테살리아의 두 산에 두 세력이 집결했다. 한편은 크로노스와 그의 형제 티탄이었고, 다른 한편은 제우스와 그의 형제 티탄이었다.

두 세력 간의 싸움은 오랫동안 계속되었다. 막상막하여서 어느 한쪽도 쉽게 승리를 거둘 수 없었다.

이때 가이아가 제우스에게 승부를 낼 수 있는 계략을 알려 주었다. 지하 감옥 타르타로스에 수감된 자들을 풀어 주고 힘을 모으라는 것이었다. 외눈박이 키클로페스나 백수 괴물 헤카톤케이레스의 엄청난 힘을 모은다면 승리하는 데 큰 보탬이 될 것이었다.

제우스는 가이아의 조언에 따랐고, 감옥에서 풀려난 그들은 제우스를 도와 적들에게 맹공을 퍼부었다. 백 개의 손을 가진 헤카톤케이레스는 천둥과 벼락을 마구 던지면서 지진을 일으켜 적들을 삼키고 파괴해 버렸다. 드디어 제우스의 동맹군이 승리했다.

이를 계기로 제우스는 천둥과 번개를, 하데스는 모습을 감출 수 있는 투구를, 포세이돈은 삼지창을 얻게 되었다.

아들과의 전투에서 패배한 크로노스는 자신의 왕국에서 추방당했고, 제우스가 그 자리를 차지했다. 그렇지만 제우스는 무조건 최고 권력을 차지하려고 하지는 않았다. 형제들과 지배권을 나눈 것이다. 제비뽑기를 통해 제우스는 하늘을, 하데스는 저승을, 포세이돈을 바다를 지배하기로 결정했다. 이것이 바로 제우스가 세상의 제왕이 된 과정이었다.

기나긴 이야기를 마친 제우스는 현수에게 말을 건넸다.

"이제 알겠느냐? 세상의 법칙은 네가 말한 것처럼 돌아가지 않는다는 것을. 내가 싸우려고 하지 않아도 어쩔 수 없이 싸워야 하는 곳이 세상이다. 네가 그런 상황에 처한다면 어떻게 해결하겠느냐?”

“하루빨리 제왕이 나타나 질서를 세우는 것만이 해결책이라는 말씀이시군요.”

제우스는 고개를 끄덕였다.

“이제야 이해했군. 내가 왜 힘을 키우라고 하는지 알겠지?”

하지만 현수는 혼란스러웠다. 제우스의 말을 따르기엔 무언가가 석연치 않았다. 힘과 질서는 상통한다는 것인가? 힘이 없으면 질서도 없고, 질서라는 것도 힘 있는 자의 질서라니! 현수는 그대로 받아들이기가 싫었다.

“힘이 있어야 질서를 세울 수 있다는 점은 알아들었습니다. 하지만 진리가 힘에 의해 규정되어야 한다는 것은 받아들이기 힘듭니다. 게다가 이건 공자와 플라톤 선생님이 말한 것과는 대조적으로 보입니다. 두 분도 사회의 혼란을 없애고 참다운 질서를 세우려고 노력하지 않았습니까? 하지만 그분들은 결코 힘으로 해결하려고 하지 않았지요. 인간의 덕목이 힘에 의해 좌우된다고 보지 않았기 때문입니다. 그런데 힘만이 그걸 좌우한다고 말씀하시니……. 세상의 질서를 세우겠다는 입장은 비슷한데 실현하는 방법이 너무도 다르니, 정말 헷갈릴 뿐입니다.”

제우스는 언쟁이 다시 시작된다는 생각에 한숨을 쉬었다.

“자, 잘 들어 봐라. 공자나 플라톤은 인간이 이기적이고 욕심이 많은 존재라는 것은 알았으나 그것을 인정하려 하지 않았다. 그래서 인이니 이데아니 하는 이상적인 사상을 내세운 것이야. 하지만 그걸로 문제가 해결되었느냐? 결과적으로 보면 그들은 죽도록 고

생만 하다가 생을 마친 것이 아니냐? 나는 그들과는 달라. 현실적인 데다 인간의 복합적인 감정을 인정하니까 말이야. 인간에게는 신성하고 이성적인 측면도 있지만, 사랑과 분노, 기쁨과 슬픔 등의 정서도 있단 말이야. 나는 그걸 다 존중하고 이해한다. 설마 그것마저 부정하려는 것은 아니겠지?"

"그걸 어떻게 부정하겠습니까?"

현수는 바로 대답했다.

"옳거니, 너도 분명 인정했겠다! 그러니 인간을 맘대로 내버려 두면 어떻게 되겠느냐? 서로 이익을 위해 싸우는 것은 당연한 일 아니냐? 그렇기 때문에 공자나 플라톤의 이론으로는 결코 해결될 수 없는 게야. 그런 것은 인간이 가진 일부분에 지나지 않으니까. 그래서 전체를 아우를 수 있는 힘이 필요한 거야. 나의 힘이야말로 모든 요소를 담고 있을 뿐만 아니라 참다운 조화와 질서를 의미하지."

현수는 새삼 제우스를 주의 깊게 살펴 보았다. 그러고 보니 제우스의 얼굴은 다양한 면모를 드러내고 있었다. 처음에는 강압적으로만 느껴졌는데, 지금 보니 아버지같이 자비롭고 인자한 표정도 있었다. 현수에게는 위압적인 면모와 인간적인 면모가 모두 느껴지는 제우스의 모습이 새롭게 다가왔다. 하긴 힘을 가진 자가 그 힘을 올바르게 사용하기만 한다면 무슨 문제가 있겠는가? 하지만 전적으로 힘 있는 자에게 달려 있다는 게 가장 큰 문제다. 힘센 자가 권력을 남용하고 자비를 베풀지 않는다면? 생각만 해도 아찔한 일이다. 현수는 제우스에게 다시 물었다.

"인간의 모든 면모를 포용하고, 종합적인 질서를 세우고자 하는 점에는 이의가 없습니다. 하지만 힘에 의해 이루어진 질서가 과연 영원할 수 있을까요? 우라노스와 크로노스가 자신의 왕국에서 추방당한 것처럼 그 이후에도 그러지 않으리라는 보장이 없지 않습니까? 그렇다면 힘을 가진 자에 의해 질서가 달라진다는 얘기인데……. 그렇게 되면 힘에 의한 경쟁을 끝없이 되풀이하는 것밖에 없지 않습니까?"

제우스는 고개를 끄덕였다.

"그런 염려도 이해가 되는군. 하지만 세상 이치를 따져 보면 꼭 그런 것은 아니지. 그러니까 나는 특별한 경우였어. 할머니인 가이아가 등장한 이래 세상은 혼돈으로부터 질서를 찾아가고 있었지. 그 혼란스러운 과정에서 나온 인물이 우라노스와 크로노스인 게야. 그러다 내가 등장해 혼란을 마무리하고 조화로운 질서를 세웠지. 즉 혼돈으로 가득 찬 세상과 나의 세상은 전혀 다른 세계야. 그러니 혼돈의 잔재를 없애고 새로운 질서를 세운 세상이 그렇게 쉽게 바뀔 수는 없지."

그래도 현수의 의문은 멈추지 않았다.

"새로운 세상을 만들었다고는 하나, 힘으로 해결한 점에서는 우라노스 크로노스와 별반 다르지 않은 것 아닙니까?"

제우스는 불쾌한 기색이 역력했다.

"나를 그들과 동급으로 여기다니 심히 불쾌하구나! 자기 권좌에 위협이 된다고 자식을 지하 감옥에 감금하고, 그것도 모자라 낳자마자 도로 삼켜 버리는 짓을 올바른 행동이라고 볼 수 있겠느냐?

무질서한 세상을 보여 주는 단적인 예지. 그것을 바로잡았기 때문에 내 힘은 질서를 상징하는 거야. 질서가 존재하는 한 내 세상은 그렇게 쉽게 바뀌지 않을 거야."

"그러면 역으로 질서가 흔들릴 때는 바뀔 수도 있다는 말씀인가요?"

"그거야 누가 장담하겠느냐. 하긴 내가 만든 질서에 도전한 자들도 있었지. 그중 하나가 사나운 괴물인 기간테스였어. 하지만 그들은 내 벼락과 번개를 당해 낼 수가 없었지. 그런데도 그자들이 왜 내게 도전한 줄 아나? 그들은 이 세상을 무질서의 세계로 되돌리려 했거든. 바로 이 점 때문에 나를 이기지 못한 거야."

현수는 이 말에 얼른 수긍할 수 없었다.

"기간테스가 무질서의 세계를 지향했던 건지, 아닌지는 잘 모르겠습니다. 하지만 무질서와 질서를 대변하는 세력이 대결할 때 질서를 지향하는 세력이 꼭 승리한다고 어떻게 장담하겠습니까?"

"세상 이치를 놓고 보면 쉽게 이해할 수 있지. 세상이 혼란스러우면 누구나 고통을 겪지 않느냐? 하루라도 빨리 고통을 없애기 위해 질서를 세우려는 편에 가담하기 마련이지. 그러면 어느 쪽 힘이 더 셀지 판단이 서겠지?"

현수가 다시 반문했다.

"하지만 질서를 세우려는 세력이라고 해도 결국 그들 중에서 힘의 우열이 가려질 것 아닙니까? 제가 볼 때 제우스 신께서 강력한 힘을 가지고 있는 것은 사실이나 절대적인 신 같지는 않습니다. 바다는 포세이돈이, 저승은 하데스가 다스리기로 했으니까요. 그것도 힘에 의해서가 아니고 제비뽑기를 통해서 말입니다. 그렇다면 초월적인 힘을 행사할 수 없는 조건에서 그 질서를 영원히 지키는 것은 어렵지 않을까요?”

제우스는 혀를 찼다.

“너는 영원이니 초월이니 하는 말을 매우 좋아하는데 그런 것 자체가 환상이다. 게다가 너희들은 내가 모든 영역에 절대적인 힘을 행사하지 못한다고 무능하거나 무책임하다고 생각하는 모양인데……. 그건 너희들이 내 고민을 몰라서 하는 말이야.”

현수는 무슨 말인가 싶어 고개를 갸웃거렸다. 제우스 같은 신에게 고민거리가 있다니!

“나 역시 초월적이고 영원한 힘을 갖고 싶은 유혹을 받지 않은 것은 아니야. 주도적으로 크로노스를 폐위시켰으니 정당성도 있었고 그만한 힘도 있었지. 하지만 나는 그것을 과감히 뿌리쳤어. 왜 그런 줄 아느냐?”

현수는 그 이유가 몹시 궁금했다.

“그게 나의 고민이었어. 이 세계에는 신성의 영역도, 감성의 영역도 존재하지. 그런데 영원과 초월이라는 신성의 영역만 강조하면 어떻게 되겠느냐? 인간적인 감성을 부정하는 것이 아니겠느냐? 그러면 조화롭게 질서 잡힌 세계를 세우는 것은 불가능하게 되지. 그래서 나는 포세이돈, 하데스 형님과 제비뽑기로 영역을 분담한 거야. 그리고 나니 내 세계는 더욱 정당성을 얻었지.”

현수는 잠시 생각에 잠겼다. 제우스의 말은 새로웠다. 현수는 지금껏 초월적인 영원함이 가장 중요하다고 생각했다. 그런데 그 면만을 강조하면 결국 인간적인 속성을 부정하는 것이라니. 제우스의 말대로, 모든 것을 아우른 하나의 질서 체계를 세우려면 각 부분을 인정하는 것이 현실적인 대안일 수도 있다. 하지만 조화로운 질서를 힘으로 얻는다는 게 모순으로 느껴졌다. 그러면 정령의 주장대로 자기 입맛에 맞게 질서를 세우려는 시도 자체가 독단이자 오만이란 말인가? 현수는 머릿속이 뒤죽박죽된 것 같았다.

"말씀을 들으니 정말 쉽지 않은 결정을 내리신 것으로 보입니다. 하지만 그렇다고 역할 분담이 영원히 지켜질지 의문입니다. 어느 한쪽이 힘을 키워 다른 영역을 침범하려고 하지 않을까요? 그러면 질서는 저절로 깨질 테고요."

제우스가 고개를 끄덕이며 대답했다.

"그래, 네 지적이 어느 정도는 옳다. 포세이돈 형님이나 하데스 형님이 무조건 내 말에 순종한 것은 아니야. 물론 처음에는 잘 따랐지. 내가 우라노스나 크로노스처럼 권좌를 모두 차지한 것도 아니고, 그들에게 영역을 배분해 주었으니까. 게다가 제비뽑기라는 형식을 빌렸으니 부당하다고 할 수도 없었지. 그러나 나중에는 그들도 내 영역을 침범하려는 야심을 드러냈어. 하지만 내겐 명분이 있었고, 힘도 있었기 때문에 결국 그들을 물리칠 수 있었어. 그리고 합의를 깬 대가로 그들의 역할은 더 줄어들었고 점차 힘을 잃고 말았지."

이 말에 현수는 따지듯이 물었다.

"아니, 말이 다르지 않습니까? 나중에 대들었다는 이유로 역할을 인정하지 않는다는 건 말도 안 됩니다!"

"합의를 깬 것은 그들 아니냐? 질서를 세우려고 역할을 준 것인데 그런 입장을 취한다면 누구라도 용서할 수 없어. 그런 자들에게는 마땅한 대접을 해 줄 수가 없지. 자신이 행한 대로 받는 것이니까!"

제우스는 잠시 흥분을 가라앉히고 말을 이어 나갔다.

"그래도 나는 아버지와는 달랐어. 그들을 지하 감옥인 타르타로스에는 보내지 않았지. 그들의 역할을 축소시키기는 했어도 완전히 빼앗지는 않았어. 조화롭고 공평한 질서를 유지하기 위해 내가 얼마나 고뇌했는지 알겠지? 너희들은 신은 결코 죽지 않기 때문에 무엇이나 할 수 있다고 여기지만, 꼭 그런 것만은 아니야. 힘이 없으면 타르타로스에 갇히기도 하고, 죽을 만큼 고통스러워도 견뎌야 하지."

현수는 불현듯 인간을 가장 사랑한 신인 프로메테우스가 생각났다. 그는 불을 훔치는 등 인간을 도우려다가 제우스의 분노를 샀다. 그래서 코카서스의 바위에 쇠사슬로 묶여 매일 독수리에게 간을 쪼아 먹히는 형벌을 당했다. 하지만 밤이 되면 간이 다시 자라나 30년 동안이나 고통을 겪었다.

"제우스 신의 말씀을 듣고 보니, 참으로 자비로운 분 같습니다."

현수의 말에 제우스가 회심의 미소를 지었다. 그것을 본 현수는 못마땅한 기분이 들었다.

"그런데 이처럼 자비로운 분이 왜 프로메테우스에게는 가혹한 형벌을 내리셨는지 의문입니다. 제우스 신의 권위에 위협이 될 만한 힘이 있었던 것도 아니지 않습니까? 제왕의 권좌를 노린 것도 아니고, 단지 인간을 도와주려는 것뿐이었잖습니까?"

제우스는 이내 얼굴을 찡그렸다.

"네가 웬일로 내 비위를 맞추나 했더니 그 질문을 하려고 한 게로구나. 지금 네가 하는 짓을 보니, 프로메테우스에게 형벌을 잘 내렸다는 생각이 든다. 아니, 너무 가벼운 형벌이었는지도 몰라."

"도대체 무슨 말씀이십니까?"

"프로메테우스가 처벌받은 것은 당연한 것 아니냐? 질서가 바로잡히려면 각자 분수에 맞게 살아야 하느니라. 그런데 분수를 지키지 않고 나를 기만했으니 형벌을 받아 마땅하지. 게다가 인간을 보호하는 대가로 신들이 숭배받는 것은 당연하지 않느냐. 그렇다면 존경의 상징으로 가장 좋은 제물을 신에게 바쳐야 한다. 그런데도 감히 나를 속이고 황소 중에서 가장 맛있는 부분을 인간이 차지하게 하다니! 또 인간에게 불을 주어서는 안 된다고 엄명했는데도 태양의 전차에서 불씨를 훔쳐 인간에게 주다니! 그래서 인간들이 분수를 모르고 날뛰게 된 것 아니냐. 이런 행동을 저지른 프로메테우스를 용서해 준다면 어떻게 세상의 질서를 잡을 수 있겠느냐? 나쁜 짓을 일삼는 무리가 우후죽순으로 늘어날 텐데! 너 같으면 자비를 베풀 수 있겠느냐?"

그래도 현수는 자기 태도를 굽히지 않았다.

"프로메테우스가 죄를 지었다는 것은 인정합니다. 하지만 30년 동안이나 매일 간을 쪼아 먹힐 만큼 중죄라고는 생각하지 않습니다. 너무 가혹한 처사 아닙니까?"

제우스는 콧방귀를 뀌었다.

"흥, 인간 편을 들어주었다고 프로메테우스를 변호하려는 모양인데, 어림없는 소리! 그 같은 행동은 질서를 어지럽히는 가장 큰 적대 행위야. 프로메테우스처럼 내 권위에 도전하고 자기 분수도 지키지 못하는 자들이 계속 생긴다면? 제 역할을 넘어 제멋대로 하려고 한다면 어떻게 질서를 유지하겠느냐? 그런 싹은 미리 잘라야 해. 인간도 마찬가지야. 처음부터 단호하게 대처하지 않는다면, 너희들도 결국 신을 무시하고 숭배하지 않을 것 아니냐? 그래서 내가 판도라의 상자를 보내 인간을 응징하려고 했던 것이야. 제발 분수를 알고 행동하라는 말이다. 이제 나의 깊은 뜻을 알겠느냐?"

그래도 현수는 제우스의 말에 수긍할 수 없었다.

"제우스 신의 의도는 이해하겠지만, 그 처사는 옳다고 인정 못하겠습니다. 죄를 지은 것도 아닌데, 앞으로 그럴 가능성이 많다고 미리부터 죗값을 묻다니오? 그게 과연 옳은 일입니까?"

제우스는 현수의 태도가 심히 못마땅했다.

"그런 질문이 나올 줄 알았다. 그래서 나는 인간들이 신과 같은 능력을 갖지 못하도록 만든 것이니라. 네 생각에는 네가 한 말이 모두 옳은 것 같지? 그러니 죄를 짓고 난 다음에는 물어봤자 아무 소용이 없어. 그때가 되면 너희들은 내 말을 들으려고 하지도 않을 테니. 게다가 이것은 세상의 질서와 연관된 문제이니라. 나는 인간 말고도 관장해야 할 것이 수두룩하지. 인간들이 세상 질서를 지키지 않는다면 다른 생명체도 그러려고 할 것 아니냐? 그러면 이미 세상의 질서는 깨진 것이나 다름없어. 그러니 그것은 사소한 죄가 아니라 아주 큰 죄란 말이야. 내가 내린 형벌이 결코 가혹하다고 생각하지 않는다."

현수는 어안이 벙벙했다. 경중으로 보면 포세이돈이나 하데스의 죄가 더 무거웠다. 자기 영역을 넘어 제왕의 자리를 넘보려고 했으니 반역죄에 해당되었다. 그러나 프로메테우스는 반역죄를 저지른 것도 아니었다. 포세이돈이나 하데스는 큰 벌을 받지 않았지만 프로메테우스는 아주 고통스러운 형벌을 받았다. 결국 죗값도 힘의 유무에 따라 결정되는 것 같아 입맛이 썼다. 이게 무슨 질서이고 정의란 말인가? 생각할수록 기가 막힌 현수는 되물었다.

"오늘 참 많은 것을 배웁니다. 힘에 의해 결정된다는 게 무슨 말인지, 세상의 이치가 어떻게 흘러가는지 명확하게 깨달았습니다. 그런데 저로서는 도무지 납득할 수 없는 점이 있습니다. 제우스 신께서는 줄곧 조화로운 질서를 강조하시지 않았습니까? 그런데 그 질서 가운데 순결한 결혼에 대한 것은 없는지요? 제우스 신께서는 그렇지 않은 걸로 알고 있습니다. 그런 것도 질서를 지키기 위한 행동으로 보아야 합니까?"

제우스는 단단히 화가 난 기색이었다.

"그런 걸 가지고 날 비판하다니 참 한심하구나. 이 세상에서 가장 중요한 게 힘이라고 몇 번을 말했느냐? 그렇다면 그 힘이 어디서 나오겠느냐? 내 편을 많이 만들어야 할 게 아니냐. 나는 지지 세력을 더욱 늘리기 위해 그리한 것이다. 게다가 나 같은 위치에 있는 존재라면 그 같은 약점은 눈감아 주어야 하지 않겠느냐? 처음에 가이아가 대지 모신으로 인정받은 이유가 뭐였겠느냐? 생식 능력이 있었기 때문이다. 크로노스가 우라노스를 제거할 때 생식기를 자른 이유도 그 같은 능력을 없애기 위해서였지. 이게 다 힘과 관련이 있는 것이야. 나도 곳곳에 자식을 퍼뜨려 놓아야 세력을 확장할 수 있고, 나중에 도전해 오는 자들을 막아 낼 수 있을 것 아니냐? 세상 이치가 순수한 도의에 의해 움직일 것이라고 기대하지 마라. 그런 생각을 빨리 버려야 진리를 찾는 데 도움이 될 것이야. 흐음, 나는 이제 가 봐야겠다."

할 말을 마친 제우스는 바람처럼 사라져 버렸다. 현수는 그 자리에 돌부처처럼 서 있었다. 애정 행각까지도 세계의 질서를 지키기 위해서라는 말에는 영 믿음이 가지 않았다. 하지만 나라 간에 동맹을 맺을 때도 정략결혼이 다반사였다. 게다가 오늘날에도 이런 일이 종종 벌어지지 않는가?

제우스는 신이지만 인간적인 면모를 지니고 있는 존재였다. 또 세상의 질서를 지켜야 한다고 호령할 때는 매우 위압적이었지만, 한편으로는 꾸밈없는 입장을 드러냈다. 그렇다면 제우스는 솔직하게 자기 입장을 드러내야 해결 방안을 찾을 수 있다고 말해 준 걸까? 맞상대는 혼자만의 생각에 빠져 있는 현수를 지켜보다가 입을 열었다.

"왜, 혼란스러워서 못 견디겠느냐? 비겁하게 이겼다는 소리를 듣고 싶지 않아서 여태껏 기다렸다. 그러나 마냥 지켜볼 수는 없지. 자, 승부를 낼 때가 왔다. 지금 네 모습을 보면 해 보나 마나인 것 같지만 말이다."

맞상대의 말에 현수는 반발심이 생겼다.

"지금 무척 혼란스럽고 헷갈리는 것은 사실입니다. 하지만 이게 결국 진리를 찾아가는 과정이라고 생각합니다. 어서 진리를 찾아야 인간이 세상 문제를 풀 해결책도 찾을 수 있습니다. 그래서 저는 어렵더라도 진리를 찾는 길을 택하고자 합니다. 그러니까 봐주지 마시고 정정당당하게 승부를 겨뤘으면 합니다."

맞상대는 놀란 표정이었다.

"네가 생각보다 많은 걸 깨우친 모양이구나. 자, 그럼 묻겠다. 세상 문제를 해결하려면 어떤 방식이든 질서가 있어야 할 것 아니냐? 정령처럼 모든 만물을 존중하는 방식도 있고, 제우스처럼 힘에 의한 방식도 있을 것이다. 그런데 너는 이런 방식으로는 세상 문제를 풀 수 없다고 보는 것이냐?"

현수는 차분한 어조로 대답했다.

"질서를 세워야 한다는 주장이 틀렸다고 생각하지는 않습니다. 하지만 어떤 것에서든 결국 힘의 문제가 나타납니다. 정령이 말한 대로 존중하는 질서를 세우려면 잡귀를 제거해야 하고, 제우스처럼 세상 질서를 잡으려고 하면 힘이 필요합니다. 하지만 모든 것을 힘으로 해결하면 과연 정당성을 얻을 수 있을까요? 힘으로 세운 질서는 더 큰 힘에 의해 무너지기 마련 아니겠습니까? 중요한 것은 질서를 세우는 것이 아니라 어떤 질서를 세우느냐 같습니다. 그러자면 무엇이 진리인지 알아보는 것이 우선이라고 생각합니다. 그래야 그에 걸맞은 질서를 세울 수 있으니까요. 따라서 어떤 질서를 세워야 하는지 판단하기에 앞서 인간이 진리를 찾을 수 있는지부터 확인해 보고 싶습니다. 비록 당장은 진리가 무엇인지 모른다고 해도 말입니다."

맞상대는 새삼스럽게 현수를 다시 쳐다보았다.

"흠, 네가 배짱으로 여기까지 올라왔다고 생각했는데 그게 아닌 모양이구나. 완전한 진리를 찾을 수 있는지부터 확인해 보고 싶다니, 참으로 명석한 판단이다! 그래, 좋다. 진 것을 솔직하게 인정하마. 네가 고민하는 문제를 잘 해결해 보거라."

맞상대는 선선히 패배를 인정했다. 의외의 결론에 현수는 당황했다. 하지만 이번 게임에서 이겼다고 해서 해결 방안을 찾은 것은 아니었다. 오히려 인간이 진리를 찾고 그에 맞는 질서를 세울 수 있을지 의문스러웠다. 다음 단계로 가는 현수의 발걸음은 무거웠다.

창조주, 예수, 마호메트의 완전한 진리

현수는 안개에 휩싸여 헤매는 듯한 기분이었다. 끝없이 이어지는 질문에 그는 녹초가 되었다. 그저 쉬고 싶은 마음뿐이었다. 하지만 또 다른 게임이 곧 시작될 것이다.

그때 세 사람이 한꺼번에 나타났다. 현수는 피로감과 당혹스러움을 동시에 느꼈다. 맞상대가 셋이나 된다는 사실이 부담스러웠다. 찬찬히 살펴보니 한 사람은 유대 왕국의 병사, 또 한 사람은 이슬람 전사, 마지막 한 사람은 십자군 원정대의 기사 같았다. 현수는 그들에게 물었다.

"세 분을 한꺼번에 상대해야 하는 겁니까?"

"그렇다. 게임의 룰이니 어쩌겠느냐? 불평은 접어 두어라. 이번 게임은 완전한 진리를 찾는 진검 승부가 될 것이다. 그러니 승자 또한 이 중 한 사람만이 되어야 할 것이다. 그렇지 않소이까?"

십자군 원정대의 기사가 다른 사람들에게 동의를 구하자, 그들은 고개를 끄덕였다. 그런데 이상한 점이 있었다. 맞상대가 세 명이라서 그런지 서로 경계하는 빛이 역력했던 것이다.

이번엔 유대 왕국의 병사가 게임의 룰을 설명했다. 한 사람씩 돌아가면서 현수에게 도움받을 분을 소개하고 모두 한자리에 모여 승부를 겨룬다는 것이었다. 말을 마친 유대 왕국의 병사는 먼저 나서서 현수를 이끌었다.

잠시 후 목적지에 도착했다. 그곳은 미로처럼 어디가 어디인지 분간하기 어려웠다. 갑자기 현수는 우주에서 미아가 된 듯한 기분이었다. 몸은 천 근이나 된 양 몹시 무거웠다. 현수는 수렁에 빠진 것처럼 깊숙이, 더 깊숙이 빨려 들어갔다. 그는 공포감에 어머니를 부르며 울부짖었다. 그렇게 짧고도 긴 시간이 흘렀다. 현수를 숨 막히게 했던 수렁은 어느새 사라져 버렸다. 그는 마음을 차분히 가라앉히며 주위를 살펴보았다. 아름다운 꽃들이 활짝 피어 있었고, 나무에는 온갖 과일이 주렁주렁 달려 있었다. 고요하고 평화로운 곳이었다. 마치 인류의 낙원이라는 에덴동산 같았다. 그때 갑자기 하늘에서 큰 소리가 들려왔다.

"태초에 말씀이 계시니라."

현수는 소리 나는 쪽을 뚫어져라 바라보았다. 그러나 그곳엔 아무것도 없었다. 헛소리를 들었다고 생각한 현수는 가벼운 한숨을 내쉬었다. 그때 다시 목소리가 들렸다.

"마지막 순간에 어머니를 부르는 걸 보고 회개했다고 여겼는데 아직도 멀었구나. 어찌 너를 태어나게 한 창조주도 몰라본단 말이냐? 하긴 믿고 안 믿고는 네 자유겠지. 하지만 나를 믿지 않았을 때 겪어야 할 고초는 마땅히 견뎌야 할 것이다."

현수는 그를 함부로 대했다가 나중에 돌아올 벌이 두려웠다. 하지만 지금 자신에게 무엇보다 중요한 것은 해답을 찾는 일이었다. 현수는 마음을 굳게 먹고 창조주에게 물었다.

"창조주라고 하시니 어떻게 받아들여야 할지 모르겠습니다. 하지만 제가 믿기 위해선 판단 근거가 있어야 하지 않겠습니까?"

"허허, 참으로 당돌하구나. 나는 너희 인간들을 만든 전지전능한 유일신이다. 그런데도 감히 고개를 빳빳하게 세우고 그따위 질문을 하느냐?"

현수는 찔끔했다. 그러나 이판사판이라는 각오로 물었다.

"유일신이라고요? 도대체 어떤 말씀을 믿어야 할지 모르겠습니다. 제우스 신은 여러 신이 존재한다면서 그걸 인정하라고 하시던데요?"

"그거야 제우스의 주장에 불과한 것 아니냐? 제우스의 입장에서는 여러 신이 있다고 말할 수밖에 없을 것이다. 그가 세상을 창조한 것이 아니라 여러 신들 가운데 조금 더 강한 자에 불과했으니 말이야. 그러니 불완전한 존재지. 그러나 나는 이 세상의 창조주로서 전지전능한 존재다. 제우스 같은 오류를 범하지 않는 존재이기도 하지."

현수는 고개를 갸우뚱했다.

"잘 이해가 되질 않습니다. 만물을 창조했다고 처음부터 완벽할 수 있을까요? 오히려 처음에는 불완전하지만 그것을 보고 다시 고칠 수도 있을 테고요. 그런데 오류가 없다고 말할 수 있을까요?"

창조주는 끙, 하는 소리를 냈다.

"그건 짧은 생각일 뿐이야. 그게 어찌 창조주의 판단과 같다고 볼 수 있겠느냐? 잘못 만들었다고 해도 너는 내가 만든 존재인데, 감히 무슨 판단을 내릴 수 있다는 말이냐? 고치고 안 고치는 것은 결국 내 의도에 달린 것이다. 그러므로 창조주에게는 오류니, 무오류니 하는 것 자체가 의미가 없어.”

현수는 바로 받아쳤다.

“결국 모든 판단의 척도는 창조주에게 있다는 말씀이군요. 하지만 인간을 이렇게 만든 것은 창조주 아닙니까? 그러면서도 판단을 하지 말라는 것은 너무 무리한 요구입니다. 게다가 인간을 피조물이라고 한다면 너무 하찮은 존재로 전락시킨 것 같습니다.”

창조주는 달래는 듯한 목소리로 말했다.

“그런 판단 역시 너희들이 한 것이지, 창조주의 판단은 아니지 않느냐? 지금부터 내 얘기를 들어 보아라. 창조주가 소중한 존재로 여기고 만들었으면 그런 것이고, 그렇지 않으면 안 그런 것이다. 그러니 너희들이 순리대로 살아가려고만 한다면 저절로 창조주의 의도에 따르게 되어 있느니라. 네가 힘들 때 무의식적으로 어머니를 애타게 부르짖는 것처럼 자연스레 나를 찾게 된다는 말이지. 창조주의 뜻대로 살아가면 절대적인 행복과 기쁨을 누릴 수 있을 게다.”

현수는 더 이상 말을 잇지 못했다. 인간의 능력을 넘어서는 문제였기 때문이다. 다시 창조주의 목소리가 들렸다.

“아직도 나를 믿지 못하는구나. 정 그렇다면 이것을 읽어 보아라.”

현수의 앞에 두루마리 같은 것이 뚝 떨어졌다. 현수는 그것을 조심스레 펼쳤다.

성경의 창세기 내용이었다. 첫째 날에는 빛을 창조하고, 둘째 날에는 궁창을, 셋째 날에는 식물을, 넷째 날에는 일월성신을, 다섯째 날에는 새와 물고기를, 여섯째 날에는 동물과 사람을 창조했다. 그런데 사람은 특별히 하느님의 형상을 본떠 만들었다. 바다의 물고기와 하늘의 새, 가축과 땅에 기는 모든 것을 다스리도록 하기 위해서였다. 또 남자와 여자를 따로 만들었다.

이를 보면 인간은 축복받은 존재였다. 세상의 절대자인 창조주의 형상대로 만들어졌고, 창조주를 대신해 온 세상의 만물을 이용할 권한이 있으니 말이다. 자신을 대신할 인간을 만든 창조주의 기쁨이 어떠했는지는 바로 다음 날인 칠 일째를 안식일로 삼았다는 것에서 드러났다.

이에 따르면 인간은 모든 상황을 기꺼이 받아들여야만 했다. 만물을 다스릴 능력을 주었는데, 그 위치를 박탈당하면 큰 손해 아닌가. 창조주의 노여움을 사 짐승의 위치로 전락할 바엔 무조건 순종해 그 위치를 확고하게 지키는 것이 최선이었다. 하지만 현수는 이러한 방식이 이상하게 느껴졌다.

"창조주가 인간을 얼마나 사랑하시는지 알 것 같습니다. 인간을 위해 세상을 창조했다고 보일 정도니까요. 하지만 창조주가 편하려면 절대적으로 순종하는 노예 같은 존재를 많이 만들어 내는 것이 낫지 않습니까? 그런데 인간은 그런 존재가 아니지 않습니까? 게다가 자신이 창조한 것은 모두 소중할 텐데 왜 식물, 동물, 인간 등으로 차별한 것인지……. 선뜻 이해가 안 됩니다."

"심혈을 기울여서 너희들을 만들고, 내 뜻에 따라 살면 세상에서 가장 큰 사랑을 베풀어 주겠다고 했건만……. 감사하는 마음을 갖기는커녕 나를 의심하려고 들어? 세상의 주인은 창조주인 나다. 그렇다면 이 세상이 내 뜻대로 움직여야 할 것 아니냐? 그렇게 하려면 나와 가장 비슷한 존재가 그 역할을 해야 한다. 개나 소나 주인 행세를 하려고 들면 세상이 어떻게 돌아가겠느냐? 혼란만 심해질 것이다. 나는 그런 상황을 바라지 않는다."

"인간을 선택하신 거라고 말씀하시지만, 일단 인간을 선택한 이상 인간의 창조주라는 것에 얽매이지 않겠습니까?"

"내가 인격을 가졌다고 생각하는 모양이구나. 그러나 한번 생각해 봐라. 내가 이 정도의 사랑을 베풀어 주었으니 너희들도 그만한 보답을 해야 하지 않겠느냐?"

현수에게는 이 말이 신을 무조건 믿어야 한다는 말로 들렸다. 그래서 선뜻 대답하지 못하고 다시 반문했다.

"인간이 창조주를 믿지 않는다면 어떻게 하실 생각이십니까?"

"그건 너희들에게 달려 있는 것 아니냐? 나는 그에 대해 응당한 대가와 보상을 받게 해 주겠다고 약속했다. 그렇다면 너는 어찌할 작정이냐?"

현수는 생각에 잠겼다. 마치 파스칼의 내기 같았다. 프랑스의 유명한 수학자이자 철학자인 파스칼은 '신을 믿을 것인가, 안 믿을 것인가'를 놓고 내기할 때 믿는다는 선택을 할 수밖에 없다고 주장했다. 당시 파스칼은 이런 답을 내놓았다. 신을 믿지 않는다는 쪽을 택한다면, 그 답이 맞았을 경우 별로 얻을 것이 없다. 그러나

답이 틀렸을 경우에는 엄청난 화를 당하게 된다. 하지만 신을 믿는다고 하면 틀려도 그만이지만, 답인 경우에는 신으로부터 큰 보상을 받게 된다. 따라서 신을 믿는다는 쪽을 택하는 것이 언제나 유리하다는 것이다.

이 내용을 떠올리니 지금 무슨 대답을 해야 할지 분명했다. 하지만 현수는 망설였다. 신을 믿을 것인가, 믿지 않을 것인가의 두 가지 선택밖에 없는 조건 자체가 인간의 의지를 제약하는 것 같았기 때문이다. 그렇다면 세상 문제를 인간이 어떻게 해결하겠는가? 그가 선뜻 대답하지 못하고 머뭇거리자 다시 창조주의 목소리가 들렸다.

"인간의 의지를 놓고 고민하는 모양이군. 그러나 믿고 안 믿고를 선택하는 것이 바로 인간의 의지 아니더냐? 믿는 것도, 믿지 않는 것도 의지다. 너희는 부족한 인간이므로 수많은 시행착오와 오류를 범할 수밖에 없다. 너는 제우스를 보고도 힘이 반드시 진리가 아닐 수도 있다는 의심을 던졌다. 신도 그럴진대 인간은 오죽하겠느냐? 그런 너와는 달리 나는 이 세상에서 유일하게 오류가 없고 전지전능한 유일신이다. 네가 나를 믿는다면 진리를 발견한 것이고, 이로 인해 영화를 누릴 것이다. 그렇다면 너에게는 두 가지 길이 있는 셈이다. 나를 믿음으로써 영생을 누릴 것이냐, 아니면 나를 믿지 않은 결과로 갖은 고초를 겪고 징벌을 당할 것이냐?"

절대적이고 완벽한 진리! 현수는 이 말을 되뇌어 보았다. 잘못된 세상을 완벽하게 고치려면 이것이 필요하다. 그런데 그 판단을 하는 것은 인간이 아니라 창조주인 유일신이다. 인간 스스로 제대로 된 판단을 내릴 수가 없는데, 어떻게 대답할 수 있단 말인가? 그런 데도 그 뜻에 따라 살라고만 하니 도무지 현수로서는 창조주의 뜻을 헤아릴 길이 없었다.

"처음부터 인간이 아무 고민 없이 무조건 믿도록 창조하셨어야 하는 것 아닙니까? 그런데 왜 의문을 가진 인간으로 만들어 놓고, 고민하게 하시는지 그 뜻을 잘 모르겠습니다."

현수의 퉁명스러운 말투에 창조주는 어이없어 했다.

"난 너희들이 영생을 누리도록 창조했고, 그것이 내 목적이었다. 하지만 너희들은 내 말을 듣지 않았고, 그래서 그 약속이 깨진 것이야. 창조주는 책임을 지는 존재가 아니라 은혜를 베풀어 주는 존재다. 더욱이 전지전능한 신이 무언가 부족하고 편협하다고 하는 것 또한 말이 안 되는 거 아니냐? 이 세상엔 선뿐만 아니라 악을 포함한 모든 것이 존재해야 한다. 이로 인해 너희들은 힘들겠지만 나는 그 때문에 더욱 완전해지는 것이다."

창조주의 말은 들을수록 이해하기가 힘들었다.

"인간이 불완전한 존재라면 어차피 죄를 지을 수밖에 없지 않습니까? 그때마다 징계를 가하겠다는 건 좀 지나치다고 생각합니다."

창조주의 목소리가 쩌렁쩌렁 울렸다.

"죄를 짓고도 책임을 지지 않고 어떻게든 용서받겠다는 게냐? 그러고도 네 죄가 사해지기를 바라느냐?"

창조주의 호통에 현수의 얼굴이 벌겋게 달아올랐다.

"뉘우친다는 것은 진심으로 자기 죄를 인정하는 것이다. 그래야 새 생명을 다시 얻을 수 있다. 그러나 회개하지 않는 자는 용서할 수 없다. 용서를 베풀어도 결국 죄의 구렁텅이에 빠질 것이니. 누가 그리한 것이 아니라 스스로가 그리 만든 것이다. 너는 그 이유를 여기에서 볼 수 있을 게야. 어떻게 인류가 타락의 길을 걸었고, 어떻게 구원의 손길을 얻었는지 말이다.”

또 다른 두루마리가 내려왔다. 현수는 그것을 천천히 읽어 내려갔다.

거기에는 에덴동산에서 살던 인간이 어떻게 죄를 짓고 타락했는지 소상히 기록돼 있었다. 선악과를 따 먹은 아담과 하와로부터 카인과 아벨 사건, 노아의 홍수, 바벨탑의 붕괴, 소돔과 고모라의 멸망에 이르기까지 수많은 사건이 낱낱이 쓰여 있었다.

현수는 먹먹했다. 이것을 보니 인간은 끝없이 타락해 갈 뿐이었다. 처음 아담과 하와가 창조주의 말씀을 거역할 때만 해도 부끄러움을 알 정도의 양심은 있었다. 그러나 카인과 아벨의 사건에서는 그런 가책조차 느끼지 못하는 듯했다. 썩은 내가 진동하는 세상을 만들어 놓고는 신이라도 되는 양 오만을 부린 것이다. 급기야 오늘날에는 창조주가 구원해 주는 것도 못 미더워하는 단계에 온 것이다.

타락은 끝이 없는 것일까? 하지만 모든 인간이 다 그런 것은 아닐 것이다. 그래서 창조주는 인간을 위해 힘을 기울이는 것일까? 현수는 도무지 창조주의 심중을 헤아릴 수 없었다.

“창조주께서 구원하려고 해도 계속 타락한다면, 타락을 막을 방책을 가르쳐 주면 되지 않습니까? 그게 더 쉬운 방법이고, 창조주께서도 보람이 클 것 아니겠습니까?”

“네가 분명히 깨달아야 할 것이 있느니라. 너희 인간이 타락한 원인은 바로 그 오만함 때문이야. 네가 지금 나에게도 분명히 보여주고 있지 않느냐.”

현수는 굳게 입을 다물었다. 인간이 오만하기 때문에 더욱 타락한다니. 그러면 인간이 부족한 존재라는 것을 인정하라는 말인가? 결국 전지전능하고 완벽한 창조주를 떠올리면서 겸허함을 배우라는 것인가? 그렇다면 구태여 창조주를 부정할 필요가 없지 않은가? 현수는 지금까지의 태도를 버리고 말했다.

“제 자신이 얼마나 오만했는지 미처 몰랐습니다. 앞으로는 그러지 않도록 노력하겠습니다.”

이 말에 도리어 창조주는 호통을 쳤다.

“참으로 가관이로구나. 너는 어찌 이리도 오만한 것이냐?”

현수는 의외의 반응에 당황했다.

“너의 그런 생각 자체가 오만한 것이야. 늘 자신 위주로 판단을 내리기 때문이다. 거듭 말하지만 나를 중심으로 생각하고 믿어야 한다. 그렇지 않고 너희들을 중심으로 생각하면 결국 잘못된 길로 가게 된다. 우상을 믿게 되는 거지. 자신의 부족함을 알지 못하고 그것을 채울 수 있다고 생각하는 오만함 때문에 말이야. 내가 그것을 경계하고자 십계명을 내린 것이니라.”

모세가 이스라엘 백성을 이끌고 가나안 땅으로 들어가던 중에 시나이 산에서 받은 십계명을 말하는 것 같았다. 현수는 그것이 실제로 있었던 일인지 확신할 수 없었지만, 창조주에게 더 이상 따져 물을 수 없었다.

현수는 우상을 믿게 된다는 말, 특히 우상을 섬기지 말라는 말의 참뜻이 무엇인지 고민했다. 인간이 자신의 부족함을 모르고 스스로 해결하고자 하면 우상에 빠지게 되는 것인가? 오만함으로 인해 우상을 섬기게 되는 것인데, 그 때문에 결국 부족함에서 빠져나오지 못한다고? 우상이라는 게 결국 부족함을 겸허하게 인정하지 않는 데에서 나온 것이란 말인가? 그렇다면 우상에 빠지지 않기 위해 가장 완전한 것에 의지해야 하는 것인가?

생각을 거듭하다 보니 왜 창조주가 그토록 자신 외에 다른 신을 섬기지 말라고 했는지, 우상을 만들지 말라고 했는지 이해가 됐다. 부족한 것을 섬겨도 결국 부족할 테니, 어떻게 복된 삶을 누리겠는가?

의문점이 풀리자 또 다른 의문점이 고개를 들었다. 어떤 것을 우상으로 만들지 말라는 것과 그런 것 자체가 필요 없다는 것은 다르다는 판단이었다. 권력이나 돈을 우상처럼 섬기는 것은 잘못이지만, 권력이나 돈 자체가 필요 없는 것은 아니지 않은가? 현수는 창조주에게 물었다.

"창조주께서는 우상을 섬기지 말라고 하셨는데, 그러면 어떤 동상이든 신상이든 무조건 만들면 안 된다는 말씀입니까? 그러면 지금까지 이룩한 인류 문화를 다 부정해야 하는 것 아닙니까?"

"다시 말하지만 내 대답은 한결같다. 나 외에 다른 신을 섬기지 말고 우상도 만들지 말라는 것이다. 나와 인간 사이의 관계가 가장 중요하다는 뜻이야. 그래서 나와의 관계를 중시하지도 않으면서 그런 척 하는 것을 경계하고자, 내 이름을 함부로 부르면서 거짓 맹세를 하지 말라는 계율을 내린 거지. 그렇다면 무엇이 옳은 것인지 네 스스로 판단할 수 있겠지."

결국 가장 중요한 것은 창조주의 의중을 잘 알아야 한다는 것이다. 잘 모르면 잘못을 저지르게 된다. 그런데 어떻게 알 수 있단 말인가? 오히려 열광적으로 믿다가 도리어 창조주의 뜻에 어긋날 수도 있지 않을까?

현수는 창조주의 의중을 생각하다가 문득 창조주가 언약을 행하고 있다는 사실이 떠올랐다. 대표적인 예가 이스라엘 민족의 가나안 땅 정복이었다. 이는 아브라함으로부터 시작해 야곱, 모세, 여호수아 등으로 이어지고 있었다. 이 과정에서 숱한 역경과 고난이 있었지만 이스라엘 민족은 결국 가나안 땅을 차지했다.

그렇다면 결국 창조주의 의도는 언약에서 드러난다는 것인가? 하지만 창조주가 어떻게 어느 한 민족을 선택해 언약을 행할 수가 있을까? 말도 안 되는 일이었다. 그래서 현수는 따지듯이 물었다.

"창조주가 언약을 행하신다는 말씀을 들었습니다. 그런데 어떻게 한 민족을 특별히 선택해서 그럴 수 있는지요? 민족 구성원들이 모두 똑같은 건 아니지 않습니까? 창조주의 뜻을 따르는 자도 있지만, 그렇지 않는 자도 있을 겁니다. 그런데도 어느 한 민족을 선택한다는 건 말도 안 됩니다. 뭔가 잘못된 것 아닙니까?"

창조주는 기가 막힌 모양이었다.

"내겐 어떤 민족이라는 개념조차 없느니라. 나는 창조주로서 언약하고 그 약속을 지킬 뿐이야."

"그렇다면 이스라엘 백성과의 언약은 무엇입니까? 그 민족을 선택한 것이 아닙니까?"

"참으로 답답하구나! 나는 모든 이에게 언약을 한 것이야. 그런데도 너희들은 내 말을 믿지 못하고 타락의 길에 빠져든 것이고. 그렇다면 어찌해야 하겠느냐? 내 말을 증명해야 할 것 아니냐. 그래서 나는 가장 의로운 사람을 골라 언약했지. 그리고 그 족속들이 늘어난 것이야. 그런데 그걸 보고 민족을 편애하느냐고 묻는 것이냐?"

창조주는 한숨을 내뱉고는 다시 말을 이었다.

"나는 분명 아브라함과 야곱 등에게 언약을 했고, 그걸 지키려 한 것이다. 너도 알다시피 아담과 하와가 원죄를 짓지 않았느냐? 그런데도 나는 다시 살길을 열어 주었어. 하지만 그들의 자식이었던 카인은 어떠했느냐? 결국 모든 것은 네 자신의 선택에 달린 것이다. 너에게 할 말은 다 했느니라. 나는 이만 가 봐야겠다."

창조주의 목소리가 사라지면서 온갖 꽃들과 과일나무로 풍성했던 곳이 순식간에 척박한 땅으로 변해 버렸다. 현수는 몸이 굳어 버린 듯 꼼짝도 하지 못했다. 이렇게 무시무시한 창조주를 몰라보고 따지려 들었다니! 갑자기 자신의 앞날이 깜깜하게 느껴졌다.

하지만 이미 엎질러진 물이었다. 진리를 찾기 위한 몸부림이었지, 무조건 창조주를 부정하려고 했던 것은 아니었다. 지금은 어쩔 도리가 없으니, 창조주의 말씀을 천천히 새겨보는 것이 최선이었다.

하지만 아무리 되새겨 봐도 모순적으로 느껴졌다. 창조주를 섬기려면 그의 뜻을 알아야 한다. 하지만 그것은 인간의 능력 밖의 일로 느껴졌다. 그렇다면 원래부터 해답이 없는 것인지도 모른다. 그런데도 답을 찾으려고 기를 쓰는 것은 아닌가? 이런 생각이 드니 착잡했다. 그 모습을 본 유대 왕국의 병사가 쓴소리를 했다.

"창조주 유일신의 언약을 믿으면 될 것을……. 어찌 한없이 부족한 머리로 문제를 풀려고 기를 쓰느냐? 그러니 해답을 못 찾는 것 아니냐?"

속 편한 소리를 하는 것 같아 현수는 왠지 못마땅했다.

"그렇더라도 어차피 선택은 인간이 하는 것 아닙니까?"

그때 십자군 원정대의 기사가 끼어들었다.

"이건 반칙이야. 중간에 말을 나누면 안 되네. 하긴 이렇게 한다고 승부에 어떤 영향을 줄 것 같진 않군. 하여튼 자네는 이제 나를 따라오게."

현수는 그 뒤를 따랐다. 순식간에 수많은 사람이 모인 장소에 도착했다. 자세히 살펴보니 어떤 사람이 머리에 가시관을 쓰고 십자가를 진 채 언덕으로 끌려가고 있었다.

그 사람은 바로 예수였다. 현수는 좀 더 자세히 보려고 앞으로 다가갔다. 순간 그 장면은 온데간데없이 사라져 버렸다. 잠시 후에는 예수가 죽은 후 묻혔다는 무덤이 나타났다 사라졌다.

그때 하늘에서 비둘기 형상의 성령이 내려오며 무슨 소리가 들리는 듯했다. 이윽고 현수의 앞에 한 사람이 모습을 드러냈다. 예수가 세례받을 때 일어났다는 기이한 현상 같았다.

현수는 한동안 멍하니 서 있었다. 그러다 겨우 입을 열었다.

“혹시······ 예수님이십니까?”

그 사람이 대답했다.

“사람들은 그렇게들 말하더구나. 하지만 나는 사람의 아들이라는 표현이 더 좋다. 사람들에게 하느님의 뜻을 알려 주는 것, 하느님의 나라를 세워야 한다는 것이 내 주장의 요지이니 말이다. 하여튼 네 짐작대로 내가 예수인 것은 맞느니라.”

현수는 다시 물었다.

“그건 예수인 것은 맞으나 하느님의 아들도 아니요, 부활한 것도 아니라는 말씀이십니까?”

예수는 희미한 미소를 지었다.

“사람들은 그런 것에 관심이 많더구나. 동정녀 마리아로부터 잉태되어 마구간에서 태어나 동방 박사의 방문을 받았다느니, 공생애 활동 전에 목수로 일했다느니 하는 것 말이다. 너는 그런 질문을 하지 않을 줄 알았는데, 너 또한 다르지 않구나. 어떻게 완전한 진리를 찾겠다는 자가 그런 어리석은 질문을 하느냐? 하기야 완전한 진리를 깨달았다면 여기까지 오지도 않았겠지. 그렇지 못한 걸 보면 아직도 의심스러운 일이 많은 모양이로구나. 하지만 이렇게 생각해 보면 어떻겠느냐? 완전한 진리는 그 자체가 증명이므로 또 다른 증거가 필요하지 않다. 증거가 필요한 것은 이미 그 자체가 불완전하기 때문이야. 다른 것에 의지해 부족함을 메우려고 하는 것이지.”

예수의 단언에 현수는 고개를 갸웃거렸다. 창조주 유일신과 대화하면서도 해결하지 못한 문제와 연결되는 부분이었다. 창조주를 따르려면 그의 의중을 알아야 하는데, 인간의 능력 밖의 일이어서 알기 어렵다고 생각했던 대목이었다. 그런데 예수는 완전한 존재, 즉 창조주 유일신은 그 뜻 자체로 증명된 것이니 또 다른 증거가 필요치 않다는 얘기를 하고 있었다.

하지만 현수는 이해할 수 없었다. 완전한 진리가 그 자체로 증명된다면 단순한 동어 반복 아닌가? 그런데도 증명이라고 할 수 있을까? 그가 얼굴을 찌푸리자 예수가 다시 입을 열었다.

"완전함 그 자체가 증명이라고 하니, 증거 자체가 없는 것처럼 생각되는 모양이구나. 그러나 그건 짧은 소견이다. 하느님은 언제나 그분의 뜻을 우리의 삶에서 보여 주시거든. 완전함의 증거는 정말 많은데 사람들이 보려고 하지 않아 못 보는 것이지. 자기중심적이고 눈이 어둡기 때문이야. 하지만 완전한 진리를 사람이 따라야지, 사람을 위해 진리가 존재한다고 생각한다면 과연 그 진리가 온전히 드러날 수 있겠느냐? 그런데도 불완전함을 완전함으로 잘못 알고, 불완전함으로 완전한 것을 파악하려고 하니! 본디 차원이 다른 것인데도 사람들은 그 차이를 잘 모르더구나. 나도 세례를 받고 난 뒤 40일 동안 금식하며 광야에서 헤맬 때 사탄으로부터 그런 시험을 노골적으로 강요받았단다."

예수는 공생애 활동을 하기 전 사탄으로부터 유혹받았던 얘기를 들려주었다.

예수는 사탄의 유혹을 세 번 이겨냈다. 첫 번째는 정말 하느님의 아들이라면 돌로 떡을 만들어 보라는 것이었다. 예수는 사람은 떡으로만 살지 않고 하느님의 말씀으로 산다고 얘기해 사탄의 제안을 물리쳤다.

두 번째는 성전 꼭대기에서 뛰어내려도 그의 발이 돌과 부딪치지 않게 해 주겠으니 떨어져 보라는 제안이었다. 예수는 하느님을 시험하게 하지 말라며 단호하게 거절했다.

세 번째는 자기에게 엎드려 경배하면 천하를 호령하는 영광을 누리게 해 주겠다는 것이었다. 예수는 유일신인 하느님을 성배하고 섬길 것이라고 대답해 사탄을 물리쳤다.

현수는 예수의 말을 들으면서 하느님의 의중을 확신하고 있다는 것을 느꼈다. 사탄의 요구를 들어주었다면 세상을 편하게 살 수 있었을 것이다. 하지만 인간으로서 편하게 사는 것보다 하느님의 의중을 확신했기에 유혹을 뿌리친 것이 아닌가. 하긴 의중을 알기만 한다면 하느님의 뜻대로 사는 것이 유일한 진리일 것이다. 하지만 그런 확신이 없는 그로서는 따라할 수 없는 행동이었다. 현수는 예수에게 물었다.

"하느님의 뜻대로 살려고 사탄의 갖은 유혹을 물리치다니 참으로 대단하십니다. 그런데 굳이 그 제안을 거부할 필요가 있었을까요? 권세를 얻은 뒤 하느님의 뜻을 실현하는 데 이용할 수도 있는 것 아닙니까?"

예수의 목소리는 얼음장 같았다.

"그게 내가 시험받았던 핵심적인 내용이니라. 기적과 권세가 하느님의 뜻 때문에 필요한 것인가, 아니면 나 자신의 위세를 위해 필요했는가의 문제였지. 나는 완전한 진리를 따랐다. 완전한 진리란 다른 것에 의해 증명될 필요가 없는 것이니 말이다. 다른 것에 의해 증명된다면 무오류, 무결점의 유일한 진리라고 할 수 있겠느냐? 그래서 하느님은 전지전능하고 유일한 분이기에 그런 위세와 권세가 필요 없다는 걸 지적한 것이지. 그렇기에 그런 마음을 품은 것조차 죄악이니라."

현수는 인간 세상을 위해 그런 방법도 좋지 않느냐고 물었다. 하지만 예수는 그 같은 마음까지 단호하게 꾸짖었다. 그는 그대로 물러설 수 없었다.

"옳은 목적을 위해서라면 어떤 수단이라도 정당화할 수 있다는 뜻은 아닙니다. 하지만 그리 행동한 것도 아니고, 잠깐 마음만 먹었는데도 죄악이라는 점은 받아들이기 어렵습니다. 그렇다면 이 세상에 죄짓지 않고 진리에 어긋나지 않게 사는 사람이 어디 있겠습니까? 시시때때로 변하는 것이 사람 마음 아닙니까? 그런데 속마음을 가지고 판단하다니 그건 좀 지나친 주장 아닙니까?"

"너와 나는 논점이 다르구나. 너는 인간을, 나는 하느님의 뜻을 얘기하고 있다."

현수는 내친김에 더욱 따지고 들었다.

"하지만 서로 다른 차원이라고 해서 어느 한쪽을 배제할 수는 없는 것 아닙니까? 오히려 두 차원을 전체적으로 조명해야 하지 않을까요?"

예수는 낮지만 단호한 말투로 대답했다.

"내 말을 곡해하지 말아라. 내가 말한 것은 하느님의 영역을 인간의 차원으로 내리지 말고, 인간의 생각으로 하느님의 뜻을 해석하지 말라는 것이다. 하기야 하느님을 거론하는 일부 율법 학자들도 그런 잘못을 범하는데, 너야 더 말할 것이 있겠느냐. 하지만 율법과 계율은 하느님의 뜻에 따라 실행하는 것이다. 인간의 판단으로 왜곡하거나 그르쳐서는 안 되지. 또한 내가 이만큼 지켰으니 하느님으로부터 그만큼 보상받을 것이라는 생각 자체가 이미 인간의 시각인 게야. 그래서 내가 하느님의 뜻을 왜곡하는 것을 막고자 하지 않았느냐? 그 때문에 나는 율법을 파괴하려는 게 아니라 완성하기 위해 온 것이라고 소리 높였던 것이야. 그래서 하느님의 뜻을 왜곡한 성전을 파괴해 버리고, 그분의 뜻에 맞게 다시 지어야 한다고 주장한 것이다.”

예수와 제자들은 예루살렘에 입성해, 호화로운 성전 안에서 고위층과 결탁한 환전상들과 장사꾼들이 돈놀이하는 것을 보고 성전을 뒤엎어 놓았다. 이는 하느님의 뜻으로 볼 때 결코 용납할 수 없는 일이었다. 형식보다는 하느님의 뜻이 더 중요하니 말이다. 그렇다고 해도 율법을 완성하기 위해 왔다는 예수의 말은 현수에게 적잖은 충격을 주었다.

율법도 결국 하느님의 말씀에 근거한 것이다. 그런데 그것을 완성하려고 왔다니! 그렇다면 예수는 누구일까? 다윗의 후손 중에서 기름 부은 자가 나올 것이라는 말이 나돌았다고 했다. 바로 그 자일까? 아니지, 그런 정도만으로 율법을 완성하는 게 가능하겠는가? 궁금증이 치밀어 오른 현수는 예수에게 물었다.

“율법을 완성하러 왔다고 말씀하셨지요? 그렇다면 예수님은 하느님이십니까? 아니면 또 다른 하느님이십니까? 아무리 생각해 봐도 메시아라면 그런 말씀은 못 하실 것 같아서 말입니다.”

예수의 대답은 간단했다.

"네가 그렇게 말했느니라."

현수는 당혹스러움을 감추지 못했다. 메시아라는 것인지, 또 다른 하느님이라는 것인지. 아니면 너는 그렇게 말했지만, 나는 다르게 생각한다는 것인지 도무지 가늠하기 어려웠다. 현수의 모습을 본 예수가 말을 덧붙였다.

"그렇게 당혹스러우냐? 하늘이 뭐라고 말하는 것을 본 적이 있느냐? 그냥 그 뜻을 드러내 보이지 않느냐? 비가 오고 바람이 불고 눈이 오는 것처럼 말이다. 하물며 유일하게 전지전능하고 완전하신 분이라면 어떻겠느냐? 더 말할 필요가 없겠지. 거듭 말하지만 완전한 진리는 그 자체에서 뜻을 내보인다."

예수의 설명에도 현수는 아리송하기만 했다. 하지만 느낌으로 알 수 있는 걸 직접적으로 대답하지 않겠다는 의도는 짐작할 수 있었다. 그렇다면 다른 방법으로 접근할 수밖에 없었다.

"하느님은 뜻을 내보인다고 말씀하셨지요? 그게 무엇을 말하는 겁니까? 창조주가 언약하신 대로 언젠가 메시아가 나타나 이스라엘 민족을 하나로 통일시켜 번창한 국가를 세우는 것을 염두에 두고 하시는 말씀입니까?"

예수는 고개를 절레절레 흔들었다.

"답답하구나. 하느님의 뜻이 가장 중요하다고 그렇게 말해 주었는데도! 하긴 창조주 유일신을 믿는다는 자들도 내가 메시아인지 아닌지 궁금해했으니. 그들은 한때 나를 메시아로 보고 이스라엘 백성을 로마 제국의 지배에서 해방시키고 번영 국가를 세워 주길

바랐지. 그 때문에 내가 예루살렘에 입성했을 때 열렬히 환영한 것 아니겠느냐. 로마 제국의 지배를 받고 있는 데다가 형식적 율법에 얽매여 타락해 가고 있었으니 벗어나기를 바라는 것은 당연한 요구였겠지. 하지만 지상 왕국의 일은 나의 주된 관심 사항이 아니었다. 그보다는 하느님의 뜻에 따라 하느님의 나라를 건설하는 것을 소명으로 여겼지. 한마디로 하느님의 품처럼 진리가 완전히 실현된 나라 말이다."

현수는 깜짝 놀라 되물었다.

"진리가 완전히 실현된 나라라고요? 그게 과연 가능할까요? 저로서는 도무지 믿을 수 없습니다. 아무리 하느님이 인간을 봐주려고 해도 인간은 부족한 존재 아닙니까?"

예수는 조금도 흥분하지 않았다.

"내가 하느님의 뜻으로 살펴보라고 하지 않았느냐? 하느님은 전지전능하고 완전한 분이니라. 그런 분이 그만한 일 하나 못 할까? 하느님은 그분 뜻에 따랐을 때 수많은 기적을 보여 주며 그것을 가능케 하신다. 사람들은 내가 병자를 낫게 하고 장님의 눈을 뜨게 하는 등 수많은 이적을 행했다고 하지만, 내가 한 게 아니라 하느님의 뜻이 그러했던 것이니라."

현수는 고개를 절레절레 흔들었다. 저토록 하느님의 뜻을 분명히 말하려면 하느님 자신이 아니면 안 될 것 같았다. 그렇지 않다면 저렇게 자신 있게 하느님의 뜻을 얘기할 수 있겠는가?

그렇다면 전지전능하고 완전한 하느님이 사람이 되었다는 뜻인데? 아무리 인간에 대한 사랑이 크다고 하더라도 완전한 하느님의 위치를 포기하고 인간 세상에 내려왔을까? 과연 그게 가능할까? 그런데도 인간의 권능 밖의 일인지라 창조주의 뜻을 모르는 인간들에게 그 뜻을 일러 주고자 사람이 되었던 것일까?

아무리 궁리해 봐도 무엇 하나 명쾌한 해답이 떠오르지 않았다. 현수는 대신 다른 질문을 했다.

"그러면 하느님의 나라는 언제 세워지는 것입니까?"

"물어볼 것을 물어봐야지. 전지전능하고 완전하신 분께서 하염없이 기다려야 하겠느냐, 아니면 최대한 빨리 다가올 수 있도록 앞당기는 것이 좋겠느냐? 내가 그래서 하느님의 나라가 임박했다고 말한 것이다."

현수는 절로 고개를 끄덕였다. 세상만사가 다 그렇지 않겠는가. 어차피 무슨 일을 하려면 빨리 앞당기도록 사람들을 독려해야 할 것이다. 그러나 현수는 어쩔 수 없이 종말론을 떠올렸다.

"하느님의 나라가 임박했다고 하니 불안한 마음이 듭니다. 하느님의 뜻을 따르지 않은 인간인지라 두렵기도 하고요. 게다가 이 말은 인간 세상이 종말을 고한다는 소리 아닙니까?"

예수는 고개를 가로저었다.

"어째서 부정적인 면만을 보는 것이냐? 새로운 세상이 시작되려면 이전 세상은 끝나야 한다. 하느님 나라의 시작도 마찬가지니라. 게다가 하느님의 나라는 인간을 구원해 영생을 누리게 하는 곳이니, 이만한 축복이 또 어디 있겠느냐? 지옥 불이 무서운 모양인데, 이미 하느님께서는 너희들을 구원하시고자 용서해 주셨다. 그러니 그 뜻을 따르지 않는다면 책임을 지는 것이 마땅하다. 그런데

도 그 책임이 두렵다는 타령만 해 대면 어쩌겠느냐? 당연히 심판
을 내릴 수밖에 없다."

심판 애기를 들은 현수의 마음이 무거워졌다. 하지만 꼭 심판을
내려야 하는지 묻고 싶었다.

"심판을 내리는 방법밖에 없는 건가요? 그보다는 인간의 정치
현실을 고치는 것이 낫지 않을까요? 정치는 인간이 사는 데 큰 영
향을 미치니, 그것을 바꾸면 되지 않습니까? 그러면 그만큼 죄를
짓는 사람이 줄어들 테고, 똑바로 사는 사람이 많아져서 더 많은
사람이 구원받을 수 있지 않겠습니까? 하느님의 나라를 더 빨리
세울 수도 있을 거고요. 그런데도 왜 현실 정치나 권력에는 관심을
두지 않으시는지 모르겠습니다."

예수는 가벼운 한숨을 내쉬었다. 그러나 이내 차분한 목소리로
말했다.

"나는 분명히 지상의 왕국과 하느님의 나라는 다르다고 말했느
니라. 그런데 이 불완전한 곳에서 완전한 진리로 충만한 나라를 세
우겠다는 주장을 펴는 것이냐? 그게 과연 가능하겠느냐? 지상의
왕국을 고치려면 너의 방식보다 더 확실한 방안이 있느니라. 지상
의 왕국과 하느님의 나라를 직접 비교해 보여 주면 네가 사는 곳
이 불완전하다는 걸 확연하게 알 수 있을 것이다. 더욱이 네가 말
한 방법으로는 해결책을 제시하기가 쉽지 않다. 지상의 왕국에 직
접 발을 들여놓으면 완전한 진리에 근거한 입장을 견지하기가 쉽
지 않단다.

지상의 왕국에서는 사람들 간에 서열이 정해져 있다. 노예처럼

부림을 당하는 사람들이 얼마나 많으냐? 그걸 부정하면 십중팔구 사회 질서를 파탄시키는 이단아로 내몰릴 것이다. 하지만 하느님의 나라로 접근하면 그런 것은 쉽게 해결되느니라. 하느님 앞에서는 부자나 가난한 자나 똑같으니 말이다.

물론 그리한다고 해서 지상의 왕국에 있는 자들의 날카로운 눈초리를 피하기는 쉽지 않지. 내가 빌라도 총독에게 끌려가 십자가형을 당한 이유가 뭐였겠느냐? 하지만 칼로 흥한 자는 칼로 망하는 법. 내 그래서 오른뺨을 치거든 왼뺨을 내주라고 하지 않았더냐? 이것이 바로 하느님의 나라를 가장 빨리 세우는 길이니라. 그러니 권세를 누린 자나 부자들이야말로 하느님의 나라에 들어가기가 어려울 수 있지. 지상의 불완전한 왕국에서 더 많은 혜택을 누리고 살았다면, 그만큼 더 많은 죄를 지었다는 것 아니겠느냐. 그래서 내가 한 말이 있지 않느냐. '부자가 하느님의 나라에 들어가는 것은 낙타가 바늘구멍으로 들어가는 것보다 어렵다'라고."

현수는 정신이 번쩍 들었다. 이건 세상을 완전히 바꿔 버리자는 혁명가의 주장과 다름없었다. 세상을 완전하게 바꾸기 위해서는 지상의 왕국을 모두 부정해야 가능하다. 결국 하느님의 나라를 거론하고 있으나 실상은 이 세상 문제를 어떻게 풀어야 하는지 해답을 제시해 주는 것이 근본 취지였다는 것인가?

"하느님의 나라는 어떠합니까? 알고 싶습니다."

예수는 결국 현수를 꾸짖었다.

"너는 어째 하나부터 열까지 다 가르쳐 달라고 하느냐? 하느님은 전지전능하고 완전한 분이시다. 그러니 완전한 진리를 이루어야 할 것이 아니냐? 그러려면 사랑을 베풀어야지. 사랑이 없다면 완전한 진리를 이룰 수 없으니 말이다. 하느님의 뜻은 사랑에 있다고 할 수 있느니라. 네 이웃을 네 몸같이 사랑하라는 하느님의 말씀이 떠오르느냐?"

"네. 하지만 그 이웃은 도대체 누구입니까?"

"간단하게 알 수 있지 않느냐? 하느님의 사랑은 완전하다. 그러면 누가 가장 먼저 사랑받아야 하겠느냐? 세상에서 소외된 자, 가장 천대받는 자일 것이다. 가장 비천한 존재가 귀한 사람으로 대접받으면 그보다 나은 처지에 있는 사람들은 저절로 귀한 대접을 받지 않겠느냐. 그래서 나는 병든 자, 비천한 자에게 가장 먼저 사랑을 베풀어야 한다고 주장한 것이다. 따라서 내 품의 아흔아홉 마리의 양보다 길 잃은 양 한 마리를 더 소중하게 보살펴야 한다. 이건 안식일의 계율을 지키는 것보다 앞세워야 하는 것이니라."

현수는 저도 모르게 고개를 끄덕였다. 왜 가장 힘들어하는 자를 먼저 배려해야 하는지 명쾌하게 이해했기 때문이다. 그래서인지 예수가 너무 일찍 죽었다는 사실이 안타까웠다. 현수는 다시 예수에게 물었다.

"하느님의 사랑은 완전하고 크다고 하셨는데……. 왜 예수님이 그렇게 빨리 돌아가셨는지 잘 모르겠습니다. 예수님은 하느님의 뜻에 따라 하느님의 나라를 세우려고 하시지 않았습니까? 그렇다면 기적을 일으켜서라도 그런 일을 막아야 했던 것 아닐까요?"

"한번 곰곰이 생각해 보아라. 내가 왜 십자가형을 당하고 3일 만에 부활했는지 말이다. 분명하게 말해 줄 수 있는 건 모든 게 하느님의 뜻대로 이루어진다는 사실이다. 나는 다만 그분의 뜻을 따랐을 뿐이야. 밀알이 썩어야 싹이 트느니라. 내 죽음이 헛되지 않았다는 것은 그다음 인간 세상의 역사가 증명해 주지 않느냐? 그렇다면 앞으로 너도 어찌 판단해야 할지 알 수 있을 것이다."

말을 마친 예수는 자취를 감추었다.

예수가 사라진 뒤에도 현수는 한동안 숙연한 기분에 잠겼다. 진리는 결코 거저 얻거나 실현될 수 없다는 걸 실감했기 때문이다. 하지만 다른 의문이 고개를 들었다. 예수 또한 실패한 것이 아닐까?

현수의 생각을 읽은 듯 십자군 원정대의 기사가 한마디 했다.

"어차피 하느님의 뜻대로 이루어진다는 것을 충분히 알았을 것 아니냐? 그런데 지금 뭐하고 있는 꼴이냐? 가당치 않게."

얼굴이 붉어진 현수가 따져 물었다.

"왜 그렇게 말씀하십니까? 유일신인 창조주가 있어도 인간의 권능 밖인지라 그 뜻을 알기 어렵고, 그래서 예수가 사람이 되어 그 뜻을 일러 주려고 했건만 그분마저 돌아가시지 않았습니까? 그렇다면 완전한 진리가 있다고 한들 어떻게 알 수 있겠습니까?"

"허어, 이거 반칙이 난무하는구먼. 그러니까 후딱 나를 따라오라고. 그래야 답을 쉽게 찾을 거 아닌가."

언제 나타났는지 이슬람 전사가 현수를 이끌고 앞으로 나아갔다. 어느새 눈앞에 광활한 모래벌판이 펼쳐졌다. 진리는 사막에서 바늘 찾기와 같다는 것인가?

그때 난데없이 낙타 울음소리가 들렸다. 낙타 위에는 머리를 천으로 둘러싼 사나이가 앉아 있었다. 나이 지긋한 얼굴에 절제된 몸가짐이 눈에 들어왔다. 온몸에서 공정한 심판자의 기운이 절로 풍겨 나왔다. 무슬림 중에서 이런 기운을 풍기는 인물이라면 마호메트일 텐데. 현수는 그의 말을 기다렸다.

"네가 완전한 진리를 찾아 떠돈다는 인물이냐? 여기까지 온 걸 보니 아직 못 찾은 게 분명하구나. 하긴 그게 어디 쉬운 일이겠느냐? 나도 마흔 살에 히라산 동굴에서 알라의 계시를 받기 전까지 헤매기만 했느니라. 너무 걱정 마라. 이제 너에게 해결책을 제시해 줄 것이니."

현수는 넙죽 절이라도 올리고 싶은 심정이었다.

"그렇게만 해 주신다면 정말 감사하겠습니다. 창조주도, 예수님도 저의 의문을 완전히 풀어 주시지 못했습니다. 그런데도 선뜻 그런 말씀을 하시니 누구신지 궁금합니다. 혹시 마호메트 맞으신지요?"

그는 씩 웃었다.

"단박에 알아맞히는 걸 보니 세상의 진리를 찾기 위해 제법 고심을 한 모양이구나. 그러나 진리라는 건 그렇게 고뇌한다고 얻을 수 있는 게 아니다. 노력만으로 얻을 수 있다면 너도 진작 답을 얻었을 것이다. 완전한 진리는 인간 능력 밖의 일이거든. 따라서 완전한 진리를 얻는다면 그 진리를 가르쳐 주신 알라께 감사해야 한다. 알라는 완전한 진리 자체이다. 오직 알라만을 섬겨야 한다는 뜻이야."

현수는 본뜻을 알 수 없어 되물었다.

"인간의 능력 밖에 있는 것을 어떻게 저에게 가르쳐 주십니까? 마호메트님은 인간이 아니라는 말씀이십니까?"

"허허, 나 역시 너희들과 똑같은 인간이다. 그렇기 때문에 너에게 완전한 진리를 가르쳐 줄 수 있다."

현수는 헷갈려서 고개를 흔들었다.

"도대체 무슨 말씀이신지요? 인간은 부족한 존재니까 진리를 제대로 알 수 없는 것 아닙니까?"

마호메트는 희미한 미소를 띠며 그를 바라보았다.

"흔히들 그렇게 생각하더구나. 창조주 유일신을 믿는다는 일부 사람들도 잘못 이해해 우상을 섬기는 어리석음을 범하는 형국이니. 네가 이런 질문을 하는 것도 당연하다. 그러나 꼭 그런 것은 아니야. 너도 알다시피 이 세상의 창조주이자 유일신인 알라는 우리에게 완전한 진리를 가르쳐 주신단다. 그런데도 왜 사람들이 받아들이지 못하겠느냐? 이기심 때문이지. 사람이면서도 특별한 존재가 되고 싶어 하는 욕심 때문이야. 그래서 그들은 알라 외에 다른 신의 도움을 받고자 섬기기도 한다. 그러나 그리되면 완전한 진리가 여러 개라는 얘기 아니냐. 이미 헛것을 보고 우상을 섬기는 꼴이지. 그래서 나는 오직 알라만을 믿어야 한다고 했다."

현수는 귀가 솔깃했다. 어떻게 우상이 발생하고 거짓에 농락당하게 되었는지 쉽게 이해된 것이다. 하지만 그가 듣고자 하는 대답은 아니었다. 현수는 다시 물었다.

"알라 외에 다른 신을 섬기면 우상이 된다는 말씀은 바로 알아들겠습니다. 그런데 궁금한 점이 있습니다. 마호메트님은 인간이

라는 걸 인정하셨는데, 인간이 과연 완전한 진리를 알 수 있을까
요?"

마호메트는 알겠다는 듯 고개를 끄덕였다.

"네가 듣고 싶은 대답은 그것이겠지. 허나 그 대답도 간단하다.
왜냐하면 알라는 전지전능하고 완전하신 분이기 때문이야. 알라
는 자신의 말씀을 전해 줄 자를 선택해서 우리에게 가르쳐 주신다.
선택을 받는 자가 사도, 즉 예언자가 되는 것이지. 예언자는 자기
가 되고 싶다고 되는 것은 아니야. 알라에 의해 특별히 선택되는지
라 인간의 권능 밖의 일이지. 하여튼 알라는 선택한 예언자를 통해
계시로 뜻을 드러내신다. 그러니까 예언자를 믿고 따르면 완전한
진리를 알 수 있지."

현수는 절레절레 고개를 흔들었다. 마호메트는 자신이 인간에
불과하다고 했지만, 결국 예언자라는 특별한 존재라는 것 아닌가.
하긴 특별한 존재가 아니고서야 어떻게 완전한 진리를 말할 수 있
을까 싶었다.

그러고 보니 참 묘한 생각이 들었다. 창조주는 어떻게 해서든지
인간을 구원하려고 한다는 점이었다. 완전한 진리는 인간의 권능
밖의 일인지라 알 수 없을 것이기에 사람의 아들이 되는 것까지 감
수하면서 그 뜻을 직접 설파했다. 하지만 그것도 여의치 않자 이제
는 예언자를 통해 알려 주겠다고? 그게 과연 가능할까? 현수는 마
호메트에게 다시 물었다.

"알라가 예언자를 통해 완전한 진리를 알 수 있게 하셨단 얘기군
요. 그러면 결국 하느님의 뜻이 예언자에 의해 좌지우지되지 않을

까요? 그렇다면 완전한 진리를 찾을 수 없을 것 같습니다.”

현수의 말에 마호메트의 짙은 눈썹이 꿈틀거렸다.

“감히 어디서 그따위 망발을 늘어놓는 것이냐? 너의 말은 알라의 신성을 모독하는 것이다. 너는 예언자가 알라를 대신한다고 생각하느냐? 그건 절대로 있을 수 없는 일이다. 예언자는 알라가 말씀하신 것을 전하는 사람이고, 예언자의 능력은 알라에게서 나온 것이다. 예언자는 알라의 말씀을 전하는 사도로서의 역할과 임무를 지니고 있어. 그래서 예언자를 우상으로 섬기는 일은 있을 수도 없고, 있어서도 안 된다. 처음부터 끝까지 알라 외에 다른 신은 없다는 것이다. 그래서 완전한 진리를 알게 되면 나에게 감사할 것이 아니라 알라에게 감사하라고 말했던 것이다.”

현수는 마호메트의 얼굴을 뚫어지게 쳐다보았다. 알라의 말씀을 전해 주는 예언자라는 특별한 존재임에도, 그저 자신은 단순한 사람에 불과하다는 말에 감동을 받았기 때문이다. 하지만 완전한 진리를 찾을 수 있느냐 없느냐는 다른 문제였다. 현수는 따져 묻듯 말했다.

“예언자의 말은 알라의 말씀이라고 하시는데, 과연 그런지 어떻게 알 수 있습니까? 예언자도 사람이니까 자기 생각을 말할 수도 있지 않겠습니까? 게다가 알라의 말씀은 인간 권능 밖의 일인데, 인간에게 하느님의 말씀인지 아닌지 분별할 능력이 있는 것도 아니지 않습니까?”

마호메트는 안타깝다는 표정으로 현수를 바라보았다.

“네 의심이 끝이 없다는 말을 이미 들었다. 너는 어찌하여 알라의 말과 사람의 말을 구분할 수 없다고 생각하는 게냐? 알라는 예언자를 선택할 때 징표를 보여 주신다. 모세 사도가 지팡이를 뱀으로 변하게 하거나, 예수 사도가 장님의 눈을 뜨게 하고 나병을 치료한 게 그것이다. 마찬가지로 나는 글을 읽고 쓸 줄을 모르지만, 알라가 천사 가브리엘을 전령으로 보내 코란을 내려 주셨다.”

마호메트의 말에 현수는 또 다른 의문이 생겼다. 사도가 한둘이 아니었던 것이다.

“하느님의 말씀은 일관성이 있어야 하는데 서로 다르다면 어떻게 받아들여야 할지 모르겠습니다. 단적으로 창조주께서 언약을 해 주셨다면서 선민사상으로 무장한 유대 민족이 그렇고요. 또 예수님을 하느님과의 삼위일체로 보면서 하느님의 아들로 이해하고 하느님의 나라를 세우려 하셨다고 합니다. 도대체 어느 분의 말씀이 옳은 것입니까? 이러한 모순을 어떻게 설명하실 겁니까?”

따지듯 묻는 현수의 말에도 마호메트는 별반 동요하는 기색이 없었다.

“그렇게 보는 것 자체가 잘못이라는 생각은 안 해 봤나? 알라께서는 모세 사도에게 언약이야 했지만 선민사상은 말씀하신 적이 없으니 말이다. 알라가 편협하게 한 민족만을 선택하실 리 없는데, 사도인 모세가 어찌 그런 말을 했겠느냐? 일부 사람들이 잘못 이해하고 과장한 것이지.

예수 사도 또한 삼위일체설을 주장한 적이 없다. 삼위일체로 바라볼 경우 완전한 진리가 세 개나 존재한다는 뜻인데, 그 자체가 벌써 모순이다. 완전하려면 오직 하나여야 하니 말이다. 게다가 전지전능한 분이 사람처럼 아들로 태어난다는 것이 말이 되겠느냐? 그거야말로 신성 모독이다. 분명히 말하지만 알라는 완전하신 분이어서 낳지도 태어나지도 않는다. 더욱이 알라께서 자신의 말씀을 전하는 사도가 뻔히 죽을 줄 알면서도 그대로 내버려 두었겠느냐? 예수 사도는 십자가형을 받아 죽은 것이 아니다. 알라께서 그렇게 보이도록 하시고 실제로는 하늘로 올라오도록 조치를 취한 것이야. 한마디로 모세나 예수 등의 사도들이 그렇게 한 게 아니라 알라의 뜻을 잘못 이해한 우상 숭배자들이 왜곡한 것이다."

마호메트는 자세히 설명했지만 현수는 여전히 납득하기 어려웠다.

"알라의 말씀에 따르는 것이라고 하시니 저로선 뭐라고 하기 힘들군요. 하지만 그토록 전지전능하고 완전하신 분이 왜 달리 해석될 수 있는 소지를 남겨 두었는지 의문입니다. 어째 앞뒤가 맞지 않습니다."

마호메트는 바로 대답했다.

"그것은 알라의 잘못이 아니라 인간의 잘못이다. 인간들이 그분의 뜻을 잘못 이해하고 기록했기 때문에 생긴 일이지. 그동안 하느님의 말씀이 어떻게 전해 내려왔는지 알면 이해될 것이다. 유대교의 토라(율법)나 인질(신약 성경) 등은 오랜 기간 전승되는 과정에서 많이 바뀌었다. 알라의 말씀이 달라져 버린 것이지.

하지만 코란은 알라의 말씀을 그대로 기록해 크게 바뀌지 않았다. 토라나 인질처럼 오랜 기간 변화를 겪지 않았기에 가능했지. 코란이야말로 가장 완벽한 알라의 말씀이라는 것이다. 따라서 코란에 의거해 선민사상이나 삼위일체설, 원죄설 등 이전에 잘못 이해한 부분을 바로잡을 수 있다."

마호메트의 주장은 새로웠다. 하지만 현수는 완전히 공감할 수 없었다.

"그럼 아담과 하와가 죄를 지어 에덴동산에서 추방되었다는 원죄설도 사실이 아니라는 말씀이십니까?"

마호메트는 고개를 끄덕였다.

"당연한 것 아니냐. 원래 낙원은 선과 악이 없는 곳이다. 그러니 선악과가 있을 리가 없지. 다만 알라가 어떤 나무에 접근하지 말라고 말했는데, 아담과 하와가 그 말씀을 잊어버리고 접근한 것뿐이다. 하지만 그들이 용서를 빌자 알라는 기꺼이 받아 주셨어. 고의가 아니고 실수라고 보셨기 때문이다. 인간은 원래 선하게 태어났지 죄악을 짓고 태어난 게 아니다. 이들을 땅으로 보낸 것은 인간이 땅을 관리하고 다스리게 하려는 알라의 계획에서 비롯된 것이다. 그런데 그것을 원죄를 지은 인간들에게 내린 벌이라니 얼마나 기가 막힌 일이냐? 그분이 이랬다저랬다 하면서 죄를 묻는 것밖에 더 되느냐? 그러니까 원죄설은 알라의 말씀을 따르려고 하지 않는 자들이 지어낸 주장인 셈이지."

현수는 놀라 입을 다물지 못했다. 원죄설을 이런 관점에서 생각해 본 적이 없었던 것이다.

"정말 그들의 주장이 거짓이라면, 왜 그랬을까요?"

마호메트의 얼굴에 한심하다는 표정이 떠올랐다. 현수는 일순 부끄러움을 느꼈다.

"모든 걸 다 말해 달라고 한다더니 정말 사실이로구나. 자, 이런 것이다. 세상을 살아가면서 죄를 짓지 않는 것이 얼마나 어려운 일이냐. 그런데 아무것도 행하지 않았는데 이미 원죄를 지었다면 노력할 필요조차 없지 않겠느냐. 아무리 애써도 이미 죄를 지었으니, 모든 것은 무용지물이라고 생각할 수 있지."

현수는 고개를 끄덕이며 경청했다.

"그렇군요. 잘못 떠돌고 있는 하느님의 뜻을 바로잡으려고 코란을 보내 주셨다는 말씀이 어느 정도 이해가 됩니다."

마호메트는 다시 말을 이었다.

"알라는 공명정대하고 자비로우신 분이다. 그 뜻을 흐리면 안 된다. 알라는 인간에게 땅과 책과 스승을 선물로 보내 주셨다. 자신의 품으로 돌아와 낙원에서 살 수 있도록 말이다. 그렇다면 그 뜻을 깨닫고 알라의 말씀에 따라 살기 위해 노력해야 할 것이 아니냐? 그래서 알라는 지금껏 우리가 잘못 이해하고 있는 부분을 계시를 통해 명확히 지적해 주셨던 것이다."

현수의 얼굴이 조금 밝아졌다. 언뜻 들어 봐도 원죄설보다는 코란의 설명이 더 현실적이고 설득력이 있었다. 하지만 현실 세계와 신의 영역은 차원이 다른 게 아닐까?

"현실 세계에서도 알라의 말씀에 따라 살아야 한다는 뜻인가요? 하지만 인간 세상에서는 아무리 노력해도 알라의 나라를 만들 수 없지 않습니까? 인간 세상에서 낙원을 만드는 게 가능하다고 보시는 겁니까?"

마호메트는 단호하게 고개를 흔들었다.

"그건 불가능해. 낙원은 알라가 인간의 행동에 심판을 내린 뒤 선한 자들을 위해 마련해 주시는 곳이다. 우리는 그곳에 가기 위해서라도 현실 세계에서 올바르게 살아야 한다. 자비로우신 알라는 인간이 할 수 있는 것만을 요구하지 무리한 것은 요구하지 않으신다. 그러니 알라의 말씀을 따르면 된다."

"무리한 것은 요구하지 않으신다고요? 그 요구가 무엇인지 말씀해 주시면 좋겠습니다."

현수의 질문에 갑자기 마호메트의 눈빛이 매서워졌다.

"알라의 요구에는 여러 가지가 있지만, 그중 가장 중요한 것은 알라의 말씀에 따라 사는 움마, 즉 공동체의 건설이다. 예수 사도가 나온 이후 알라께서 왜 나를 사도로 선택했는지 생각하면 쉽게 이해될 것이다. 예수 사도가 못한 것을 내가 해야 하기 때문 아니겠느냐? 물론 궁극적인 목표는 심판의 날에 부활해서 낙원에서 살아가는 것이다. 그러나 그것도 공동체를 얼마나 잘 세우느냐에 달렸다. 그러니까 공동체의 건설은 알라의 분명한 말씀이시다."

현수는 입을 딱 벌렸다. 무리한 요구는 아니라고 하지만, 알라의 말씀으로만 살아야 한다는 주장이었기 때문이다. 물론 전지전능한 존재의 말씀으로 이루는 공동체라면 인간이 만들 수 있는 최고의 사회일 것이다. 그렇지만 그 방안 또한 만만치 않다. 신앙 고백과 기도, 자선, 금식, 순례 등 알라의 계율을 철저히 지켜야 한다. 이것이 공동체 사회를 유지할 수 있는 기둥이다. 철저히 알라에게 의지하고 순종하는 삶인 것이다.

현수는 그런 삶이 마땅한 것 같다고 생각했다. 그러나 완전한 진리인지는 확신할 수 없었다.

"공동체 건설이 알라의 분명한 말씀이라고 하셨습니다. 그런데 말씀을 믿고 따르지 않을 경우에는 어떻게 됩니까? 마호메트님께서는 성전을 주장하신 것으로 알고 있기 때문입니다. 그건 결국 힘으로 다른 나라를 제압하겠다는 것인데, 과연 그게 알라의 뜻일까요?"

떠날 준비를 하던 마호메트가 움직임을 멈추었다. 그러고는 천천히 입을 열었다.

"기꺼이 답을 해 주마. 네가 오해하는 부분이 많은 듯하니. 알라는 절대로 강제로 믿고 따르게 하지 말라고 하셨다. 힘으로 핍박하는 것은 말도 안 되는 일이기 때문이지. 단, 알라는 자기 말을 따르겠다고 맹세하고서 그것을 어기고 개종한 자는 단호하게 대처하라고 말씀하셨다. 완전한 진리를 깨닫게 해 주었는데도 따르지 않겠다는 것은 죄가 크기 때문이다.

그리고 너는 성전이 무조건 힘으로 모든 문제를 해결하려 드는 것이라고 여기는 모양이지? 하지만 전혀 그렇지 않다. 우리가 성전을 하는 이유는 알라의 말씀을 따르려는 사람들을 가로막고 박해하는 자가 있기 때문이다. 알라는 전쟁도 나쁘지만 박해는 더 큰 죄악이라고 말씀하셨다. 그렇다고 박해에 무조건 성전으로 대항하는 것은 아니야. 전쟁하지 않고 해결할 수 있는 최선의 방법을 먼저 찾고, 그래도 어쩔 수 없는 경우에만 성전을 하는 것이다.

마지막으로 분명히 말하겠다. 알라는 평화를 사랑하신다. 그리고 모든 인간을 평등하다고 보기에 형제처럼 살아갈 것을 요구하신다. 그게 바로 공동체 건설이지. 어쨌든 진리를 찾기로 나선 이상 네가 완전한 진리를 깨달았으면 좋겠구나."

말이 끝나자 마호메트는 금세 사라졌다.

현수는 착잡했다. 평화를 사랑하고 형제처럼 어울려 사는 공동체 건설이 목표인데, 도리어 전쟁을 하다니! 전쟁도 죄이지만 더 큰 죄는 박해라는 것도 새로웠다. 도대체 왜 이런 일이 벌어지는 것일까? 완전한 진리가 있다고 생각하는 것 자체가 잘못일까? 완전한 진리는 알 수 없고, 인간 스스로 판단하지 못하기 때문에 이런 결과를 초래한다고? 그렇다면 그런 방향으로 치달을 인간 세상은 어떻게 될 것인가?

생각이 꼬리에 꼬리를 물고 이어졌다. 현수는 결국 진리를 찾는 문제가 세속적인 권력으로 접근한다는 생각에 소스라치게 놀랐다. 창조주 유일신이 사람이 되어 땅으로 내려왔고, 공동체 건설을 주장하며 인간의 영역으로 계속 침투해 들어왔다면 이제 국가 권력까지 다루지 않겠는가? 그렇다면 인간의 싸움이 신의 싸움으로 확전될 것이란 생각이 들었다.

현수는 고개를 절레절레 흔들었다. 그 모습을 지켜본 이슬람 전사가 비꼬는 투로 내뱉었다.

"완전한 진리를 얻고자 하면서 형제가 박해당하는 것을 못 본 척한다면 어떻게 진리를 찾을 수 있겠느냐? 이만 여기서 포기해라."

지칠 대로 지친 현수는 솔직한 심정을 내비쳤다.

"솔직히 말하면 저도 그러고 싶습니다. 아무리 생각해도 이건 제 능력 밖의 일 같으니까요. 그러나 승부를 가리기로 한 이상, 이대로 물러설 수는 없는 것 아닙니까? 어떤 결과가 나오든 시합은 해야지요."

이슬람 전사는 안됐다는 표정으로 현수를 물끄러미 바라보았다.

"네 결심이 그렇다면, 이제 시합장으로 가야 할 시간이야."

시합장에는 이미 유대 왕국의 병사와 십자군 원정대의 기사가 와 있었다. 시합은 아직 시작되지도 않았는데 팽팽한 긴장감이 흐르고 있었다. 그때 재빠르게 이슬람 전사가 그들과 합세했다. 시합은 안중에도 없었다. 현수는 그들을 향해 말했다.

"이제 시합을 할 시간이니 승부를 봐야지요."

십자군 원정대 기사가 다급하게 소리를 질렀다.

"지금 시합이 문제가 아냐! 사탄을 먼저 해치워야지."

갑자기 바람이 거세게 불었다. 그러더니 검은 안개가 짙게 깔려 한 치 앞도 분간하기 힘들었다. 번쩍이는 번개가 요란스레 내리쳤고, 음침한 기운마저 감돌아 마치 공동묘지에 온 듯했다.

세 기사는 무기를 사정없이 휘둘러 댔다. 하지만 칼과 창은 허공을 맴돌 뿐이었다. 그들은 굴하지 않고 허공을 계속 찔러 댔다.

현수는 그들이 무엇을 향해 무기를 휘두르는지 도무지 알 수 없었다. 처음에는 분명 뭔가가 움직이는 듯했지만 금세 사라지곤 했다. 그런데도 그들은 뭔가에 홀려 무기를 휘둘러 대는 것처럼 보였다.

현수는 그들에게 아무것도 없다고 소리치고 싶었다. 하지만 공격이 너무 거세어 어찌해 볼 도리가 없었다. 이윽고 더욱 놀라운 일이 벌어졌다. 세 사람이 서로를 향해 사탄이라고 소리치는 것이 아닌가. 그렇지 않고서야 자기들이 믿는 신을 그렇게 모욕할 수는 없다는 것이었다. 급기야 그들은 신의 뜻을 받들겠다면서 서로 공격하기 시작했다.

혼전이었다. 처음에는 유대 왕국 병사의 힘이 막강했으나 곧 십자군 원정대 기사의 힘에 제압당했다. 하지만 그것도 잠시, 이슬람 전사의 반격에 십자군 원정대 기사의 기세가 꺾였다. 이 싸움을 보고 있자니 꼭 종교의 역사를 보는 것 같았다.

이스라엘 민족은 방랑 생활을 하다가 왕국을 세웠지만 망했다. 그러다 기독교가 로마 제국 국교로 지정된 뒤 지중해로 세력을 펼쳤다. 그 후 다시 마호메트가 이슬람 공동체를 형성하면서 쫓겨 갔다.

또다시 새로운 광경이 펼쳐졌다. 십자군 원정대 기사는 이슬람 전사에게 밀린다고 생각했는지 권력층에 손을 내밀기 시작했다. 그러자 수많은 사람들이 호응하며 나섰다. 그중에는 신을 지키기 위해서가 아니라 돈을 벌기 위해 나선 사람도 많았다. 전쟁은 한 번으로 끝나지 않았다. 십자군 원정대가 거듭 진격했다. 원정대 무리 중에는 한편이었던 비잔틴 제국을 약탈하고 파괴하는 짓을 서슴없이 저지르는 사람도 보였다. 더 이상 사탄과의 싸움이나 성전이라 부를 수 없었다.

같은 유일신을 믿으면서도 뜻을 달리 해석해 싸우는 모습을 보고 신은 어떤 생각을 할까? 신을 위해 싸우는 것을 자랑스러워할까, 아니면 뜻을 곡해하는 무리들을 한심해할까? 하지만 신의 뜻을 인간이 어찌 알겠는가?

현수는 커다란 회의감이 밀려왔다. 어떻게 해도 완전한 진리를 찾을 수 없을 것이라는 생각 때문이었다. 처음에는 공자나 플라톤처럼 인간 세상의 문제로 고민했다. 그러다가 그분들에게 해답을 찾을 수 없다고 생각하고 여행을 거듭한 것이었다. 완전한 진리 그 자체라는 신도 만나 보았다. 그러나 불완전한 인간들은 신을 잘못 믿으면서 인간 세상에 더 큰 해악을 주는 빌미로 이용하고 있었다. 그런데도 진리를 찾을 수 있다고 말할 수 있을까? 결코 답을 찾을 수 없다는 생각이 그를 지배했다. 그렇다면 더 이상 시합을 벌일 필요도 없었다. 현수는 비틀거리며 그 자리를 빠져나왔다. 그저 쉬고 싶은 마음뿐이었다.

데카르트의 이성

"당신, 밤새 게임하고 있었던 거예요?"

아내의 목소리에 현수는 몸을 부스스 일으켰다. 벌써 아침인 모양이었다. 일어나자마자 머리가 지끈거렸다. 꿈을 꾼 것인지, 게임을 한 것인지 헷갈렸다. 그는 여전히 알 수 없는 절망감에 사로잡혀 있었다.

현수는 기운 없는 목소리로 아내에게 물었다.

"세라는 어떻게 됐어? 무슨 연락이라도 왔어?"

질문이 끝나기 무섭게 아내의 타박이 이어졌다.

"아니, 지금 그런 말이 나와요? 딸이 어디서 죽었는지, 살았는지도 모르는 판에 애비란 사람은 밤새 게임이나 하고! 이제 어떡할 거야, 실종 신고라도 해야 할 것 아니에요?"

현수는 자기도 모르게 신음 소리를 냈다. 어제저녁 세라의 일기장을 읽다가 사이버 운명 게임을 한 일이 선명하게 떠오른 것이다. 그건 운명을 걸고 한 게임이자, 세라를 찾는 유일한 방법이었다. 그럼 게임이 현실에 적용된다는 말이 진짜란 말인가? 아니라고 해도 이렇게 나와 버리다니……. 현수는 다급하게 아내에게 소리쳤다.

"여보, 나 오늘 출근 못한다고 회사에 연락 좀 해 줘. 기필코 세라를 찾아올 테니까."

아내의 대답도 듣지 않은 채 현수는 황급히 세라의 방으로 들어갔다. 그의 머릿속에는 아직 게임을 끝내면 안 된다는 생각뿐이었다.

컴퓨터를 켜자 구동 소리가 들렸다. 그런데 모니터 화면에는 아무것도 보이지 않았다. 자판을 두드려 보아도 마찬가지였다.

'이렇게 허무하게 운명이 끝난단 말인가? 그럼 세라는? 아무리 절망스럽고 끝이 보이지 않아도 세라를 위해서 참았어야 했는데…….'

후회가 밀려왔지만 현수는 이대로 물러나서는 안 된다는 생각뿐이었다. 그는 컴퓨터를 향해 소리쳤다.

"나는 이번 승부에 승복 못 해. 내가 진 게 아니라 상대자들이 룰을 위반했단 말이야! 자기들끼리 싸우느라 정신없는데 어떡해야 한단 말이야! 그건 결국 상대자들이 승리할 수 없다는 걸 말해 주는 거고, 결국 내가 이겼다는 소리나 다름없는 거라구. 어서 확인해 보란 말이야, 어서!"

현수는 울부짖었다. 그때 갑자기 컴퓨터에서 '뚜ー 뚜ー' 하는 소리가 들렸다. 곧이어 목소리가 흘러 나왔다.

"그 문제에 대한 결론이 나왔습니다. 축하합니다. 맞상대들이 실격 처리된 관계로 이 단계를 통과했습니다. 하지만 이번에 한해서만 허용했다는 것을 꼭 명심하십시오. 그럼 앞으로 나오십시오."

현수는 화면 속으로 빨려 들어갔다. 이곳 역시 어디인지 알 수가 없었다. 현수는 마음을 가라앉히고 지난번 게임 내용을 떠올렸다.

가장 먼저 떠오른 것은 전지전능하고 완전한 신을 상정하면 안 된다는 것이었다. 이것으로 인해 싸움으로 치달았던 것이다. 그것도 처음에는 신의 이름으로 벌어졌지만, 나중에는 세속 권력을 정당화하는 도구로 전락하고 말았다.

그러면 신은 허울뿐이고 진짜 신은 세속 권력이라는 걸까? 결국 치열한 권력 투쟁을 피할 수 없다는 것일까? 그래서 마키아벨리는 그걸 미리 알고 『군주론』을 써서 군주들을 설득하려고 했던 것일까?

정의와 진리는 도대체 무엇일까? 원래부터 없던 것일까? 아니면 제우스가 말했던 것처럼 힘에 의해서만 유지되는 것인가? 그렇다면 정의와 진리를 외치지 않고, 정령이 주장한 대로 상대방의 입장을 존중하는 것이 낫지 않을까? 사람들이 정의와 진리를 부르짖는 까닭은 무엇일까? 자신들이 추구하는 실익의 진짜 속셈을 가리기 위해서인가? 그래야 진짜 목적을 감추고 실익을 얻는 것이 쉬워서인가? 그렇다면 정의와 진리는 애초부터 목적이 아니라 수단으로 이용될 운명을 안고 태어났다는 것일까?

현수는 도무지 갈피를 잡을 수가 없었다. 신을 완전한 진리로 상정했던 것을 부정해 버리니 더 이상 어디로 나아가야 할지 알 수 없었다. 완전한 진리라는 등대가 사라져 배가 항로를 잃고 방향 감각을 상실한 꼴이었다. 무엇이 정의이고 진리인지 도대체 알 수가 없었다. 그는 딜레마에 빠졌다.

신이 있는 것과 없는 것 중에 어느 것이 나을까? 신을 인정하면 완전한 진리가 담보된다. 하지만 그 실체는 인간의 능력 밖에 있으므로 정확히 알 수 없다. 그런데도 신의 말씀을 사칭하며 횡포를 부리는 자들이 나타났다. 그래서 신을 부정하려고 하니, 완전한 진리를 담보할 수 있는 무엇이 사라져 버렸다. 그 결과 자기 욕심을 채우기 위한 끝없는 투쟁이 벌어졌다. 신이 있든 없든 분쟁이 일어난다면, 인간은 애초부터 공존할 수 없는 존재란 말인가?

답답한 마음에 사로잡힌 현수는 번민을 털기 위해 발길을 재촉했다. 그때 새로운 맞상대가 등장했다. 지금까지 만났던 맞상대들과는 달리 인간적인 냄새가 풍기면서도 날카로운 지성이 번뜩이는 게 느껴졌다. 새로운 맞상대가 입을 열었다.

"운 좋게 부전승으로 올라왔다지? 하지만 이제부터는 다를 걸세. 자네가 지금까지 해 왔던 게임은 예선전에 불과해. 혹독한 본선에 올라온 것을 환영하네. 인간의 본성이나 면모를 따져보지 않고 진리를 믿으라고 하는 건 억지에 불과하네. 지금부터는 인간적인 면모로 여러 가지를 살펴보게 될 테니 정신 바짝 차리게. 이제 쉽게 넘어가는 행운은 없을 테니. 그렇더라도 너무 살벌하게 싸우지는 말자고. 자, 각오는 단단히 했겠지?"

맞상대는 자신감이 넘쳤다. 현수는 왠지 밀리는 기분이 들었으나 절대 포기해서는 안 된다고 생각했다. 그는 맞상대를 따라 어디론가 나아갔다.

수많은 사람들이 몰려 웅성거리고 있었다. 중세 유럽에서 마녀

재판이 진행되는 것 같았다. 어느새 그 장면은 사라지고 누군가가 재판을 받고 나오면서 "그래도 지구는 돈다."라고 중얼거리는 모습이 보였다. 이탈리아의 물리학자이자 철학자인 갈릴레이 같았다. 현수는 이번엔 갈릴레이를 만나나 생각했는데 또 다른 상황이 펼쳐졌다. 갈릴레이의 재판 과정을 몰래 지켜본 어떤 사람이 놀라는 모습이었다. 그 뒤 그는 은둔 생활에 파묻혔다.

현수는 누구일까 궁금해하며 그에게 다가갔다. 사색에 젖어 있던 그가 인기척을 느꼈는지 몸을 일으켰다.

"어서 오게나. 자네를 기다리고 있었네."

"저를 반갑게 맞아 주셔서 감사합니다. 실례가 안 된다면 누구신지 여쭈어도 될까요?"

"내가 누구냐고? 글쎄, 그것을 어떻게 명료하게 말할 수 있을까?"

현수는 어안이 벙벙했다.

"무슨 말씀이신지……. 설마 자신이 누군지 모른다는 말씀은 아니겠지요?"

"단순하기는. 내가 누구인지 모른다고 했나? 그것을 어떻게 명료하게 얘기해 줄까 고민한 거지. 어떤 의심에도 흔들리지 않는 공리에 기초해 파악한다면, 그야말로 가장 확실한 진리 아니겠나? 이건 자네가 무슨 말을 해도 믿지 않고 무조건 의심하려 들기 때문에 해 주는 말이야. 하긴 자네만 그런 것이 아니라 세상 많은 사람이 그렇긴 하지. 하지만 그렇게 의심만 한다면 어떻게 인간이 세상을 개척할 수 있겠나? 아마 혼돈과 혼란에 휩싸이고 말 것이야. 그래서 나는 자네가 의심할 수 없는 것에 기초해서 진리를 설명해 주려고 하네. 그리하면 확실하고 명증한 진리를 알 수 있을 것이야. 그러면 그에 근거해 세상을 개척해 나갈 수 있지 않겠나?"

자신만만한 그의 태도에 현수는 얼떨떨했다. 지금까지 게임을 통해 완전한 진리를 안다는 것이 결코 만만치 않다는 걸 몸소 겪었던 것이다. 하지만 분명한 가르침을 준다는데 마다할 이유는 없었다.

"그렇게 해 주신다면 저야 더 바랄 나위가 없지요. 그런데 말씀하시는 걸 들으니, 방법론적 회의를 거론하시는 것 같습니다. 혹시 근대 철학의 아버지라고 불리는 데카르트 선생님이십니까?"

그는 미소를 띠었다.

"나를 금방 알아보는 걸 보니 아주 숙맥은 아니로군. 그런데 왜 그토록 혼란을 겪기만 하는 걸까? 하기야 뭐, 형이상학적 원리에 근거해서 진리를 파악한다고 다 구할 수 있는 건 아니지. 게다가 방법을 잘 모르면 참된 진리를 파악하기가 쉽지 않다네."

데카르트의 말에 현수는 고개를 가로저었다.

"제가 부족해서 그런 거지요. 솔직히 말씀드리면 선생님의 주장도 몇 자 어디서 들어 본 것에 불과합니다. 하지만 그렇더라도 저로서는 선생님의 말씀을 덥석 받아들이기 어렵습니다. 신도 저를 납득시키지 못했는데, 인간이 저에게 참된 진리를 가르쳐 줄 수 있다는 게 도무지……. 사실 저는 완전한 진리가 있다는 전제 아래 그걸 찾고자 했습니다. 물론 과정은 아주 힘들겠지만, 결국 찾을 수 있다고 생각한 거지요. 그런데 그렇지 않았습니다. 갈수록 어렵기만 하고 도무지 뭐가 뭔지 모르겠습니다. 게다가 완전한 진리라는 주장이 낳은 폐해를 보니, 실망을 넘어 개탄스러웠고요. 그래서 감히 실례를 무릅쓰고 이런 말씀을 드리는 겁니다.”

데카르트는 고개를 끄덕였다.

“솔직해서 좋군. 하지만 진리를 찾지 못했다고 절망하기엔 아직 이르네. 나 역시 확실한 진리를 찾기 위한 과정이 순탄치는 않았지. 그때까지 내가 배워 왔던 것들이 모두 쓸모없어졌으니 말일세. 게다가 신을 모독했다고 탄압받을 소지도 있었지. 그렇지만 의외로 원리는 간단했다네.”

“간단했다고요? 그렇다면 왜 그때까지 인간은 그런 인식을 하지 못했을까요?”

“글쎄. 아마도 새로운 사고로 명확하게 전환하지 못해서였겠지. 엄청난 선입견과 편견이 작용하고 있었어. 신도 못 했는데 어찌 인간이 할 수 있겠느냐는 거지. 지금 자네도 그렇게 말하지 않았나? 물론 이런 생각을 한 것이 내가 처음은 아닐 걸세. 나는 단지 그것을 진리를 인식하기 위한 방식으로 체계화했을 뿐이네.”

현수는 알 듯 말 듯 헷갈렸다.

“새로운 사고로 전환했다는게 무슨 뜻인지요? 물론 선생님이 새로운 학문을 세우겠다는 의지를 여러 차례 표명하신 것은 알고 있습니다만.”

데카르트는 어떻게 설명할지 고심하는 표정이었다.

“그것을 어떻게 한두 마디로 설명해 줄 수 있을지……. 먼저 내 고민이 무엇이었는지 얘기해 주지. 나는 인간이 어떻게 완전한 진리를 인식할 수 있을까 번민했지. 자네가 찾고자 하는 것과 다를 바가 없지? 그런데 당시 형이상학적 주제는 일관되게 완전한 진리, 즉 신의 현존을 증명하는 것에 매달려 있었어. 그래서 나도 신이 현존한다는 것을 증명했지. 내 고민을 해결하는 데 필요했기 때문이야. 하지만 그 반대는 아니었지. 그러니까 내 문제의식이 새로운 사고와 학문의 필요성을 요구했다는 거야.”

현수는 새로운 궁금증이 생겨서 되물었다.

“완전한 진리를 어떻게 인식할 수 있는가 하는 문제의식이 새로운 사고와 학문을 이끌었다는 거죠? 어떻게 그럴 수 있었는지 말씀해 주세요.”

“당시에는 신이 완전한 진리를 그대로 보여 준다 믿었어. 하지만 나는 완전한 진리를 인간이 인식할 수 있는지 고민했네. 여기서 ‘사유하는 자아’가 등장했지. 신이 먼저 등장하는 것이 아니라 사유, 즉 인간의 정신이 먼저 제시될 수밖에 없다는 뜻이야. 인간에게는 육체와 분리된 정신이 있어서, 이 정신에 의해 신의 현존이 증명되는 셈이지. 이 점에서 신의 계시에 의해 진리를 인식한다는 주장은 더 이상 의미가 없어진 거야. 대신 사유하는 자아, 즉 이성이 어떻게 진리를 인식하고 세상을 개척하는지가 중요한 문제로 등장했지. 한마디로 신이 아니라 인간이 세상의 주체로 우뚝 선 거야. 그러니 사고의 전환이 아니겠나?”

인간이 세상의 주체로 우뚝 섰다? 현수는 데카르트의 말을 나지막하게 중얼거려 보았다. 신이 아니라 인간이 완전한 진리를 알 수 있다고? 그게 가능하다면 더 이상 신에게 매달릴 필요가 없었다. 그렇다면 지금까지 헛고생을 한 것인가?

그럼 결국 인간이 신을 만들어 냈다는 말인가? 자연과 세상에 대한 공포가 왜 발생하는지 모를 때는 신이 있다고 상정하고, 신이 세상을 주관하고 사람들에게 낙원을 약속했다고 강조한 것일까? 그러다가 불행과 고통의 원인은 인간이 서로 사랑하지 않는 데 있다는 걸 깨닫게 되었다. 그러자 사랑의 하느님을 등장시키고 하느님의 나라를 세우는 것이 모든 문제의 해결책이라고 주장한 걸까? 그러다가 인간의 참다운 행복은 인간 사회 안에 있다는 것을 직감하자 알라를 내세운 것일까? 알라가 가장 자비롭다고 하면서 코란에 기초한 공동체를 건설해야 한다는 것처럼 말이다.

그런데 이제 신이 필요 없다? 하긴 공동체 사회를 건설하는 문제는 인간의 손에 달려 있지 않은가? 그런데 무엇 때문에 신을 찾겠는가? 그럼 인간에게서 답을 찾아야 하는데, 그게 바로 이성이라고? 그러면 신을 대신한 세속 권력은 어디로 갔을까? 신을 이용할 정도로 욕심 많은 세속 권력이 스스로 물러날 리 없지 않은가. 그렇다면 세속 권력은 자신을 정당화할 도구로 이성을 이용한다는 말인가?

그런데 왜 하필이면 권력도, 돈도 아닌 이성일까? 이성은 인간을 구성하는 한 부분이지 인간 자체는 아니지 않은가. 하긴 권력과 돈이 진리라고 한다면 누가 믿겠는가? 또한 인간 그 자체로 놓고 보면 모두가 똑같은 사람일 뿐이고, 그러면 세속 권력자가 제 맘대로 전지전능한 권력을 행사할 수 없다. 그걸 피하려면 이성처럼 고상하면서도 알 듯 모를 듯 헷갈리는 묘한 측면을 지닌 게 가장 유리하지 않을까?

데카르트의 말처럼 신에게서 인간 중심으로 사고방식이 전환되었다. 그런데 인간 자체가 아니라 인간이 가진 이성에 의해 세상을 살펴본다는 것이다. 그렇다면 과연 이성은 완전한 진리를 담보할 수 있을까?

"그렇다면 사유하는 자아는 완전한 진리를 알 수 있는 겁니까? 그걸 어떻게 확신할 수 있을까요? 저에게도 사유하는 자아가 있을 텐데, 아직껏 완전한 진리가 무엇인지 잘 모르겠습니다. 제 수준이 낮아서 그런 것이라고 하신다면, 할 말은 없습니다만……."

"자네가 왜 혼란스러워 하는지 알겠네. 사유하는 자아는 아주 추상적인 개념이야. 이 개념을 구체적인 인간에 곧바로 적용하려 하는 게 가장 큰 실수지. 구체적인 생활에 도움을 주게 하려면 그게 참인지, 거짓인지부터 알아야 할 것 아니겠나? 그런데 개별적인 지식이 참이 되려면 일반적인 원리, 궁극적으로는 제1 원리에 근거해야 해. 인간에게 사유하는 자아, 즉 이성이 있어야 사물의 원리를 꿰뚫어 볼 수 있기 때문이야. 그래야 개별적인 지식 또한 참이라고 확증할 수 있지.

나는 지식을 하나의 나무에 비유할 수 있다고 말했지. 형이상학에 뿌리를 두고 물리학이라는 줄기가 자라나 의학, 역학, 도덕 등이 가지를 이루어 지식이라는 열매를 맺는 나무 말이야. 그런데 자네는 형이상학적 원리에서 나온 말을 곧바로 현실에 적용해 어려움을 겪는 걸세.

그러므로 사유하는 존재에 그치지 않고 또 다른 추론의 과정을 거쳐야 하네. 그다음 사유하는 존재, 즉 정신이 어떻게 신체와 결합해 오류를 범하지 않고 참된 지식을 얻는지 확인해야지. 거기서 또 개별적으로 연역하는 과정을 겪어야 해. 그런 다음에야 비로소 대답을 얻을 수 있지."

현수는 곧바로 이해하기 힘들었다.

"그러면 지식은 연역이라는 추론 과정을 통해 성립되고, 제1 원리는 사유하는 자아라는 거네요. 그런데 왜 그게 제1 원리가 되는 건가요? 완전한 진리라면 제1 원리는 신이 되어야 하는 것 아닙니까? 신이 아닌데 어떻게 완전한 진리를 담보할 수 있나요? 선생님께서도 신의 현존을 담보로 삼았다고 알고 있습니다만……. 그렇다면 구태여 사유하는 존재가 제1 원리일 필요가 없는 것 아닙니까?"

데카르트는 답답해하는 눈치였지만 자세하게 설명을 해 주었다.

"그래, 자네 말대로 완전한 진리를 신 말고 누가 담보할 수 있겠는가? 그래서 나는 신의 현존을 인과론과 존재론으로 증명했지. 인과론은 원인과 결과를 따지는 이론이야. 이렇게 보면 신이라는 설정 자체가 완전하고 전지전능하다는 의미지. 여기서 원인과 결과를 놓고 보았을 때 유한한 것에서 무한한 것이 나올 수 없지 않겠나? 그런데 유한한 실체인 사유하는 자아는 무한한 관념을 가지고 있어. 그렇다면 유한한 실체에서 무한한 관념이 나올 수 없으니, 무한한 실체인 신이 현존할 수밖에 없지. 존재론적으로 봐도 그렇다네. 전지전능한 존재라고 했으니 어떤 결핍도 없어야 하지.

그런데 신이 현존하지 않는다면 이 모든 것은 모순 아닌가. 그러니 신은 존재할 수밖에 없네. 한마디로 인과론과 존재론의 증명은 신에 대한 정의로부터 필연적으로 도출되는 것이지.

이게 신의 현존에 의해 진리를 확증하는 것과 뭐가 다르냐고 묻겠지? 나의 화두는 인간이 완전한 진리를 인식할 수 있는지 증명하는 것이었지. 그런데 선입견과 편견이 걸림돌이었어. 이로 인해 무엇이 진리인지 확인하기 전에 예단하는 경우가 허다했지. 그러면 어떻게 진리를 찾을 수 있겠느냐? 무언가를 진리라고 주장해도 의심할 수밖에 없으니 말이야. 그러니 더 이상 의심할 수 없는 절대 진리를 찾아야 할 것 아닌가. 그러면 진리를 확인하고 증명할 수 있는 방법이 무엇이겠나? 조금이라도 의심이나 회의가 드는 것이라면 진리가 아니므로 배제하는 방식이지. 자네도 조그만 의심이 들면 완전히 믿지 못하지 않나? 그렇게 배제한 뒤에도 살아남는 게 있다면, 그것이야말로 확증적인 진리라고 할 수 있겠지. 그런 방법을 쓰고도 끝까지 남은 것이 바로 사유하는 존재였어.

인간을 인식하는 방법으로는 감각과 오성 등이 있지. 여기서 인간의 감각이 얼마나 혼란스러운 것인지는 굳이 말할 필요 없겠지. 예를 들어 멀리서 원으로 보였던 것이, 가까이서 보니 삼각형이었던 것처럼 말이네. 하지만 직관이자 추론 능력인 오성은 달라. 물론 오성도 연산 같은 것을 잘못 계산할 때가 있지. 하지만 그보다는 직관적으로 통찰하여 확연한 진리라고 여겨지는 것까지도 의심해 보자는 거야. 악마가 오성으로 하여금 거짓을 항상 참으로 잘못 알게 한다고 가정해 보자는 것이지. 그러면 오성은 잘못을 범

할 수밖에 없겠지. 그러면 모든 것이 다 의심되었고 다 배제되었
다. 이제 무엇이 남았을까?”

갑작스런 데카르트의 질문에 현수는 당황해서 말을 더듬었다.

“네? 그, 그러니까 아무것도 없지 않을까요? 모든 게 배제되었
으니까요.”

데카르트는 고개를 흔들었다.

“모든 게 배제되었으니 남은 게 없다고 생각하면 큰 오산이야.
의심 자체를 고찰하면 분명하게 보일 게야. 아무리 의심해도, 악
마가 나를 속인다 해도 여전히 의심하는, 결국 기만당하는 나는 존
재하지 않나. 생각하는 나의 현존 말이네. 그러니까 결국 사유만
이 나와 분리될 수 없다는 거지. 한마디로 의심하는 나는 사유하는
것이고, 사유하는 것은 결국 정신이라는 거야. 그러므로 정신은
현존하지. 이것을 나는 이렇게 표현했어. ‘나는 생각한다. 고로 나
는 존재한다.’ 그러니까 이것은 어떤 경우에도 의심할 수 없는 제1
원리인 거야.”

데카르트는 사유가 얼마나 중요한지 장황하게 설명했다. 그래도
신의 역할이 사라지지는 않는다. 현수는 되물었다.

“제1 원리에 의해 직관적으로 통찰된 지식이 진리라고 하셨지
요? 그렇다면 이것을 왜 신과 연관 짓는 것입니까? 결국 그 원리
자체로는 진리라고 할 수 없기 때문이 아닙니까?”

데카르트는 껄껄 웃었다.

“허허, 자네는 어찌 그리 단순한가? 내가 왜 회의적 방법을 통해
제1 원리를 찾았겠는가? 가장 명확하게 확증된 것에서부터 연역

적으로 추론해야 올바르지 않겠나? 그래서 신을 거론하는 것이지. 완전한 진리를 찾고자 하는 이상 그건 어쩔 수 없는 논리적 귀결이야. 아까도 말했듯이, 무한 실체이자 무한 존재인 신이 있어야 완전한 진리가 있는 것 아니겠나.

하지만 더 중요한 대목은 그다음이지. 우리가 진리를 그토록 애타게 찾는 이유가 무엇일까. 인간의 삶에 도움을 주기 위해서 아니겠나. 그렇다면 확증된 명제를 가지고 계속 나아가야지. '나는 생각한다. 고로 나는 존재한다'라는 제1 원리를 곰곰이 생각해 보라는 거야. 여기엔 사유하는 자아가 현존한다는 것만 있을 뿐, 내용은 아무것도 없지 않나? 제1 원리를 발견하는 것에서 끝난다면, 사유하는 자아가 이 세계와 어떻게 연관되어 있는지 알지 못할 거야. 인간에게 아무 쓸모도 없는 셈이지.

자, 그러면 이제 사유하는 자아의 내용을 볼까? 그중 어떤 것은 본디부터 가지고 있는 것이고, 어떤 것은 외부에서 온 것이고, 어떤 것은 자기 자신이 만들어 낸 것이야. 그렇다면 그것이 어디에서 기원하는지 살펴보아야지. 여기서 실체가 등장해. 다른 것의 도움 없이 독립적으로 존재하는 실체를 따져 보아야 하지. 다른 것에 의존해서 존재한다면 계속 뿌리를 찾아야 하니 말이야. 그런데 그 뿌리를 찾다 보면 결국 신으로 가게 되네. 전지전능하고 완전한 것은 신이니 말이야. 나는 이런 방식으로 신의 현존을 증명했어. 그러니까 사유의 현존으로부터 뿌리를 찾아 신의 현존을 증명한 셈이지. 이 증명 덕분에 사유가 이 세계와 관계하는 고리를 갖게 된 거야. 그동안 인간은 회의와 의심에 시달리면서 진리가 무엇인지 몰랐지만, 이제는 거짓과 허위를 분명하게 분별할 수 있게 되었어. 드디어 인간이 세상을 개척할 수 있게 된 거야."

현수는 생각에 잠겼다. 진리를 보증하는 것은 신이다. 하지만 진리가 존재하느냐가 아니라 인간이 진리를 인식할 수 있느냐의 문제로 접근하다 보니 신보다 사유하는 자아가 중심에 서게 되었다. 단지 신은 사유의 보증자로 남은 것이다. 그렇더라도 신은 세상의 주재자이며 주인이었다.

그렇지만 신의 뜻은 아무도 모르지 않는가? 유일신이 언약했고, 예수가 사람이 되어 이 세상을 위해 대신 속죄했다고 한 것이 그러했다. 알라는 마호메트에게 계시를 내려 공동체를 만들라고 했다. 그러나 그 무엇도 신의 뜻인지 아닌지는 알 수 없다.

사유하는 자아를 신이 보증한다는 걸 믿을 수 있을까? 예수와 마호메트는 신이 보증하지 않았단 말인가? 그렇다면 사유하는 자아의 직관적 통찰이 옳다는 것을 어떻게 확인하지? 신이 보증했으니 예수와 마호메트의 말을 무조건 믿어야 한다는 것처럼 직관적 통찰을 무조건 믿어야 하는 건가? 그렇다면 이 방식 간에 무슨 차이가 있지?

아무리 돌고 돌아도 결국 신의 문제로 돌아오는 것 같았다. 현수는 맥이 빠져 데카르트에게 자신의 심정을 솔직하게 털어놓았다.

"완전한 진리를 상정한 이상 신을 거론할 수밖에 없는 것을 보니 선생님의 고충이 이해됩니다. 하지만 저는 진리를 찾는 데 신을 배제했으면 합니다. 신 문제만 나오면 도통 알 수 없어 뭐라고 말할 수 없기 때문입니다. 그러니 그로 인한 분쟁은 피할 수 없지 않겠

습니까? 그래서 선생님께서 절대 의심할 수 없는 원리에서 출발하
신다기에 신 없이도 진리를 확인할 수 있나 내심 기대했지요. 하지
만 여전히 신이 진리를 담보한다고 하시니 좀 답답하고 막막하기
만 합니다."

데카르트는 그가 오히려 답답했다.

"신을 거론하고 거기서 멈춘다면 자네 말대로일 걸세. 하지만 그
렇지 않은 방도를 찾아낸다면 달라지지 않겠나? 내가 인간이 완전
한 진리를 인식할 수 있는지 고민한 이유가 뭐겠는가? 인간의 삶
에 도움을 주려고 한 것이지. 그렇다면 내가 그 방법을 찾기 위해
노력했을 것이란 생각은 들지 않는가?"

데카르트는 명증한 진리에 의해 세상을 개척하고자 하는 의지를
숨기지 않았다. 그렇다면 과연 그게 뭘까?

데카르트가 회심의 미소를 지으며 말을 이었다.

"내가 분명히 밝히지 않았으니 오해의 소지가 있겠지. 하지만 내
가 살던 시대를 생각해 보게. 조금만 신을 부정해도 탄압받았던 때
네. 그러니 어떻게 함부로 말을 꺼내겠나? 그래서 난 프랑스에서
네덜란드로 가서 은둔 생활을 자처했네. 그런 처지를 좀 이해해 줘
야지.

아까의 문제로 돌아가 보세. 의외로 간단한 해답이 나왔어. 신의
영역은 신의 영역으로 돌리고, 인간이 스스로 고칠 수 있는 것은
인간의 영역으로 돌리면 돼. 그러면 최소한 인간의 영역은 인간이
개척할 수 있지 않겠는가?"

현수는 한숨을 내쉬었다.

"하지만 신의 영역과 인간의 영역이 그렇게 손쉽게 분리될까요? 게다가 신이 진리를 보증한 것인데, 신을 배제하면 무슨 근거로 그것을 진리라고 부르겠습니까?"

"신이라고 정의 내린 전제를 이용하면 될 것 아닌가. 절대 의심할 수 없는 정신의 현존은 결국 신의 현존을 증명하거든. 그러니 정신에 의해 명료하게 판명한 진리는 참이라는 규칙이 발견되지. 정신이 직관적으로 통찰해 얻어 낸 것이 진리가 아니라면, 신이 속임수를 쓰는 기만자라는 것 아닌가. 그런데 신은 전지전능하니 그리한다고 할 수 없겠지. 그렇다면 완전하다는 것과 모순되니까. 따라서 이런 과정을 통해 얻은 진리는 참이라고 할 수 있지.

그런데 우리는 신이나 사유와는 다른 물체가 현존한다는 것 또한 명료하게 알고 있어. 그로부터 물체가 현존한다는 것도 알 수 있지. 즉 우리가 실체로서 파악한 것은 신과 정신(영혼), 물체인 셈이야. 신은 전지전능하고 완전하니까 더 언급할 필요는 없겠지. 그러면 정신과 물질의 본성은 무엇일까? 이걸 밝히면 우리가 세상을 파악하고 개척해 나갈 수 있을 것 아닌가.

정신은 사유하지만 공간적 자리를 차지하지 않고, 물체는 공간적 자리를 차지하지만 사유하지 않지. 결국 공간적 자리를 차지하는 물체는 기계적인 법칙에 따른다는 거야. 인간은 이 법칙에 따라 자연을 고쳐 나갈 수 있어. 물론 궁극적으로는 신이 자연에 그렇게 되도록 했다고 할 수 있지. 하지만 실질적으로는 신 없이도 인간이 세상을 개척해 나갈 수 있다는 뜻 아니겠나?"

현수는 고개를 끄덕였다. 완전한 진리를 상정한 이상 신을 배제할 수는 없었다. 그래서 이성이 완전한 진리를 인식할 수 있다고 주장하려면, 신을 이성의 하수인으로 만드는 방법밖에 없었다.

그러면 신이 이성을 보증하는 것이 아니라, 이성이 신을 보증자로 만드는 것이다. 말하자면 이성이 신 아닌 신이라는 뜻이 된다. 신이 존재한다면 아무리 오만해도 신 앞에 겸손할 수밖에 없었다. 그러나 신이 도리어 이성의 보증자가 되었으니 이성의 오만을 무엇으로 제어할 수 있을까?

신의 뜻도 모르면서 아는 것처럼 속단해 성전을 벌였던 것처럼, 이성의 이름으로 싸우지 말라는 법도 없지 않은가? 결국 신을 이성으로만 바꾸어 놓았을 뿐, 별반 달라진 것은 없어 보였다. 그렇다면 인간이 이성의 도움을 받아 세상을 제대로 개척해 나갈 수 있는지 따져 보는 게 중요할 것 같았다.

현수는 데카르트에게 다시 물었다.

"선생님은 사유와 물체를 명확히 구분하셨습니다. 결국 인간을 신체와 정신으로 분리시킨 것입니다. 그러면 인간이 세상을 개척해 나갈 수 있을까요? 인간이 세상을 고치려면 물체를 이해해야 하지 않습니까? 그것들이 기계적인 법칙에 따른다고 해도 말입니다. 그런데 사유와 물체가 확연히 구분되었다면, 어떻게 사유가 물체의 움직임을 파악할 수 있습니까?"

데카르트가 수긍하듯 고개를 끄덕였다.

"어려운 문제지. 나도 그걸 고민했네. 그래서 정신과 신체가 뇌 중심부에 있는 솔방울샘에서 만나 영향을 미친다고 얘기하지 않았나. 자네가 살고 있는 21세기의 과학 수준으로 보면 웃음거리일

지도 모르지만 말이야. 하여튼 신체는 간접적이지만 영혼에 영향을 주고, 마찬가지로 영혼도 간접적으로 신체에 영향을 주지 않겠는가."

현수는 즉각 따져 물었다.

"영혼과 신체는 간접적인 영향밖에 주지 않는다는 것입니까? 그렇다면 인간이 물체를 정확히 인식할 수 있을까요? 차라리 인간은 정신과 신체로 통일되어 있다고 보는 것이 낫지 않을까요? 신이 정신과 물체로 분리되어 있지 않듯이, 인간 또한 정신과 신체가 하나로 통일되어 있다고 보는 것이 더 타당하지 않겠느냐는 겁니다. 신이 진리를 이런 차원으로 보증했을 수도 있지 않을까요? 그래야 인간이 세상을 고칠 수 있는 근거가 명확하게 담보될 테니까요."

데카르트는 가볍게 혀를 찼다.

"자네는 참 하나만 알고 둘은 모르는구먼. 자네 말대로 통일된 정신과 신체를 신이 보증했다고 치자. 그렇다면 인간이 아무렇게나 행동해도 진리에 어긋나지 않는다는 말이 되지 않는가. 그렇지만 잘 알다시피 인간은 종종 잘못을 저지르는 존재지. 예를 하나 들어 보겠네. 수병 환자가 물을 마시면 몸이 더 안 좋아지지. 하지만 갈증 때문에 물을 마신다면 잘못을 저지르는 거야. 그렇다면 왜 이런 일이 발생하는지 해명해야 할 것이다. 물론 예외적인 경우를 예로 들면 안 된다고 반박할 수도 있겠지. 하지만 신체와 정신이 통일된 인간이 왜 이런 오류를 범할까? 이건 본질적인 문제로 꼭 해명되어야 하지."

현수는 고개를 끄덕였다. 데카르트가 왜 물체와 정신을 분리해 바라보고자 했는지 이해한 것이다.

"그렇다면 신체와 정신, 물체와 사유를 명확하게 분리해서 얻는 것은 무엇입니까?"

"참과 거짓의 문제이기도 하고, 인간의 인식 능력과 선택 능력에 관련된 문제이기도 하네. 인간이 어디까지 인식하고, 어떻게 의지를 가지고 판단하느냐의 문제 말일세. 인간은 종종 오류를 범하는데 그 원인이 어디에 있느냐는 것이지. 여기서 나는 자유 의지를 말하고 싶었어. 사실 자유 의지도 신이 보증한 것이니 그 자체로는 오류를 범한다고 할 수 없지. 하지만 그 의지는 어떤 울타리 안에 갇혀 있지 않아. 활동 범위가 워낙 넓기 때문에 가끔 오성의 인식 범위를 뛰어넘어 인식하지도 않은 것에 의지를 발동하지. 한마디로 의지는 비결정적인 상태에 있다네. 그러므로 참과 선에서 벗어나기가 쉬워서 쉽게 오류를 범하곤 하지.

그렇다고 자유 의지를 부정해서도 안 되네. 진리가 명확하게 확증될 정도로 결정적인 상황이 오면 의지가 진리 실현에 더욱 도움이 될 테니 말이야. 문제는 의지를 어떻게 이용하느냐에 달렸지. 그래서 나는 오류를 범하지 않기 위해 먼저 명료하게 지각할 것을 요구했고, 그래도 안 된다면 진리가 분명치 않은 것에 대해서는 판단을 보류해 두라고 말했던 거야. 그게 인간이 오류를 가장 적게 범하면서 진리를 찾아가는 방식이기 때문이지."

데카르트는 인간이 어떻게 진리를 인식할 수 있는지 고심했던 것이다. 그래서 그는 사유를 밝혀냈고, 그 형태와 내용에 대해서도 고민했다. 그 결과 명증한 진리를 어떻게 지각하는지, 더 나아가 인간이 오류를 범하는 경우 그 이유가 무엇인지 밝히려고 했던 것이다.

이 모든 것은 신이 아니라 인간을 들고나와 말미암은 문제였다. 신을 상정하면 신이 알아서 해결해 주는 문제였다. 하지만 신을 배제하니 인간 스스로 무엇이 진리인지 판단해야 했다. 그렇기에 인간이 진리를 인식할 수 있는 이성을 증명해 내고, 그에 따른 오류를 해명해야 했던 것이다.

그런데 데카르트는 정신과 물체를 명확히 분리시켜 버렸다. 그러다 보니 정신이 물체를 파악할 수 있는 길이 차단되었다. 이제 다시 통합시켜 설명해야 하는 형국이 된 꼴이었다. 딜레마였다. 현수는 다시 물었다.

"아직도 의문이 남는군요. 선생님께서는 정신과 신체를 분리시켰는데, 그래도 물체를 이해할 수 있을까요? 물질 자체에 대한 파악이 불가능하다면 결국 인간이 이 세상을 개척할 가능성도 없습니다. 그건 선생님이 진리를 파악하고자 한 목적과도 어긋나는 것 아닙니까?"

데카르트는 고개를 절레절레 흔들었다.

"계속 그 문제를 물고 늘어지는군. 대답은 앞에서 충분히 한 것 같으니 더 말해 줄 것이 없네. 내 이론을 비판하지만 말고 네가 한번 풀어 보도록 해라. 단, 나는 그 문제가 궁극적으로 해결될 것이라고 본다. 이게 내가 이성을 앞세우는 이유 아니겠느냐? 하여튼 내가 너에게 얼마나 도움이 되었는지 모르겠다. 험난하겠지만 진리를 찾을 수 있기를 진심으로 바란다."

이 말을 남긴 데카르트는 더 이상 보이지 않았다.

데카르트에게 더 많은 대답을 듣고 싶었던 현수는 아쉬웠다. 그가 신의 문제를 이성으로 대치하기 위해 얼마나 고뇌했는지 실감했던 것이다. 그러나 데카르트가 겪을 수밖에 없었던 딜레마는 여전히 풀기 어려운 숙제로 남았다. 그때 맞상대가 말을 걸어왔다.

"자네가 그 딜레마를 풀겠다고? 좋네. 다른 것을 따질 필요 없이 이 문제로 단판 승부를 내겠네. 만약 자네가 답변한다면 내 깨끗이 승복하겠네. 자, 얘기해 보게."

맞상대가 다그쳐 왔으나 현수는 대답할 수가 없었다. 맞상대는 실실 웃으며 말했다.

"데카르트도 풀지 못한 문제를 자네가 어떻게 풀겠는가? 그만 포기하고 승복하는 것이 어떤가?"

현수는 조바심이 났지만 계속 머리를 굴렸다. 결국 신을 대신한 게 이성이라는 판단에 이르렀다. 그는 조심스럽게 입을 열었다.

"데카르트가 딜레마에 빠진 이유는 사유와 물체를 분리시켜 본 전제 자체가 잘못되었기 때문입니다. 이건 완전한 진리를 신이라고 전제했던 것과 같은 이치로 보입니다. 완전한 진리가 있는지 없는지도 모르는데, 무조건 전제하다 보니 결국 신의 뜻을 알 수 없어 분란을 겪지 않았습니까? 마찬가지로 정신과 물체가 분리되었는지 통합되었는지 알 수 없는데, 분리된 것처럼 전제해 난국에 빠진 겁니다. 그렇다면 사유와 물체가 어떤 관계에 있는지, 사유의 근원이 무엇인지 먼저 따져 봐야 하지 않겠습니까? 그래야 종합적으로 고려해 인간이 과연 세상을 개척할 수 있을지 판단할 수 있을 것입니다."

맞상대는 곰곰이 생각해 보더니 말했다.

"사유와 물체가 어떤 관계에 있고, 인식의 근원이 무엇인지 따져 봐야 한다고? 하긴, 신이 아니라 인간의 시각으로 세상의 문제를 해결하려면 그리해야겠지. 좋다. 좀 미흡하기는 하지만 약속한 대로 깨끗이 물러나겠다."

맞상대가 사라지자 현수는 깊은 숨을 몰아쉬었다. 무사히 통과한 것에서 오는 안도의 한숨이었다. 하지만 이것은 또 다른 시작에 불과했다. 현수는 계속 발걸음을 옮겼다.

로크의 실질적 이익

"딸 때문에 투지가 되살아났다니 다행이군. 승부가 너무 싱겁게 끝날까 봐 걱정했네. 어차피 승부야 이미 정해진 것이지만 말이야. 세상일이라는 게 의지로 밀어붙인다고 다 해결되는 것은 아니지 않은가?"

새로운 맞상대가 갑자기 말을 걸어서 현수는 당황했다. 맞상대는 일반 사람과 별반 다르지 않아 보였다. 하지만 차림새나 눈매로 보아 냉철한 분석력을 바탕으로 자기 실속을 차리는 타입 같았다. 꽤 까다로운 상대를 만났다는 생각이 들었다.

"세상일은 어차피 사람이 풀어 나가는 것인데 투지가 중요하지 않겠습니까? 게다가 길고 짧은 것은 대봐야 아는 법. 어찌 그리 승리를 확신하십니까?"

현수의 말에 맞상대가 비웃음을 흘렸다.

"허허, 투지가 가상하구나. 그러나 인간이 진리를 파악할 수 있다고 전제하는 이상 인간은 오만함에서 벗어나지 못한다는 점을 명심해야 돼. 게임에 들어온 이상 승부를 겨뤄야 하니 나중에 보자꾸나. 인간의 인식 능력이 어느 정도인지를 알고도 그리 건방질 수 있는지 궁금하군. 자, 그러면 한번 가 보자고."

맞상대를 뒤따라가며 현수는 생각에 잠겼다. 인간의 인식 능력이라는 말이 계속 맴돌았던 것이다.

데카르트는 신의 문제에서 인간의 이성 문제로 방향을 돌렸다. 인간의 현실 속에서 명증성을 찾아야 한다는 것인가? 신을 배제하려면 인간 자신에 의해 담보할 수 있는 무엇인가를 찾아야 하겠지. 하지만 인간에게 그런 게 있을까?

그때 현수의 눈앞에 새로운 광경이 펼쳐졌다. 대륙에서 얼마 떨어져 있지 않은 섬나라의 모습이었다. 17세기 영국 같았다. 먼저 눈에 띈 것은 몇몇 사람들의 모습이었다. 그 사람들은 원자론을 주장했던 보일, 만유인력의 법칙을 주장했던 뉴턴, 귀납법이라고 부르는 경험론적 방법론을 제창한 베이컨이었다.

현수는 이들을 보며 생각했다. 이 사람들을 보여 주는 이유는 무엇일까? 관찰과 실험에 의해 진리를 발견할 수 있다는 것인가? 신에 의지하지 않고 진리를 찾으려면 관찰과 실험에 기댈 수밖에 없다. 하지만 접근 방식의 변화만으로 완전한 진리를 찾을 수 있을까?

또 다른 광경이 펼쳐졌다. 오랜 기간 진행된 왕당파와 의회파 간의 정치 투쟁이었다. 1628년, 의회파가 권리 청원을 하자 마지못해 인정했던 국왕 찰스 1세는 다시 의회의 요구를 무시했다. 그러자 두 세력 간의 권력 투쟁이 격렬하게 벌어졌고 전제 정치는 차츰 무너져 갔다.

현수의 궁금증은 계속 이어졌다. 신을 인간의 이성으로 대체하자 교황의 위세가 꺾이고 왕의 권위도 무너진다는 것을 보여 주는 것인가? 하긴 신의 권위가 흔들리는 상황에서 전제 정권의 정당성을 신이 주었다는 주장은 설득력을 잃는 게 당연했다.

그때 새로운 정부론을 구상하는 사람이 보였다. 그의 노트에는 이성, 지성이라는 단어와 인식의 시원은 감각과 경험이라는 구절 등이 적혀 있었다. 언젠가 책에서 접했던 로크가 분명했다. 현수는 조심스럽게 그에게 다가갔다.

"혹시 로크 선생님 아니십니까? 이렇게 뵙게 되다니 정말 영광입니다."

로크가 겸연쩍은지 머리를 긁적이며 말했다.

"그런 말을 들으니 민망하구먼. 나야 새로운 발견을 한 것도 아니고, 당시 퍼진 생각들을 고민하여 정리한 것뿐이라네. 뭐, 그런 노력을 통해 진리를 구하는 것이겠지만 말이야. 그건 그렇고, 자네는 진리를 찾으려고 여행한다고 들었네. 해답을 찾았는가?"

"솔직히 말씀드리면 더 혼란스럽기만 합니다. 부디 많은 가르침을 주십시오."

현수의 솔직함에 로크가 웃음을 지었다.

"내가 얼마나 도움이 될지 모르겠네. 하지만 한 가지 분명한 것은 진리를 찾고자 한다면 인식의 시원과 범위, 한계를 살펴보아야 한다는 거네. 그래야 인간이 진리를 인식하면서도 오류에서 벗어나 실질적인 이익을 추구할 수 있을 것 아닌가?"

현수는 고개를 끄덕였다. 데카르트의 설명을 듣고 맞상대와 승부를 벌일 때 떠올린 부분이었기 때문이다. 그런데 로크는 진리보다 오류와 이익에 무게중심을 둔 것으로 보였다.

"선생님 말씀을 듣고 보니 이상한 기분이 듭니다. 진리를 명확하게 인식할 근거가 없다는 소리로 들려서요. 그렇다면 인간은 진리를 구할 수도, 실익을 추구할 수도 없는 것 아닌가요? 그러면 세상은 더욱 혼란해지지 않을까요?"

"보게나, 근거가 없는데도 있는 것처럼 하는 게 더 문제 아닌가? 그래서 명증한 것은 명증하다고 하고, 그렇지 않은 것은 아니라고 해야 하네. 그래야 아는 만큼 길을 찾아가려고 최대한 노력할 것 아니겠나?"

현수는 고개를 갸웃거리며 로크를 물끄러미 쳐다보았다.

"내 말이 좀 이상하게 들리나? 내 삶을 떠올리면 쉽게 이해될 거네. 나는 처음부터 스콜라적인 교육 제도에 만족하지 못했지. 완전한 진리는 이미 존재하므로 그것을 발견하기만 하면 된다는 생각 말이네. 철학자들은 진리라고 믿는 기독교 신앙에 철학을 결합해 이성적인 근거를 마련했네. 그러나 나는 이런 태도에 쉽게 수긍할 수 없었지. 그러다가 나는 의회파와 왕당파가 대립한 영국의 정치판에 깊숙이 끼어들게 되었네. 당시 의회파의 핵심 인사라고 할 수 있는 샤프츠베리 백작과 관계를 맺으면서였지. 나는 그분의 개인 의사이자 고문이었으니 말이네. 그러다 보니 의회파의 입장을 대변할 수 있는 이론적 근거를 마련해야 했어. 나도 처음에는 홉스의 주장처럼 강력한 왕권이 필요하다는 생각을 했지. 하지만 점차 의회의 권리에 무게 중심을 두게 됐어. 그 때문에 결국 정치적 망명도 해야 했지. 하지만 대륙으로 나아가 데카르트 학파의 입장을 파악할 수 있었던 건 좋은 일이었어. 그 뒤 명예혁명이 일어나면서 다시 영국으로 돌아왔다네. 그러나 내 생각은 이미 많이 달라져 있었어. 인식의 시원이 무엇이며, 그 능력과 한계가 어디까지인지 깊이 성찰할 수 있었거든. 결국 인간은 그에 맞게 실질적 이익을 추구해야 한다는 생각을 했지. 아울러 정부와 시민의 관계를 고찰하면서 인간의 기본권인 생명권, 자유권, 재산권의 3대 자연권이 보장되어야 한다는 주장을 편 것이네.”

현수는 고개를 끄덕였다. 로크가 주장한 3대 자연권은 나중에 시민들이 쟁취해야 할 기본적인 권리를 세우는 데 큰 도움을 주었기 때문이다. 하지만 로크의 주장에는 모순이 숨어 있었다.

“선생님의 고민이 피부에 와 닿는군요. 하지만 풀리지 않는 부분이 있습니다. 선생님께서는 진리인지 아닌지 잘 모르는 부분이 있다고 하셨습니다. 그런데 어떻게 실질적인 이익을 추구할 수 있나요? 그것이 실질적인 이익인지 아닌지조차 잘 모르지 않을까요?”

“그럼 자네는 모든 진리를 다 안다고 해야 믿겠다는 것인가? 그러면 당시 천부 인성론의 주장을 따를 수 있겠는가? 태어나면서부터 인간 정신에는 본유 관념이 있기 때문에 이성에 의해 터득하고 발견하기만 하면 된다는 식으로 말이네. 그렇지 않다는 것은 인식의 시원인 관념을 살펴보면 알 수 있네. 어차피 인식의 질료는 관념이니까 말이야. 여기서 관념이라고 부르는 것은 아주 다양하네. 마음 안에서 지각하는 것은 물론 사고, 지성의 직접적 대상이 되는 걸 모두 관념이라고 한다네.

이전 학자들이 주장했던 천부 인성론을 살펴보도록 하지. 이 주장이 옳다면, 이론적 원리가 그 안에서 명확하게 밝혀져야지. 인간이 처음부터 사유 원리를 갖고 태어난다면, 인식의 시원인 관념 또한 타고나야 할 것 아닌가. 하지만 그렇지 않네. 모순율이나 동일률 같은 원리를 어린아이나 백치가 알겠는가. 하느님에 대한 입장도 마찬가지네. 아예 하느님이란 관념이 없는 민족도 많네. 그런데도 인간이 날 때부터 사유 원리를 가지고 태어난다는 주장이 옳겠나?

21세기에 사는 자네에게는 별반 중요하지 않게 느껴지겠지. 하지만 내가 살던 시대는 달랐네. 만약 천부 인성론이 옳다면 그 같은 견해를 비판 없이 수용하고 맹목적으로 인정해야 하네. 하늘로부터 부여받은, 의심의 여지가 없는 원리가 있다는데 그에 대해 문제를 제기할 수 있겠는가. 어떤 비판이나 논증도 원천적으로 봉쇄되고 말 걸세. 그렇다면 인간이 더 실질적인 이익을 추구할 수는 없을 거야.

그러나 나의 견해는 다르네. 스스로의 사유를 통해서만 참된 인식을 얻는다고 생각해 보게. 인간이 주체적으로 참된 인식을 얻을 수 있다면, 인간 스스로 세상을 개척해 나갈 힘을 얻게 되는 거네. 그래서 나는 본유 관념 혹은 생득 관념이 있다는 주장에 반대했지. 더 나아가 원래 인간의 마음은 백지요, 관념이 생기는 것은 경험에서 비롯된다는 주장을 폈네. 그렇게 되면 인간의 인식 능력에 맞게 점차적으로 세상을 고쳐 나갈 수 있을 것 아닌가?”

로크의 시대적 고민에 공감한 현수는 고개를 끄덕였다. 기독교적 시각과 다른 것은 모두 마녀의 생각으로 치부한 중세 암흑기가 떠올랐기 때문이다. 그렇지만 경험으로 모든 인식을 채울 수 있을지 의문이었다.

"더 나은 세상을 만들기 위해서는 여러 길을 열어 두어야겠지요. 하지만 경험에 의해 모든 것을 판단할 수 있을까요? 좀 더 구체적으로 설명해 주셨으면 합니다."

"자네는 경험을 아주 좁게 생각하는 모양인데 그렇지 않네. 인식의 질료인 모든 관념은 경험에서 비롯된다고 할 수 있으니까. 나는 이해하기 쉽도록 경험을 외적 경험과 내적 경험으로 나누었네. 외적 경험은 감각이고 내적 경험은 반성이지. 우리는 감각 기관을 통해 외적 대상에 대한 관념을 얻을 수 있어. 부드러움이나 딱딱함처럼 감각적 성질을 통해 얻는 관념 말이네. 반면 반성은 감각 관념에 마음이 작용해 생기는 걸세. 이렇게 얻은 반성 관념은 감각 관념과는 달라. 사고, 추리, 의지 등과 같이 인간의 모든 마음에 대한 지각으로 얻은 관념이거든. 자네가 생각하기에도 인간의 모든 관념이 감각이나 반성 중 어느 하나로부터 온다는 게 분명하지 않은가? 인간의 지식이 아무리 복잡하고 다양해도 이 두 가지 방식에서 오는 관념을 가질 수밖에 없네. 다시 말해 마음의 원초적 능력은 감각과 반성으로부터 지각을 받아들이는 수동적 능력에 지나지 않는다는 것이네.

하지만 이것은 인식의 근원에 대한 내용일세. 그렇다면 인식의 능력과 범위는 어떻게 알 수 있겠는가? 모든 관념이 어떻게 형성되는지 파악하면 되지 않겠는가? 여기서 먼저 생각해야 할 점이 있네. 인간의 지각은 한 번에 그치는 것이 아니라 끊임없이 반복된다는 것이네. 그렇기에 마음은 그것을 인지하고, 경험은 더 이상 혼란스럽지 않게 되지. 바로 여기서부터 단순 관념이 형성되네. 하나의 물질적 대상은 많은 성질이 혼합되어 있지만, 마음은 이런 성질을 꿰뚫는 단순 관념을 받아들인다는 말이네.”

로크는 잠시 말을 중단했다. 그는 현수의 표정을 살피더니 설명을 덧붙였다.

“자연 과학에서 돌턴이 주장했던 원자론을 떠올려 보게. 눈에 보이지 않지만 더 이상 분해할 수 없는 원자나 미립자로 물질이 구성되어 있다는 주장 말이야. 그것과 비슷하다고 보면 되네.

단순 관념은 대상의 성질을 얼마나 정확하게 반영하느냐에 따라 두 종류로 나눌 수 있네. 제1 성질은 길이나 형태, 수와 같이 대상에 결합되어 있는 성질을 사람의 정신에 반영한 관념이네. 그런데 색깔과 소리, 맛 등은 대상의 성질을 드러내기도 하지만 사람의 성질과도 관계되지 않는가? 이것을 제2 성질이라고 부르네. 이렇게 구분하면 관념과 물질적 실재 사이의 관계가 어떠한지가 명확해지지.

물질 자체에 실제로 존재하는 것과 물질에 기초하면서도 사람의 주관에 의해 산출되는 관념은 다르게 파악해야 할 것 아닌가? 말하자면 제2 성질에 의해서 파악한 것, 즉 따뜻하거나 파랗다고 하는 관념은 물질 자체와는 비슷하지 않네. 이것은 마음속에 있는 관념이지. 하지만 이런 차이가 있는 단순 관념이 서로 연결되어 복합 관념이 구성되고, 이 복합 관념에 의해 지식이나 상상, 의견이 형성되네.

단순 관념들로 어떻게 그 많은 복합 관념이 형성될까 의문이 들겠지. 그렇다면 자네 나라에서 쓰는 한글의 자모음 조합을 통해 무한히 많은 단어를 만드는 것을 생각해 보게. 그 조합을 보면 일정한 법칙이 존재한다는 것을 알 수 있지 않나. 이처럼 복합 관념을 만들어 내는 데도 일정한 법칙이 있지. 바로 기억이나 상념, 비교, 명명, 추상 등이야.

이런 과정을 통해 만들어진 복합 관념은 크게 양태와 실체, 관계로 나눌 수 있네. 양태는 어떤 질료의 상태나 성질, 속성이야. 하지만 실체와 속성이라는 말은 인식의 능력과 한계를 밝히는 데 별로 쓸모가 없네. 상상에 의해 어떤 본질이 있다고 여기는 것에 불과한 것이니 말일세. 사실 우리는 실체에 대해서 모르지 않는가? 그런 점에서 결국 관계 관념이 중요하다고 할 수 있지. 여기서 관념이 일치하는지, 불일치하는지 파악하면서 가치의 판단이 이루어지니 말이네.”

현수는 고개를 갸웃거렸다. 관념이 여러 번의 지각에 의해 생긴다고? 그러면 대상의 실체를 받아들인다는 것인지, 마음속에서 새롭게 만든다는 것인지 애매모호하기만 했다.

“아, 정말 복잡하군요. 선생님은 복합 관념의 관계 관념으로 진리의 문제를 밝히려고 하시는 것 같습니다. 그런데 그게 맞는지 안 맞는지는 단순 관념에서 결정된다고 봐야 하지 않겠습니까? 그래서 단순 관념을 제1 성질과 제2 성질로 구별해서 파악하는 거고요. 그런데 선생님 말씀을 듣다 보니 좀 헷갈립니다. 물질적 대상의 실체가 존재하기 때문에 인식할 수 있는 겁니까? 아니면 마음의 주관적 작용 때문에 인식할 수 있는 겁니까? 두 가지 경우를 다 얘기하시는 것 같기도 하고요.

물질적 실체가 있다고 인정하면, 그 실체에 의해 관념이 옳은지 그른지 구별할 수 있겠지요. 하지만 마음의 주관적 작용이 실체를 파악한다면 무엇으로 그게 맞는지, 안 맞는지 판단할 수 있습니까? 인식의 능력과 범위를 판단하려면 실체가 있고, 그에 의거해 판단할 수밖에 없다고 말씀하셔야 할 것 아닙니까? 그러면 제2 성질을 말할 필요가 없지 않을까요? 하지만 그것도 아닌 것 같고…… 좀 명확하게 말씀해 주셨으면 합니다."

로크는 쓴웃음을 지었다.

"자네는 듣던 대로 극단적이로구먼. 그런 방법은 옳지 않네. 결국 권위에 기대거나 회의주의에 빠질 가능성이 크기 때문이야. 그래서 나는 극단적인 입장을 취하지 않았네. 인간이 사용하는 단어와 개념을 보면 보편자가 있다는 걸 알 수 있지 않은가. 이 점을 인정해야 하네. 그렇다고 본유 관념이 있다는 것은 답이 아니네. 그렇다면 어떻게 보편 관념이 형성되는지 파악해야겠지. 결국 인간이 추상 작용을 통해 보편 관념을 만들어 낸다는 점에 주목하면 되는 거야. 다시 말해 개별적인 사물에서 얻어 낸 관념을 같은 종류의 보편적인 대표자로 설정하는 것이지. 그것을 실재하는 모든 것에 적용할 수 있도록 일반적인 명칭으로 부를 때 보편화가 생기네.

예를 하나 들어 볼까. 하늘에서 내리는 눈 같은 색깔이 꽃에서도 관찰된다면 어떨까. 정신은 이 현상을 같은 종류의 대표자로 삼아

‘흰’이라는 이름을 붙이지. 그렇게 인간에게 ‘흰’이라는 보편 개념이 형성되네.

그러므로 실체에 대한 가름은 사람에게 본래 주어진 것이 아니야. 물체 간의 유사함 때문에 얻은 것이지. 그렇다고 보편자가 존재한다는 걸 부인하고 오직 주관적 관념만이 존재한다고 생각하면 안 되네. 보편자는 추상 관념이라는 마음의 작용으로 만들어졌지만, 그렇다고 아무렇게나 만들어진 것은 아니니까. 추상이라는 관념 자체도, 단순 관념이 경험에 기초하는 이상 물질 자체로부터 완전히 벗어날 수 없으니 말일세.

그러므로 보편자는 물질과 관련되어 있다고 봐야 해. 한마디로 물질 자체와 마음의 작용이라는 두 측면을 다 고려해야 하네. 그래야 인식 능력의 범위와 한계를 명확하게 파악할 수 있지.”

복잡하고 긴 설명이 끝났다. 현수는 한숨을 내쉬었다.

“엄밀히 말하면 외부의 대상을 인식하는 것과, 마음속에 어떤 관념을 가진다는 것은 다른 것 아닙니까? 이 부분이 애매하면 결국 물질적 실체를 부정하거나, 아니면 있다고 인정해도 알 수 없다는 식으로 귀결되지 않겠습니까? 그런데 선생님은 한편으로는 데카르트의 이성을 따르고, 다른 한편으로는 경험을 내세워 설명하십니다. 그게 일관성을 떨어뜨리고 진리를 인식하는 데 어려움을 주네요.”

현수의 말에 로크는 머리를 가로저었다.

“인식 능력의 범위와 한계에 대해 생각해 보세. 인식 능력을 얻기 위한 지식은 어떠한지 말일세. 어떤 지식은 명확하게 판명되지만 그렇지 않은 것도 있네. 이런 점에서 나는 인간의 지식에는 세 가지 단계가 있다고 생각하네. 내가 말하는 지식이란, 인식의 질료가 관념이니만큼 결국 결합된 관념을 인지하는 것이네. 즉 관계 관념에 대한 얘기지. 쉽게 말하면 관념의 일치나 불일치에 대한 지각이라고 할 수 있네. 선천성 맹인을 생각하면 쉽게 이해될 거야. 촉각만으로 구체와 정육면체를 구별하는 법을 배운 맹인이 갑자기 시력을 회복했다고 하세. 그가 촉각을 쓰지 않고 시각만으로 둘을 구별할 수 있겠는가? 그렇지 않을 걸세. 새롭게 시각과 촉각에 따른 복합적 관념을 만들어 내야 하겠지. 다시 말해 복합 관념의 작용에 의해 판단을 내리는 것이네.

이 점에 기초해 지식을 직관적 지식, 논증적 지식, 감각적 지식으로 구분할 수 있네. 직관적 지식은 가장 높은 단계로 다른 관념의 매개 없이 관념 그 자체를 통해 직접적으로 지각하는 지식이야. 눈이 빛을 향하는 것처럼 정신이 진리를 향하기만 하면 간단하게 생기지. 자기 자신의 존재에 대한 직관이라든가 동일률, 모순율 등이 그렇다네.

논증적 지식은 제3 관념의 매개를 통해서만 알 수 있는 지식이네. 논증을 통해서 확립된 수학이나 윤리학의 명제 같은 것들이지. 신의 존재에 대한 증명도 이를 통해서 알 수 있네. 신도 결국 세계와 우리 존재에서 추리된 것이니 말이야. 다른 예도 있네. 둔각 삼각형과 예각 삼각형의 경우를 생각해 보게. 둘의 모양이 같지 않다는 것은 직관적으로 알지만, 면적이 같은지 아닌지는 직관적으로 알 수 없네. 이렇게 확립된 논증적 지식은 처음엔 명확하지 않지만 조금씩 직관적으로 파악하면서 확실한 지식이 되지.

가장 낮은 단계가 감각적 지식이네. 직관적 지식과 논증적 지식의 가치에 미치지 못하는 좁은 지식이지. 인간의 감각 기관에 나타나는 사물 이상은 알 수 없기 때문이네. 하지만 이 역시 일반적인 개연성 수준을 넘어서기 때문에 지식으로 볼 수 있지.

이처럼 확실한 진리는 오로지 추상 관념의 관련을 통해 알 수 있네. 직관과 논증적 지식을 통해 인식할 수 있기 때문이지. 두 가지 중 어느 것에도 해당하지 않는 것은 단순한 믿음이나 생각이야. 그걸 정확한 인식이라고 볼 수는 없지."

로크는 잠시 숨을 고르고는 다시 말을 이었다.

"그러니까 실체의 근원과 관련된 지식은 학문적 연구를 통해서는 얻을 수 없네. 그래서 엄밀히 따지면 논증적 지식에 의해 성립되는 수학이나 윤리학 등만을 학문이라고 말할 수 있네. 자연을 관찰하는 학문은 엄밀한 의미에서 학문이라고 말하기 어렵지. 물론 자연을 관찰하거나 연구하는 것 역시 아주 중요한 활동이지. 실질적인 인간의 이익을 추구해 나가는 근거를 마련할 수 있기 때문이야. 실체라는 본질을 알 수 없는데 어떻게 그럴 수 있느냐고? 그렇기에 항상 머물러 있지 않고 앞으로 나아갈 수 있는 것 아니겠는가?

자연을 연구할 때 새로운 가설이 등장하는 이유도 이 때문이네. 새로운 가설을 놓고 규칙적인 실험을 한다면 더욱 정확하게 파악할 것 아닌가? 게다가 추상 관념의 정밀성과 완전성에 의해 더 정확한 기술에 도달할 수 있는 것 또한 확실하네. 이렇게 보면 신이 이성을 무조건 보증한다고 무한한 신뢰를 보내는 것은 잘못이야. 그러니까 이성은 확실성을 인식할 뿐만 아니라 단순한 믿음과 신뢰에 근거해 근사치를 발견해 올바로 적용하는 능력이라고도 할 수 있네."

현수는 로크의 말에 마냥 동조할 수만은 없었다. 논리적인 관념으로 보면 명확하지만, 현실적인 문제에서는 근사치 정도밖에 알 수 없다니! 이론이 완전하다면 현실에 대한 이해도 완벽하지 않을까? 게다가 진리를 찾으려고 하는 이유는 현실 문제를 풀기 위함인데 결코 해답을 알 수 없다니! 그대로 받아들이기에는 뭔가 부족한 느낌이 들었다.

로크의 입장은 여전히 애매모호했다. 물체의 실체를 철저하게 인정할 것인가, 아니면 주관적 감각 관념만을 인정할 것인가. 둘 중 어느 하나를 선택해 진리를 명확하게 인식할 수 있다고 주장할 것인가, 아니면 어떤 인식에도 이를 수 없다는 회의적 입장을 취할 것인가. 그래서 버클리는 감각의 제1 성질도 주관적이라고 주장하며 로크가 인정한 물체의 실체마저 철저히 부정하지 않았던가. 그러면서 그는 존재는 지각되는 것이라는 명제를 제시했다. 결국 모든 관념은 개별적이고, 인간의 마음에 주어진 그대로 받아들여야 한다는 주장이었다.

하지만 그런 입장으로는 인간이 물질적 대상을 알 통로가 없다. 그렇다면 인간은 어느 인식에도 이를 수 없다고 하는 게 더 명확한 태도 아닐까?

흄은 관념을 심리나 습관 같은 심리주의적 측면으로 해석하면서 실체 그 자체를 절대 알 수 없다는 회의주의를 내세웠다. 의식의 대상을 배제하고 오직 의식의 작용이라는 측면만 다룬 것이다. 다시 말해 경험은 하나의 심리주의적인 습관이라는 것이다.

결국 진리를 인식할 수 있다고 주장하려면 경험론적 입장을 극복해야 하는 것 아닌가? 하지만 인간이 경험을 통해서 인식한다는 것은 결코 부정할 수 없지 않은가. 그렇다면 그것을 받아들이면서 진리를 인식할 수 있다는 입장이 나와야 하나?

이런 이유로 칸트는 경험론과 합리론을 통일하려고 그토록 노력했던 것일까? 경험은 질료로써 인식을 촉발시키기는 하나 아직 혼돈 상태이므로 선험적 형식에 의해 가공되어야 한다는 것이 그의 주장이었다. 선험적, 종합적 인식은 경험을 통해 얻을 수 있는 것이 아니라 인간이 갖고 있는 사유라는 틀에 의해 얻을 수 있다는 것이다. 다시 말해 대상을 지각하는 인식 방법이 경험 이전에 주어져 있다는 것이다. 그의 말대로라면, 선험적 형식에 의해 진리를 인식할 수 있다는 주장이 성립된다. 그래서 칸트는 직관을 갖추지 못한 개념이나 개념을 갖추지 못한 직관은 인식을 낳을 수 없다고 보았다. 또한 내용이 없는 사고는 공허하고, 개념이 없는 직관은 맹목이라고 말했다. 결국 칸트는 경험론을 받아들이면서도 거기에 멈추지 않고 선험론에 의한 새로운 형이상학을 세우려고 했다. 이것이 흄의 상대주의와 회의주의를 극복하는 방법이라고 본 걸까?

하지만 이것은 로크의 문제의식과 비슷하지 않은가? 로크는 감각적 지식이 개연성만을 드러낸 것이라고 했지만, 그러면서도 물질적 대상 자체를 인정했다. 또 경험 이상의 것, 즉 직관과 논증적 지식의 명증함을 주장했다. 그 경험 이상의 것을 칸트가 선험적 인식에 연결해 설명했다고 볼 수 있지 않을까? 그럼 로크의 주장이 칸트에게 영향을 준 것인가?

칸트가 인식의 문제를 해결했다고 볼 수 있을까? 어차피 선험론은 주관주의와 다를 바 없지 않은가? 인식은 대상을 향하도록 작용하는데, 도리어 경험하기 이전, 즉 선험적 방법으로 대상을 바라본다면 그게 과연 객관적인 근거가 있는 주장일까? 게다가 감성적인 것과 선험적인 관념이 항상 맞아떨어진다고 할 수는 없지 않을까? 결국 둘 중의 하나를 우선해야 하는데, 그런 경우에는 어떻게 될까? 이건 로크가 겪은 혼란과 엇비슷하지 않은가?

결국 선험적이든 초월이든, 회의주의든 상대주의든 인식의 기준을 철저하게 물체에 두지 않은 것 아닌가? 그렇다면 어떻게 물질적 대상을 이해하고 진리를 논하겠는가? 아무리 관념 속에서 명증한 진리라고 주장해 봐야 현실을 반영하는 것은 아니지 않은가? 계속되는 의문에 사로잡힌 현수는 다시 로크에게 물었다.

"선생님의 말씀이 저로서는 여전히 혼란스럽습니다. 어쨌든 물 자체를 파악할 수 없다는 것 아닙니까? 그렇다면 인간이 세상을 어떻게 고쳐 나갈 수 있습니까?"

로크는 확신에 차 있었다.

"내 주장이야말로 그 길을 열어 두는 것 아니겠는가? 명료하게 인식할 수 없는 부분에 대해 계속 근사치를 찾자는 것이니까. 그래야 인간이 실질적인 이익을 얻을 수 있지. 결국 사람의 행위에 중

대한 영향을 미치는 것은 본유적이라고 전제된 도덕이 아니라 사람들 사이의 상황 관계네. 실제로 한 사회의 판단이나 원칙, 풍습 등에 의해 덕 또는 악덕이 허용된다는 것을 알 수 있지 않은가? 그렇다면 사람들에게 쾌락과 행복을 어떻게 더 많이 줄 것인지를 놓고 판단하면 될 것 아닌가? 이것이 결국 더 많은 사람에게 혜택을 줄 것이네."

현수는 진리의 문제를 이익으로만 평가하는 게 옳은지 의문이 들었다.

"선생님 말씀은 공리주의나 실용주의를 떠올리게 합니다. 최대 다수의 최대 행복을 윤리적 목적으로 삼은 공리주의나, 사람에게 유용한 결과를 가져다주면 그것이 진리라고 주장하는 실용주의와 다를 게 뭐 있겠습니까? 물론 무엇이 진리인지 알 수 없으니 현실적인 입장일 수도 있겠지요. 하지만 진리의 문제를 그렇게만 볼 수 있을까요? 당시 사람을 기준으로 삼으면 행복일 수도 있지만, 과연 미래 사람들도 그렇게 생각할까요? 그것이 과연 진리의 척도인지 의문입니다. 더구나 수많은 사람들이 자신의 이익만을 주장한다면 더욱 혼란스러운 결과가 나타날 수도 있지요. 결과적으로 인간의 행복과 실익에 배치되는 현상도 나타나지 않겠습니까? 그리고 꼭 자기 이익을 위해서가 아니라 정의감에 따라 행동하는 경우도 있지 않습니까? 이런 경우는 어떻게 되는 것입니까?"

로크는 의미심장한 표정으로 고개를 끄덕였다.

"내 주장은 거기서 끝난 게 아니네. 인간을 파악할 때 상대주의적인 측면만 생각해서는 안 되네. 인간의 행위를 종합적으로 이해하려면 여러 측면을 살펴보아야 하지. 인간의 모든 행위가 감정에 의해서만 결정된다면 어떻게 인간에게 자유가 가능하겠으며, 어떻게 인간이 도덕 원리를 지향할 수 있겠는가? 도덕적 논의는 삶의 변화와 이 세상에서 다루는 덕목과는 무관하게 성립된다는 것 또한 이해해야 하네. 살인과 도둑질 금지처럼 절대적 타당성과 일반적 구속력을 갖는 도덕규범은 논증적으로 판단할 수 있다네. 그것이 자연법칙으로서의 신법인 거야.

그렇다고 이런 도덕적 원리가 우리가 완전하게 판단할 수 있을 정도로 체계화되어 있다고는 생각하지 않네. 그래서 신중함이 필요하지. 게다가 인간이 도덕 원리에 맞게 행동하려면 탐욕이 스스로를 지배하지 않아야 하네. 이런 점에서 행복의 추구가 인간의 직접적 욕망의 대상이 되기는 하지만, 그렇다고 무조건 행복과 쾌락만을 추구해야 한다는 건 아니야. 한편으로 욕망의 충족을 억누르는 데 인간의 자유가 있고, 그 자유는 책임 의식에 뿌리를 두고 있기 때문이지. 덕이나 악덕은 행위로 나타나는데, 그 행위는 신법과 일치할 수도 있고 그렇지 않을 수도 있지 않은가? 그래서 나는 상대적으로 행복의 추구를 표명하면서도 그 욕망이 주체의 행위를 결정하지 않는다고 보았네. 분별력이야말로 인간의 자유라고 생각한 것이지.

이렇게 말하니 좀 혼란스럽게 들리겠지. 하지만 인간의 품성을 생각해 보게. 인간이 영혼을 가진 존재라는 것은 직관을 통해 확신하지만, 실체를 확인할 수 없듯이 영혼의 내용을 파악할 수는 없네. 그렇다면 사람을 어떻게 봐야 하겠는가? 의식을 통해 구성되는 사고와 행위의 통일체라고 할 수 있겠지. 그것을 통해서 인간의 품성이 드러나니까. 말하자면 인간의 품성은 태어날 때부터 지닌, 영원히 변하지 않는 실체는 아니네. 그렇다면 결국 품성은 의식을 가진 행위이므로, 교육을 통해서 올바른 품성을 갖도록 해야 할 것 아닌가?"

현수는 로크의 얼굴에서 눈을 떼지 못했다. 처음에는 로크의 입장이 애매모호해 보였지만, 인간의 행위로 이어지면서 제법 설득력이 있었기 때문이다.

"선생님 말씀은 사람을 본래부터 선하거나 악하다고 볼 수 없으니 자유 의지에 따라 세계를 이해하고 자신을 성찰해야 한다는 뜻 같습니다. 행복이라는 개인의 욕망을 추구하는 한편 명증한 도덕 원리도 지향해야 한다는 것 같습니다.

물론 그렇게 되면 얼마나 좋겠습니까? 하지만 인간 세상이 그렇게 흘러갈 수 있을까요? 논리적 관념에서는 진리가 명료할 수 있지만, 현실에서는 그렇지 않으니까요. 그래서 현실에서도 명증한 진리를 찾자는 것이겠지요. 선생님도 그런 노력의 일환으로 계약 국가론을 말씀하신 것 아닙니까? 그렇다면 진리는 논리적인 관념에서만 명료하고, 현실의 물자체에서는 파악할 수 없다는 선생님의 말씀은 모순되는 것이 아닐까요?"

현수의 질문에 로크가 반기를 들었다.

"과연 그럴까? 인간의 인식 능력으로서는 실체를 알 수 없다고 했지만 직관과 논증적 지식을 통해서는 확실하게 판단할 수 있다고 하지 않았는가? 계약 국가론이 이런 입장을 충실히 반영하고 있으니 말일세. 인간이 자연 상태에서 살 때에는 어떤 실질 법률도 없고 다만 자연법칙이 존재하고 있다고 봐야 하네. 자연법칙은 직관과 논증에 의한 확실한 지식이라는 걸 염두에 두면 쉽게 이해될 것이네.

자연법칙이 존재하는 상태는 홉스가 말한 것과는 다르다고 보네. 그의 말처럼 만인에 의한 만인의 투쟁이 벌어지는 상황이 아니라네. 모두가 자유롭고 평등해 서열이 없는 상태이기 때문이네. 한마디로 각자가 주인이면서 재판관이지. 하지만 그 상태에서도 감각적 지식은 작용하네. 그것은 자연법칙을 위반한 행위에 형벌을 가할 때 발생하지. 그런데 자연 상태에서는 형벌을 다룰 만한 기관이 없네. 자연 상태에서는 판결과 형벌이 주관적이고 자의적인 법칙에 따라 수행될 위험성이 늘 있지. 그러면 이것을 어떻게 해결해야 하겠는가? 정치권력의 정당성을 통해서 사람 사이의 자연법칙 상태를 보장할 수 있네. 권력으로 자연 상태의 결핍을 제거하고, 개인의 삶과 자유, 소유를 보호하고 유지하는 것이 국가의 기능이지. 그런데 그동안 정치권력을 신의 선물이라거나 가장의 권력 같은 것으로 여겨 왔어. 가장의 권력으로 가족과 토지를 소유해 왔던 것처럼, 왕이 모두를 지배하고 소유하는 게 당연하다고 생각한 거지. 이것은 명백한 잘못이네. 정치권력은 본래적으로 형성된 것도 아니고. 신이 준 선물이 아니라 사람들이 모여 살면서 평화롭게 살기 위한 계약에 불과하니 말일세.

물론 이런 계약을 통한 정치권력이라도 무조건 국민에게 복종을 강요할 수는 없네. 사회 계약은 자발적 동의를 전제하기 때문이네. 다수의 의지와 결의로 정치권력을 행사하는 것이 가능하다는 말일세. 그것도 만인이 동의할 때 비로소 행위 능력을 갖게 되지. 이런 점에서 국가 권력을 홉스의 주장처럼 무소불위의 힘을 가지고 개인들의 권리를 제약하는 것으로 봐서는 안 되네. 권력은 언제나 개인들에게 되돌릴 수 있어야 하네. 어떤 경우에도 자연적인 인권은 양도될 수 없으니 말이야. 도리어 국가는 개인의 복지에 이바지할 사명만 지니고 있다고 봐야 하지. 따라서 국가 권력은 개인의 이해관계에 우선권을 가질 수 없도록 입법권과 행정권으로 나뉘어야 하네. 그래야 서로 견제하면서 균형을 유지할 것 아닌가? 하지만 이런 방안을 제시해도 국가 권력을 남용하는 경우가 종종 있네. 그렇다면 어찌해야 하겠는가? 당연히 정부에 복종을 거부하고 적극적으로 저항할 권리를 지녀야 한다네. 그것도 폭력적인 수단에 의지해서 말이네. 그래야 자연법칙에 의거한 상태로 되돌릴 수 있지 않겠는가? 하여튼 지금까지 어떻게 해야 인간이 실질적인 이익을 추구할 수 있는지 대략적인 내 입장을 밝혔네. 그럼 나는 이만 가 보도록 하겠네."

로크는 바람같이 사라져 버렸다. 현수는 당혹스러웠다. 분명 로크는 국교도와 청교도, 가톨릭 등의 종교적 문제로 혼란스러운 시대에 살았기에 일정한 입장을 취했을 것이다. 그러나 이러한 입장에 대해서는 한마디도 꺼내지 않았다. 현수와의 대화에서 로크는 관용적 입장을 취한 것 같았다. 극단적인 주장을 싫어했던 그의 태도로 보면 당연했다. 직관과 계시를 수용하면서 신을 인정하지만, 명증한 지식에 기초하지 않는 맹목적이고 광신적인 신앙은 미신이기에 반대할 수밖에 없지 않겠는가?

현수는 데카르트와 로크를 동시에 떠올려 보았다. 신을 대신해서 이성을 등장시킨 것은 데카르트였다. 그러나 이성은 여전히 신에 의해 보증되었고, 신적인 요소를 많이 지니고 있었다. 하지만 로크는 이성을 등장시킨 데카르트를 받아들이면서도 신에 의한 보증과 신적인 요소를 배제했다. 그래야만 인간이 온전히 스스로 설 수 있었기 때문이다. 그래서 인간의 인식 능력의 범위와 한계를 논했다. 여기서 나온 결론은 관념의 관계 속에서만 명증한 지식이 가능하고 물체의 실체는 파악할 수 없다는 것이다. 이것은 무조건 권위에 기대어 진리를 떠들어 대는 입장을 비판하는 데는 유효했다. 하지만 실체는 알 수 없고 개연성만 알 수 있다는 한계를 지닐 수밖에 없었다. 그렇다면 인간이 세상의 문제를 고칠 수 있는지 의심스러울 수밖에 없지 않을까?

생각에 잠긴 현수를 보고 맞상대가 말을 걸었다.

"이보게, 인간의 인식 능력 자체가 실체를 알 수 없다고 거듭 말하지 않았나? 그런데도 인간이 진리를 완전히 알 수 있는 것처럼 오만을 부리다니! 모를 수밖에 없는 것을 알 것처럼 여기는 태도야말로 기만이라는 걸 모르겠나? 이 때문에 인간이 실질적인 이익을 추구하지 못한다는 것을 정녕 모른단 말인가?"

자신을 업신여기는 태도에 현수는 기분이 나빴다.

"모르는 것을 모른다고 말하는 것이야 당연하지요. 하지만 이런 경우는 어떨까요? 알 수 있는 것을 모른다고 하거나 정확히 안다고 주장하는 것이 잘못 안 것이라면 그건 틀린 것 아니겠습니까?"

현수의 반문에 맞상대가 놀랍다는 표정을 지었다. 그러고는 다시 입을 열었다.

"로크는 직관과 논리적 지식은 명증하지만 물체의 실체는 파악할 수 없다고 했네. 이게 잘못되었다는 건가? 왜 그렇게 생각하는지 말해 보게."

"살인 금지와 같은 도덕적 윤리는 명증하다고 했지요. 하지만 전쟁이 일어났을 경우에 살인은 죄가 아니지 않습니까? 그러면 이것을 명증한 진리라고 볼 수 있을까요? 게다가 인간이 살아가면서 자연법칙 같은 것을 확실하게 알고 행동하는 경우도 있지 않습니까? 그렇다면 무조건 물체의 실체를 모른다고만 할 수는 없는 것 아닙니까? 그런데도 직관과 논리적 지식은 명증하지만, 물체의 실체는 파악할 수 없다고 할 수 있겠습니까?"

"그럴듯하구먼. 그러면 그런 잘못을 범하게 된 까닭이 어디 있다고 생각하는가?"

맞상대가 다시 질문했다. 현수는 명확한 답이 떠오르지 않아 대답 대신에 반문했다.

"그것까지 대답해야 하는 겁니까? 이건 범위에 벗어나는 문제 같은데요?"

"우리는 시합을 벌이는 중이네. 그러니 대답을 하든 말든 난 상관없어. 어쩔 텐가?"

현수는 위기감이 들었으나 골똘히 생각에 집중했다. 마침내 현수는 로크의 얘기를 들을 때 계속 궁금했던 부분을 떠올리며 입을 열었다.

"물체의 실체와 논리 구조가 밀접하게 결합되어 있는데도 그렇게 보지 않았기 때문입니다. 달리 말하면 그게 따로 있는 것처럼 파악했기 때문입니다."

맞상대는 진지하게 현수의 말을 듣고는 말했다.

"물체의 실체와 그것을 인식하기 위한 논리 구조를 결합해야 한다? 하긴 인간의 인식 논리 자체가 물체의 실체를 파악하기 위한 것인데, 관념적인 논리에서만 명증하고 현실적 물자체에 대해서 알 수 없다고 한다면 말이 안 되겠지. 좋아, 좋아!"

"그럼 깨끗이 승복하겠다는 것입니까?"

"무슨 소리를 하는 건가? 어떻게 이 문제를 우리끼리 결정한단 말인가? 공정하게 승부를 내려면 많은 사람의 판단을 들어 봐야지. 안 그런가?"

현수는 당황스러웠다. 상대가 실속을 차리는 인간형이어서 꽤 끈질기게 나올 거라는 예상은 했다. 하지만 이런 식으로 나올 것이라고는 상상도 못했다. 그러나 틀린 얘기가 아니라서 반박할 수도 없었다.

맞상대는 이기고 싶은 마음을 노골적으로 드러내며 소개자에게 결정을 요구했다. 투표가 진행되는지 잠시 침묵이 흘렀다. 현수는 두근거리는 마음으로 판정을 기다렸다.

마침내 결과가 발표됐다. 현수의 아슬아슬한 승리였다. 맞상대는 아쉽다는 표정을 지으며 사라졌다.

마르크스의 세계 변혁

현수는 곰곰이 생각에 잠겼다. 다행히 승리했지만 맞상대가 제기한 의문이 뇌리에 맴돌았기 때문이다. 어차피 게임을 끝내고 딸을 찾으려면 문제를 풀어야 했다.

관념에 있어서 대상 자체에 대한 의식과 주관적 의식은 분명히 다르다. 그런데 왜 로크는 애매모호하게 얘기하고 넘어갔을까?

이 점은 데카르트가 정신과 신체를 분리시킨 문제의 연장선상에 놓인 것 같았다. 진리의 문제를 신이 아니라 인간이 진리를 인식할 수 있을까라는 인식의 문제로 살펴보다 보니 존재론 자체가 등한시된 것이다. 데카르트가 신체와 정신을 하나로 연결했듯이, 로크 또한 실체를 외면하지 못하고 존재론을 포함시켜야 했다. 인식론적 측면뿐만 아니라 존재론적 측면까지 통일해 설명해야 했던 것이다. 그렇다면 결국 정신과 신체, 물질을 하나로 통일해야 하는데 그것은 정신일까, 물질일까?

하지만 인간은 신체와 정신이 통일된 존재이지 않은가. 인간으로 놓고 본다? 그러면 이성은 신과 같은 존재가 되지 못하는 것 아닌가? 데카르트는 인간의 이성이 주된 역할을 한다고 보았다. 그렇지만 이성이 제 몫을 다하지 못한다면? 데카르트는 그것을 묵과하려고 했을까? 그러니 이성으로 모든 것을 통합해 버려야 하는 것일까?

결국 모든 존재가 이성을 실현하기 위한 방편으로 전락한 것 아닌가? 이렇게 본다면 이성이 완벽하게 신의 자리를 차지했다고 볼 수 있다. 그래서 헤겔은 절대 이성이 어떠한 발전 과정을 겪는지 보여 주고자 『정신현상학』이란 책을 쓴 것일까? 그렇다면 데카르트는 헤겔이 나오기를 고대하고 있었단 말인가?

하지만 아무리 이성이 자기 발전을 한다 해도 어떻게 검증할 수 있는가? 어차피 그건 신이 보증한 것이고, 그렇지 않다고 해도 관념적으로 전제한 것 아닌가? 인간의 관념으로 전제한 이상, 당시의 지식에 근거할 수밖에 없지 않을까? 헤겔은 이성적인 것은 현실적인 것이고, 현실적인 것은 이성적이라고 했다. 그 결과 절대정신이 최고로 전개된 사회가 고작 독일의 프로이센 왕국 정도라니! 이건 이성이 현실 사회에 의해 한계를 지니게 되었다는 말 아닌가?

현실 문제를 극복하려고 진리를 찾으려는데 도리어 이성이 현실에 안주해 방해하다니, 그게 무슨 해답이겠는가? 그렇다면 인간을 신체와 정신이 통일된 존재로 봐야 하나? 이 때문에 키르케고르가 절대적인 신과 마주하는 단독자로의 실존적 인간을, 니체가 자기 삶을 초극하는 초인을 제시했던 것인가?

그게 아니라면 정신이 아닌 물질로 통일해야 한다는 주장이 타당할까? 그래서 포이어바흐는 유물론적 입장에서 인간을 감성적 인간으로 해석한 것일까?

이 중에서 어떤 접근 방식이 가장 타당할까?

한 가지 확실한 것은 어떤 방식이든 정확하게 증명돼야 한다는 점이다. 아무리 옳은 말이라도 증명되지 않으면 수많은 주장이 난무할 테니 말이다. 신이니 이성이니 할 것 없이 현실적인 인간 자체를 인정하는 건 어떨까? 증명도 할 수 있고, 현실을 고쳐 나갈 수 있는 길이 열릴 테니까.

이런 점에서 포이어바흐는 신은 인간의 유적(類的) 본질(이성, 의지, 사랑)이 투사된 것에 불과하다고 말했던 것일까? 신이나 절대정신을 이렇게 본다면 얼마든지 증명해 낼 수 있을 것이다. 신이나 절대정신 그 자체는 증명하기 어렵겠지만 세상에 사는 인간은 어떻게든 판단할 수 있을 테니 말이다.

하지만 인간의 유적 본질은 무엇이고 어떻게 알 수 있을까? 신과 절대정신을 거론하는 것 자체가 인간의 본질과 관계되기 때문이 아닐까? 그렇다면 입장의 타당성을 검증하기 위해 인간의 본질 또한 증명해야 할 것이다.

포이어바흐는 직관적 통찰에 의해 인간의 유적 본질을 파악할 수 있다고 주장했다. 이 방식은 인간 개체에 공통적으로 존재한다고 보는 측면을 일반화한 것이다.

세상을 고치려면 현실 자체를 인정하고, 신체와 사유로 분리된 인간을 통일해야 한다. 이런 점에서 인간을 자연적 대상처럼 감성적으로 본 포이어바흐는 한 발 더 나아갔다. 하지만 인간은 직관적 통찰에 의해서만 진리를 파악할 수 있다고 주장해, 옳은지 그른지 확인하기 어렵다. 그렇다면 어떤 방식으로 인간을 이해하고 파악해야 할까?

생각에 잠겨 있던 현수는 맞상대가 말을 걸어오자 화들짝 놀랐다.

"무슨 생각을 그리 골똘히 하는 겐가?"

새로운 맞상대의 눈매는 이글거리는 불꽃처럼 매서웠다.

"세상을 바꾸려면 물론 생각을 많이 해야겠지. 하지만 생각만 한다고 세상 문제가 풀리는 것은 아니네. 현실을 고쳐 나가야 할 것 아닌가, 안 그런가?"

"맞는 말씀입니다만……. 우선 어떻게 세상을 고쳐야 할지 알아야 하지 않을까요?"

맞상대는 한심하다는 듯 혀를 찼다.

"이런, 세상에! 자네는 문제가 뭔지 몰라서 여태껏 못 고쳤다는 말인가? 그런 사고방식 자체가 진정한 문제를 간과하는 주범이네. 그러니까 세상을 어떻게 볼 것인가에 대한 스콜라적 논쟁만 일삼은 것 아닌가? 세상 문제를 풀려면 현실을 직시해야 하네. 그래야 뭐가 문제인지 정확히 알 것 아닌가? 자네가 구체적인 현실 앞에서도 그런 말을 하는지 보고 싶구면. 얼마나 많은 사람이 핍박받고 사는지 한번 보자고."

맞상대가 재빨리 출발하자 현수는 다급히 그 뒤를 쫓았다.

갑자기 저 멀리서 뭔가 두들기는 소리가 요란하게 들려왔다. 망치 소리 같았는데, 자세히 들으니 요란하게 돌아가는 기계 소리였다.

공장 굴뚝에서는 연기가 하늘로 치솟아 오르고 있었다. 현수가 무슨 공장인지 살펴보려는 순간 그 장면은 어느새 사라졌다. 곧이어 열댓 살 정도밖에 안 되어 보이는 어린이들이 조막만 한 손으로 일하는 모습이 나타났다. 잠도 제대로 못 잔 모양인지 하나같이 병자 같았다.

현수는 참담한 기분이 들었다. 마치 지금은 물질적 풍요를 누리고 있지만, 이면에는 이런 뼈아픈 고통이 있다는 것을 말하는 것만 같았다. 지금 보이는 장면은 18~19세기 산업 혁명 시기로 보였다.

모두가 편하게 살기 위해 물건을 만드는 것인데, 오히려 이로 인해 어린아이들이 고통을 겪다니!

도대체 인간이란 어떤 존재일까? 그것을 몰라서 이런 일이 발생하는 것일까? 인간이 어떤 존재인지 따져 보는 것이 해답을 찾는 길일까?

그때 현수의 눈에 한 사람이 들어왔다. 그는 힘들게 일하는 어린 노동자들의 모습을 지켜보며 두 주먹을 불끈 쥐고 있었다. 그러더니 골방 같은 곳으로 돌아갔다. 그 사람은 밤새 불을 밝혀 놓고 원고를 써 내려갔다. 현수는 원고의 내용을 얼핏 보았다. 자본이니, 노동자니 하는 말들이 적혀 있었다.

마르크스의 『자본론』인가? 마르크스는 과학적 사회주의의 근거를 제시하며 사회주의·공산주의 사회가 필연적으로 도래할 것이라고 주장했다. 이 주장처럼 이상적인 공산주의 사회가 건설된다면 얼마나 좋을까? 능력만큼 일하고 필요에 따라 소비한다면 얼마나 멋진 사회인가? 게다가 공상이 아니라 과학이라고 주장했다.

그렇지만 과연 그런 사회가 실현될 수 있을까? 실제로 그와 같은 사회를 만들겠다던 동구권의 사회주의는 이미 무너지고 말았다.

현수는 그 사람에게 조심스럽게 다가갔다. 그는 현수를 반갑게 맞이하며 자신을 마르크스라고 소개했다.

"진리를 찾으려는 여정을 계속한다는 얘기는 들었네. 그래, 그동안 무엇을 얻었는가?"

현수는 고개를 저었다.

"여러 훌륭하신 분들의 말씀을 많이 들었으니 분명히 얻은 것은 있겠지요. 하지만 명쾌하게 정리가 안 됩니다. 제가 부족해서 그렇겠지요."

마르크스는 희미하게 미소를 지으며 말했다.

"그런가? 자네가 부족해서 해답을 찾지 못한 것일까? 물론 자네가 만난 분들이 모두 뛰어난 인물이긴 하지. 하지만 진리는 뛰어난 사람들만 알고 있는 것일까? 위대한 인물들만 알고 평범한 사람들은 모르는 게 진리일까? 그렇다면 그걸 진리라고 부를 수 있을까?"

마르크스의 반문에 현수는 고개를 갸웃거렸다.

"왜 그런 말씀을 하시는지……. 제가 뭘 잘못 생각하고 있다는 말씀이십니까?"

"꼭 자네 탓은 아닐세. 대부분의 사람들이 그리 생각해 왔다네. 하지만 생각해 보게. 인간이 어떤 존재인가? 이성이 있지만 심장과 가슴도 지닌 존재일세. 자네가 좀 전에 어린 노동자들의 모습을 보고 가슴 아파한 것처럼 말일세. 그게 바로 인간이지. 그러니까

숨겨진 보물을 찾는 것처럼 진리에 접근하지 말고, 심장과 가슴을 가진 인간으로서 세상을 바라보라는 것일세. 그러면 해답을 찾을 수 있지 않겠나?"

현수는 번개에 맞은 듯한 기분이 들었다. 지금까지 이런 대답은 처음 들었기 때문이다. 이전과는 다른 차원의 접근 방식이었다. 구체적인 인간을 외면하면, 진리를 논할 때 도덕군자처럼 이상적인 사람만 생각하게 된다는 것이었다. 이 때문에 신이나 이성에 기댈 수밖에 없다.

이제 신이나 이성에 기대지 않고 진리를 찾을 수 있겠다는 생각이 들자 현수는 저도 모르게 가슴이 들뜨는 걸 느꼈다. 하지만 또 다른 의문이 뇌리를 스치고 지나갔다. 그건 살아 있는 인간이라면 누구나 감정을 지닌다는 점이었다.

"지금껏 진리라고 들어온 말은 매우 추상적으로 느껴졌습니다. 그런데 선생님은 피와 살을 가진 진짜 인간을 얘기하시니 맘에 와 닿네요. 하지만 진리는 객관적으로 증명되어야 하는 것 아닌가요? 인간의 감정은 주관적인데 그걸로 진리를 논할 수 있을지 의문입니다. 똑같은 장면을 보고도 사람마다 감정이 다른 것 아니겠습니까? 그런데도 통일된 이론이 나올 수 있을까요?"

마르크스는 현수를 뚫어지게 바라보았다.

"자네는 거꾸로 생각하고 있군. 사람마다 감정이 다르다는 것은 이미 자네도 한 얘기야. 그렇다면 그런 현실을 인정하고 거기에서부터 출발해 이론을 전개하는 게 옳지 않겠나?"

현수는 말문이 막혔다.

"그, 그거야 당연히 인정해야지요. 하지만……."

"그렇게 인정하고 출발하면 세상엔 각기 다른 주장만 난무할 뿐이고, 통일된 주장은 성립하기 어려울 것 아니냐는 반문이겠지? 하긴 그리 판단하는 것도 무리는 아니지. 나 역시 한때 헤겔의 주장에 심취했으니까. 이성의 자기 내재적 발전 과정이라는 주장이 그럴듯하다고 생각했고. 하지만 그렇게 해석했다고 세상이 달라진 것은 아니지 않은가? 그러니 이제는 세상에 대한 해석이 아니라 세상을 바꾸기 위한 입장이 중요하다는 거네. 그게 바로 참다운 진리 아니겠는가?"

세상을 변혁하려는 입장이 참다운 진리다? 현수는 마르크스의 말을 읊조려 보았다. 마르크스는 혁명가라고 하더니 뭔가 다르기는 달랐다.

현수가 진리를 찾으려는 이유는 잘못된 세상을 고치기 위해서였다. 그런데 그 목적을 까마득하게 잊어버리고 지식의 수렁에 빠져 허우적거리고 있었다니! 이건 마르크스의 말마따나 세상을 바꾸는 것이 아니었다. 게다가 신이니 이성이니 하는 것을 증명할 수도 없으니 쓸데없는 논쟁만 하는 꼴이었다.

현수는 세상사에 관한 수많은 논쟁을 떠올려 보았다. '세상을 어떻게 고칠 것인가?'라는 점에서 보면 진실이 명확하게 판명될 것 같았다. 하지만 그는 곧 또 다른 의문에 부딪쳤다.

"선생님의 관점이 쓸모없는 논쟁을 종식하는 데 도움이 되고, 잘못된 세상을 고치는 데 유용하다는 것은 잘 알겠습니다. 사람들이 벌이는 논쟁은 현실과 관련되어 있습니다. 그렇지만 똑같은 현실에서도 서로 다른 주장을 펼치고, 서로 다른 해결책을 내놓습니다. 그렇다면 대체 어떤 입장을 따라야 합니까? 이 점이 명확하지 않다면, 현실 문제를 놓고 다툴 수밖에 없지 않습니까?"

현수의 말에 마르크스가 반문했다.

"왜, 싸우는 게 겁나는가? 아니면 싸우지 않고 싶은 소망 때문인가?"

현수는 당황했다. 마르크스의 말 속에 어리석은 질문을 던졌다는 암시가 담겨 있었기 때문이었다.

"싸움을 좋아할 사람이 어디 있겠습니까? 그래서 싸움을 해결할 방안을 찾아야 한다고 생각했습니다만……."

마르크스가 씩 웃었다.

"내가 싸움을 좋아한다는 소리로 들리네그려. 하지만 그게 호불호의 문제는 아닐세. 내가 하고 싶은 말은 이거네. 머리로 무언가를 결정할 게 아니라 현실을 살펴보고 그에 따라 판단을 내려야 한다는 거지. 사람은 심장과 가슴을 가진 구체적 인간으로서 실천하며 살아가는 존재라고 하지 않았나? 그렇다면 그런 인간을 놓고 무언가를 논해야 할 것 아닌가?"

이 대답은 현수에게 새로운 의문을 불러일으켰다.

"인간이 실천 활동을 하며 살아가는 구체적 존재라고 해도, 그게 현실 문제를 푸는 고리인지는 잘 모르겠습니다. 아무리 봐도 백이면 백 다른 주장을 펴니, 결국 싸움을 일으킬 게 분명하지 않습니까? 그렇다면 선생님은 싸움이 해답이라고 하시는 건가요? 어느 한쪽이 싸움에 이겼다고 해도 그에 반대하는 입장이 나오면 또다시 분쟁에 휩싸이겠지요. 이걸 현실 문제의 해답이라고 볼 수 있을까요?”

“내 말을 잘못 이해한 것 같군. 자네는 모든 인간이 생각이나 행동이 다르다고 보는 게지? 이거야말로 자네의 관념적인 생각에서 비롯된 것이네. 구체적이고 실천적인 존재로서의 인간이란 현실의 인간을 이르는 것이지. 그렇다면 현실의 인간은 어떠한가? 로빈슨 크루소처럼 무인도에서 외톨이로 사는 게 아니라 사회적 관계를 맺고 사네. 인간은 혼자 살 수 없을뿐더러 그렇게 살아오지도 않았네. 항상 특정한 사회 환경 속에서 살아왔지. 그러니까 구체적이고 실천적인 인간을 이해한다는 것은 사회적 관계의 총체로 파악한다는 뜻이야. 그래서 인간이라는 단어는 사회적 존재라는 뜻을 담고 있다네.”

인간 개개인만 생각했던 현수는 마르크스의 혜안에 고개를 끄덕였다. 지금껏 인간은 신의 형상에 따라 창조되었다거나 도덕군자가 이상적인 상이라는 이론이 허다했다. 그러나 이런 주장은 검증할 수가 없었다. 하지만 인간을 사회적 관계를 맺고 살아가는 존재로 바라보니, 그 실체가 명확하게 드러난 것이다. 이제 무엇이 옳은지 그른지 파악할 수 있는 길이 열리지 않을까?

현수는 다시 생각에 빠졌다. 데카르트는 신 중심의 사고에서 인간 중심의 사고로 전환하기 위해 사유를 내세웠다. 하지만 인간을 정신과 신체로 분리해 제대로 설명할 수 없다는 모순에 빠졌다. 헤겔은 절대 이성으로 정신과 신체의 통일을 시도했지만 그 자체가 관념적일 수밖에 없었다. 포이어바흐는 헤겔을 비판하면서 인간 또한 자연적이고 감성을 지닌 존재라고 주장했다. 이로써 인간은 실체로서 인정됐지만 구체적이고 실천적인 현실의 인간이 아니었다. 게다가 이런 견해에 따르면 인간이 생물학적 존재에 지나지 않는다는 주장을 반박할 수 없었다. 생물학적 존재라면 동물이 자연에 순응해 살아가듯 인간 또한 그렇게 살아가야 한다는 것 아닌가. 이건 데카르트가 자연을 극복하려고 했던 문제의식마저 없애 버린 격이었다. 게다가 자연을 극복하고 살아가는 현실적인 인간의 모습도 아니었다.

그래서 마르크스는 인간의 유적 본질을 사회적 관계의 총체로 바라보고, 사회적 존재로서의 인간을 거론했다. 물질이 객관적으로 존재하는 것처럼 인간 또한 객관적으로 존재한다는 것이다. 그렇지만 자연적인 대상이나 감성적인 존재로 바라보면 인간을 제대로 설명할 수 없다는 주장이었다. 인간은 구체적인 사회·역사적 환경 속에서 관계를 맺으며 살아가는 존재이기 때문이다. 결국 인간이 얼마만큼 인식하고 실천할 수 있는지는 사회적 관계에 달려 있다. 어떤 인간이 사회·역사적 환경에 영향을 받지 않고 살 수 있겠는가?

현수는 생각을 거듭할수록 사회적 관계를 맺고 살아가는 존재라는 말이 새롭게 다가왔다. 이것은 세상을 해석하는 것에 만족하지 않고 '어떻게 변혁시킬 것인가'라는 문제의식 속에서만 나올 수 있는 입장 같았다. 하지만 왜 이게 현실의 문제를 풀 수 있는 고리가 되는지는 명확하게 다가오지 않았다.

"제가 우둔해서 그런지 몰라도, 인간을 사회적 존재로 파악하는 것이 왜 현실 문제를 풀 수 있는 고리가 되는지 여전히 잘 이해가 되지 않습니다. 사회적 존재라고 했으니 모든 사람이 다 그런 존재인 것 아닙니까? 누구는 해당하고 누구는 해당하지 않는 게 아니겠지요. 그런데 사회적 존재인 인간은 서로 의견이 다릅니다. 그렇다면 어떻게 풀어야 할까요?”

마르크스는 되풀이되는 현수의 주장에 헛웃음을 지었다. 현수도 겸연쩍은 기분이 들었다.

“자네 혹시 평화의 전도사가 되려는 건가? 그런 마음은 갸륵하지만 평화를 이룩할 수 있는 환경을 조성하는 게 먼저 아닌가? 싸울 수밖에 없는 조건에서 평화만 외친다고 바로 평화로워지겠는가? 평화 역시 현실 속의 인간이 살아가는 구체적인 조건에 달려 있네. 그건 자네도 인정하는 바 아닌가. 현실 속의 사람들의 의견이 다르다고 말이야. 그러면 이유를 살펴봐야 할 것 아닌가? 그래야 원인을 제거할 수 있으니 말일세.”

마르크스의 비판에 현수는 감히 대꾸하지 못했다. 입으로만 평화를 외친다고 그런 사회가 되는 것은 아니다. 또한 싸움이 일어나는 본질적 이유를 회피한다면 어떻게 평화적 환경을 조성하겠는가? 현수는 자신의 생각이 짧았다는 것을 인정했다.

“제가 좋은 게 좋은 거라는 습성에 젖어 있었나 봅니다. 그래서 현실을 있는 그대로 보려고 하지 않은 것 같습니다. 좀 구체적으로 말씀해 주셨으면 합니다.”

“알겠네. 내 말을 이해하려면 헤겔의 변증법을 알아야 할 필요가 있어. 헤겔은 절대정신이 자기 내재적 법칙에 따라 운동한다는 것을 밝혀냈지. 하지만 그것은 관념적으로 존재하는 이성의 운동일 뿐이었네. 그래서 거꾸로 세운 변증법을 바로 세워야 했지. 물질은 자체적 모순에 따른 내재적 발전 법칙에 따라 운동하며 발전해 나간다는 것이네. 사회 또한 그렇고.

그런데 자본주의 사회가 무엇인가? 원료나 기계 등의 생산 수단을 소유한 자본가가 노동자의 노동력을 사서 상품을 생산하고 이윤을 창출하는 사회 아닌가? 여기서 생산 수단을 소유한 자본가와 노동력을 팔아서 생계를 유지하는 노동자라는 기본 계급이 등장하네. 그런데 이 둘의 관계는 결코 좋을 수 없어. 계급적 모순 때문이지. 자본가는 노동자를 착취해야 이윤을 창출할 수 있는 존재 아닌가? 반면 노동자는 자본가의 착취를 받는 이상 해방될 수도 없고 불행에서 벗어날 수도 없지. 이런 관계로부터 계급 의식이 나타나네. 의식이 물질의 반영이듯, 객관적으로 존재하는 계급도 의식이 반영될 수밖에 없다는 것이네. 의식이 존재를 규정하는 것이 아니라 사회적 존재가 의식을 규정한다는 것이지. 그러니까 자네가 사회적 존재에게서 여러 의견이 나타난다고 한 이유는 사실 그들이 제 맘대로 생각해서 그리된 것이 아니라네. 그들의 서로 다른 계급적 처지 때문이지. 이제 통일된 입장으로 사회적 문제를 해결하려는 생각이 얼마나 황당무계한 것인지 알겠는가? 사회적 존재로 살고 있는 사람들의 입장을 통일하려면 그들이 처한 계급적 환경부터 고쳐야 하네. 착취와 피착취 관계가 엄연히 존재하는데 화합해야 한다고 주장한다면 얼마나 기가 막힌 조롱이겠는가?"

사회적 존재가 처한 현실을 명쾌하게 짚어 내는 마르크스의 말을 현수는 주의 깊게 경청했다. 그의 말 마디마디마다 세상을 변혁해야 한다는 문제의식이 그대로 나타났다. 마르크스가 뭘 고민했는지 분명하게 느껴졌다.

인간은 사회적 관계를 맺고 살아가는 사회적 존재다. 그 사회적 맥락에 따른 계급적 토대를 밝혀내는 것이 객관적 실체를 파악하는 길이다. 마르크스는 사회와 인간의 문제를 짚어 낼 수 있는 객관적 바탕을 마련한 셈이다.

현수는 또다시 미묘한 모순에 빠져들었다. 세상을 변혁하려는 의지가 사회 문제에 질적 전환을 가져올 수 있다는 생각 때문이었다. 결국 의지가 세상에 영향을 끼친다는 것인가? 그러면 세상 문제의 객관적 토대를 밝혀낸 것만으로 의지의 정당성을 확보할 수 있을까? 의지가 다르다면 세상을 다르게 볼 수도 있지 않을까?

"선생님은 계급적 토대에 따라 각기 다른 계급 의식을 갖게 된다고 말씀하셨습니다. 그렇다면 어떻게 어느 계급 의식이 옳다고 말할 수 있을까요? 자본가 계급은 자기 처지에 따른 계급 의식을 가진 것이고, 노동자 계급도 그러하겠지요. 그런데 어떻게 노동자의 계급 의식은 옳고 자본가의 계급 의식은 틀렸다고 단정할 수 있느냐는 것입니다. 한편의 입장을 선택하는 것은 의지에 따른 판단 아니겠습니까? 그런 식으로 진리를 받아들인다면 객관적 토대보다 의지가 중요한 역할을 한다는 뜻이잖습니까? 게다가 자신의 계급적 처지와 그에 따른 계급 의식이 꼭 일치한다고 말할 수도 없고요. 의지에 따라 자본가가 노동자의 계급 의식을, 노동자가 자본가의 계급 의식을 가질 수도 있으니까요."

현수는 어떤 대답이 나올지 궁금했다.

"인간은 실천적인 존재라고 했던 말 기억나나? 그것이 진리인지 아닌지 검증하는 잣대를 제시해 주지. 인간은 자연과는 다르네. 자연을 개조하고 극복해 오면서 인류사를 발전시켜 왔지. 그런 의미에서 나는 인간을 실천적인 존재로 파악하네. 이제 진리인지 아닌지 검증할 수 있는 것이 무엇인지 알겠는가? 바로 실천이네. 이건 세상을 변혁하고자 할 때 당연히 나오는 귀결이지. 세상을 바꾸자면 먼저 세상이 어떻게 객관적으로 존재하는지 알아야 할 것이 아닌가? 여기서 세계는 의식이 아니라 물질로 통일되어 있고, 의식은 물질의 반영이라는 원리가 나오네. 하지만 여기서 멈춰 버리면 세상을 바꿀 수 없어. 뭘 알아야 바꿀 것 아닌가? 그래서 물질로 통일된 세계를 인간이 정말 인식할 수 있는가 없는가라는 문제가 제기되네. 알 수 없다고 하면 세상을 바꿀 수 없지 않겠는가? 하지만 우리 인간은 알 수 있지. 그 검증 잣대가 실천이기 때문이네. 뭐가 옳은지 그른지 부딪쳐 보면 판가름 나지 않겠는가?

그러니까 알 수 없다고 말하는 것은 실천적인 입장에서 접근하지 않고 관조적 입장에서 판단하기 때문이네. 궁극적으로 인간은 실천에 의해서 세계를 인식하는 셈이지. 이런 원리는 사회에도 적용할 수 있네. 물질이 합법칙적으로 변화하고 발전해 가듯이 사회도 내적 발전 과정을 겪지. 우리는 이 법칙을 파악해 더 나은 사회를 앞당길 수 있다네.

그럼 사회에 대해 파악해 볼까? 사회의 물질적 바탕은 생산력이네. 물건을 생산해야 어떤 사회든 유지될 것 아닌가? 그런데 물건을 생산하려면 사람이 있어야 하지. 이런 사람들의 관계가 생산관계라고 할 수 있네. 그런데 생산관계에서는 생산 수단을 누가 소유하고 있는가가 결정적 영향을 미치네. 생산 수단을 가지고 있는 자가 나머지 사람들을 이용해 물건을 만들어 내는 거지. 자본가가 노동자를 고용해 상품을 만들어 내듯 말이네.

자본주의 사회에서 생산력은 사회적 성격을 강하게 띠게 되었네. 하지만 생산관계는 그렇지 않지. 그러니 이 문제를 풀려면 생산 수단을 사회가 소유해야 하네. 하지만 자본주의 사회는 사적 소유를 기본으로 하는 체제이기 때문에 이를 해결할 방법이 없어. 그러니 생산력과 생산관계에서 충돌이 일어날 수밖에 없지 않겠는가? 여기서 생산력과 생산관계의 통일을 간단하게 생산 양식이라고 하고, 생산 양식의 총체를 경제적 토대 내지는 하부 구조라고 하네. 하여튼 하부 구조의 질곡은 멈추지 않고 정치와 이데올로기 같은 상부 구조에 영향을 미치지.

그렇다면 어떻게 되겠는가? 격렬한 계급 투쟁이 발생하면서 사회가 변혁의 과정을 밟을 수밖에 없지 않겠는가? 이런 게 사회의 발전 법칙이네."

마르크스의 말은 속사포처럼 이어졌다.

"자네는 부르주아적 계급 의식과 노동자, 즉 프롤레타리아의 계급 의식 중 무엇이 맞는지 어떻게 검증하느냐고 물었지. 이건 매우 간단한 이치로 해결할 수 있네. 계급 의식이라는 점에서 보면 똑같지 않겠느냐고 생각할 수도 있어. 하지만 어찌 자본가 계급과 프롤레타리아 계급이 같겠는가? 계급적 처지가 다르다면 당연히 계급 의식도 다를 것 아니겠는가? 여기까지는 자네도 당연히 생각했겠지.

하지만 어떤 계급적 입장이 옳은가 그른가는 계급 의식 자체에 의해 결정되는 것이 아니라 사회가 운동하는 합법칙적 과정에 부합하느냐, 그렇지 않느냐에 따라 좌우되네. 물질 자체가 객관적인 합법칙성에 따라 변화하고 발전해 나가듯이 사회 또한 마찬가지네. 자본가 계급은 노동자의 잉여 가치를 착취해 생존을 유지할 수밖에 없어. 그러니 그들의 근본 입장은 자본주의 사회의 유지에 있지. 반면 프롤레타리아 계급은 자신을 해방하기 위해 자본주의 사회를 부정할 수밖에 없네. 이는 앞에서 말한 것처럼 생산력의 발전과 사회의 합법칙적 발전에도 부합하지.

그렇다면 누구의 계급 의식이 진리겠는가? 프롤레타리아의 계급 의식이 진리라는 걸 당연히 알 수 있지 않은가? 물론 자네가 말한 것처럼 거짓을 유포하는 이데올로기적 영향을 받아 한동안 프롤레타리아가 부르주아지의 계급 의식을 갖는 경우도 있겠지. 하지만 그건 거대한 흐름과 맥락으로 볼 때 일시적인 현상일 뿐이네."

한 치의 막힘도 없이 조리 있게 설명하는 마르크스의 태도에 현수는 감탄을 금치 못했다. 그렇다고 마르크스의 설명에 다 만족한 것은 아니었다. 의지라는 것을 그렇게 간단히 치부해 버릴 수 없다는 생각이 들어서였다. 노동자가 부르주아지의 이데올로기적 영향 탓으로 자기 계급 의식을 갖지 못한다면, 의지가 매우 중요한 역할을 한다고 인정하는 셈이다. 하지만 일단 이 문제는 접어 두기로 했다.

현수는 합법칙적 운동 과정을 겪으면서 사회가 발전해 나간다는 마르크스의 설명을 떠올렸다. 그렇다면 역사가 계속 발전하면서 진리도 바뀔 것이고, 당사자도 계속 바뀔 것 아닌가. 그러면 최종적으로 어떤 계급이 나올지에 대한 호기심이 일었다.

"선생님은 역사가 합법칙적 발전 과정에 따라 발전한다고 말씀하셨습니다. 그런데 만약 봉건적 잔재가 청산되지 않아 부르주아지적 혁명을 일으켜야 할 때, 한편엔 자본가도 있지만 다른 한편엔 프롤레타리아도 있는 경우는 어떻게 됩니까? 사회의 발전 법칙에 따라 무조건 프롤레타리아가 부르주아지들을 따라야 하는 겁니까?

또 사회주의·공산주의 사회로 이행하고 난 이후에도 질곡이 생긴다면요? 프롤레타리아가 더 이상 진리를 담당할 수 없는 계급으로 전락했다는 뜻 아닙니까? 그렇다면 그때는 어떤 계급이 진리를 담당할까요?"

현수의 날카로운 질문에 마르크스는 감탄하는 표정을 지었다.

"정곡을 찌르는 질문이야. 먼저 프롤레타리아를 왜 그렇게 강조하는지 설명해야겠군. 프롤레타리아 계급은 여타 계급과는 다른 존재네. 자신을 해방하기 위해 사적 소유를 청산하고 사회적 소유로 전환해야 하는 계급이기 때문이지. 결국 착취 제도 자체를 폐지해야 하네. 한마디로 자신의 해방이 인류의 해방인 셈이지. 그러므로 프롤레타리아의 역사적 위치는 아주 중요하다네. 이런 프롤레타리아가 다른 계급에 종속되어야 하겠는가? 그렇게 되면 프롤레타리아는 자신의 역사적 책무를 수행할 수 없네. 여기서 프롤레타리아가 당파적 입장을 견지해야 할 요구가 제기되지.

자네의 첫 번째 질문은 이와 관련된 것이네. 부르주아지적인 혁명 요구를 수행해야 할 경우 프롤레타리아는 부르주아지들에게 협력하면서도 당파적 입장을 견지해야 한다네. 그래야 혁명을 철저하게 수행하도록 도울 수 있고, 그것을 기반으로 해서 사회주의·공산주의 혁명이라는 위업을 완수할 것 아닌가?

왜 그렇겠나? 사회주의·공산주의 혁명은 결코 부르주아지들의 선의나 자선에 의해서 이룰 수 없기 때문이네. 부르주아지적인 혁명은 손잡고 할 수 있겠지만 그다음 혁명은 결코 함께할 수 없는 과업 아닌가? 자신이 누리고 있던 이익을 모두 가져가겠다는 사회주의 혁명을 자본가 계급인 부르주아지들이 찬성하겠는가? 그건 공상이자 환상이야.

그러니 혁명이 폭력적으로 일어날 수밖에 없지. 물론 폭력적으로 전개한다고 무조건 성공하지는 않네. 혁명 자체가 성숙하고 무르익어야지. 그러니 한 나라보다는 여러 나라에서 일어나는 것이 좋겠지. 더욱이 자본가 계급이 국제적으로 결탁해 한 나라의 혁명마저 성공하지 못하게 개입하고 간섭한다면 어찌하겠는가? 세계적 차원에서 대응해야 할 것 아닌가? 그래서 만국의 프롤레타리아가 단결해야 한다고 말한 것일세.

혁명이 성공해도 착취 계급의 반발이 곧바로 사라지지는 않네. 그래서 혁명이 성공한 이후 과도기 동안에는 강력한 권력을 행사해야 하지. 이것이 프롤레타리아 독재네. 독재라고 하니까 나쁘게 생각되는 모양이지? 부르주아지 민주주의는 부르주아지에겐 민주주의이고 나머지 세력에겐 독재네. 마찬가지로 프롤레타리아 독재는 착취 계급에겐 독재이고 나머지 다수 세력에게는 민주주의지. 게다가 부르주아지 독재는 착취 제도를 유지하기 위한 독재이고, 프롤레타리아 독재는 착취 제도를 근절하기 위한 독재야. 그러니 차원이 명백히 다르지. 그러므로 프롤레타리아 독재를 실시하면 착취 제도가 폐지되면서 이전에 존속했던 국가도 필요 없게 되네.

어쨌든 그렇게 형성된 사회주의·공산주의 사회에서 처음에는 일한 만큼 대가를 받을 거야. 그다음엔 능력에 따라 일하고 필요에 따라 소비하는 높은 단계의 공산주의 사회가 실현되겠지. 하기야 이런 것은 지금까지의 사회 발전 법칙에 근거해 추론한 것뿐이야.

나는 프롤레타리아를 대신할 새로운 계급이 나타날 것이라고 보지 않는다네. 구체적인 모습은 사회가 더 발전하면 명확하게 드러나지 않겠는가?"

어떤 질문에도 마르크스는 거침없이 대답했다.

"선생님의 말을 들으니 사회주의·공산주의 사회가 필연적으로 올 것으로 보입니다. 그렇다면 그걸 실현하기 위해 왜 노력해야 하는지 의문이 듭니다. 사회의 운동 법칙이 그러하다면 자연스럽게 되는 것 아닙니까? 그런데 선생님은 그걸 논증하려고 많은 책을 쓰셨지요. 게다가 직접 혁명을 수행하기 위해 엥겔스 선생님과 제1 인터내셔널, 제2 인터내셔널 조직 등을 지도하신 것으로 알고 있습니다. 이건 사회의 객관적 법칙보다 사람의 정치 활동이 중요하다는 뜻 아닙니까? 그럼 앞의 얘기와 모순되는 것 아닌가요?"

마르크스는 고개를 가로저었다.

"사회가 물질적 토대에 기초해 변화하고 발전한다는 말 때문에 그리 생각한 것 같군. 그건 궁극적 원인을 밝히는 차원에서 한 말이네. 사회 발전의 흐름과 맥락을 살펴보자면 사람이 사회·역사적으로 실천하는 존재라는 것을 명심해야지. 사회적 존재인 사람의 실천 활동에 의해서 합법칙적인 변화 발전이 이루어진다는 말이네. 만약 사람이 그 법칙을 잘 알지 못한다면 어떻게 되겠는가? 우여곡절을 겪을 수밖에 없지 않겠나?

게다가 자본주의 사회는 영원무궁할 것이라는 주장이 난무하고 있었다네. 그러면 그 사회 또한 필연적으로 소멸한다는 것을 보여주어야 하지 않겠는가? 그래서 변혁의 무기가 필요했던 거야. 그게 있어야 더욱 강력하게 실천 활동을 펼칠 것 아닌가? 이런 점에서 철학이나 세계의 발전 법칙에 대한 이해는 역으로 사람의 활동에 강력한 사상적 무기로 작용할 수 있다네."

사람의 실천적 활동을 강조하니 좀 혼란스럽게 다가왔다.

"선생님은 사람이 자연적 대상물이 아니라 관계를 맺고 살아가는 사회적 관계의 총체라고 말씀하셨지요. 그러면서도 사회의 합법칙적인 변화와 발전 과정에서 경제적 토대가 근원적으로 작용한다고 하셨습니다. 그런데 다시 사람을 실천하는 존재로 봐야 한다면서 사상과 이론이 변혁의 무기라고 하셨습니다. 이 두 주장이 전혀 모순되지 않는다고 할 수 있을까요? 주장대로라면 사람은 실천 활동을 하지만 결국 경제적 토대에 규정된 채 움직이는 대상적 존재로 전락할 텐데요. 그러면 인간을 조종당하면서 행동하는 존재라고 봐도 되는 겁니까? 이건 선생님도 반대하실 것 같은데요. 그러니 사회·역사적으로 실천하는 인간을 중심에 놓고 사회 운동 법칙을 일관적으로 설명하는 것이 타당하지 않을까요?"

"이제 나를 비판하고 나오는구먼. 하긴 이런 과정이 있어야 역사가 발전하겠지. 어차피 이론은 당시의 현실을 반영하니 말일세. 하지만 이 세계는 무한하지 않은가? 그러니 끊임없이 발전하기 위해서 계속 이론을 발전시켜 나가야 하겠지. 중요한 것은 객관적인 물적 토대에 근거해 세계를 변혁하겠다는 확고한 입장이네. 이것만 견지한다면 더 나은 이론을 찾을 수 있을 것이네. 그건 앞으로 세계를 바꿀 사람들의 몫이겠지. 자네의 성공을 빌겠네. 그럼……."

말을 마친 마르크스는 현수를 향해 고개를 끄덕이는가 싶더니 어느새 사라져 버렸다. 현수는 마르크스가 사라진 자리를 오랫동안 바라보았다. 참다운 변혁을 위해 비판이 필요하다는 마르크스의 진심이 그의 가슴에 다가왔던 것이다.

현수는 잠시 생각에 잠겼다.

이론이 현실에 맞춰 부단히 발전해야 한다면 완전한 진리는 존재하는 것이 아니라 찾아가야 하는 것이다. 신과 이성이 아닌 구체적인 현실의 인간을 내세웠는데, 이런 인간이 어떻게 진리를 한꺼번에 파악했다고 할 수 있겠는가? 그건 오만일 뿐이다. 그래서 마르크스는 진리를 파악하기 위한 검증 잣대로 객관적 토대를 밝혔던 것인가? 그 토대만으로 인간에 대한 설명이 끝나는 것일까?

그래서 마르크스 또한 인간을 실천적인 존재로 규정하지 않았던가? 하지만 이것은 사회를 결정하는 원인이 경제적 토대라거나 존재가 의식을 규정한다고 하는 주장과는 모순되는 것 아닐까?

왜 이렇게 불협화음이 생기게 되었을까? 혹시 데카르트적인 사고방식에서 벗어나지 못했기 때문이 아닐까? 마르크스는 헤겔과는 달리 세계를 정신이 아닌 물질로 통일해 이해해야 한다고 주장했다. 하지만 물질과 의식의 관계를 놓고 설명했다는 점에서는 크게 다르지 않다. 그렇지만 물질과 의식의 관계를 위주로 살펴본다면 과연 인간을 온전하게 파악할 수 있을까? 그러니 인간이 사회적 관계의 총체라는 주장도 결국 인간 자체를 파악하려는 측면에 초점을 두지 못한 게 아닐까? 그러니까 물질이라는 객관적 특성, 즉 계급적 특징을 밝히고 그에 따라 의식을 갖게 되는 존재라는 식으로 보았던 것이다. 하지만 인간은 육체를 지닌 존재이자 인식하는 존재 아닌가? 그렇다면 물질과 의식의 관계 속에서 인간을 살펴볼 것이 아니라 반대로 인간을 놓고 물질과 의식을 조명해야 하지 않을까? 그래야 같은 처지에 있는 계급이지만 상반된 계급 의식을 갖는 현상을 설명할 수 있지 않을까?

마르크스는 인간을 실천적인 존재로 보았는데도 왜 물질과 의식의 관계라는 사고방식에서 벗어나지 못했을까? 물론 한 인간이 모든 시대적 한계를 뛰어넘기를 바라는 것은 무리다. 그렇지만 마르크스의 해명을 기초로, 실천적 존재로서의 인간에 대해 본격적인 탐구를 할 수 있는 단계로 접어들었다고 볼 수 있다. 세계가 무엇으로 통일되어 있는지도 모르고, 세계에 대한 인식이 가능한지 불가능한지 알 수 없다면 인간은 물론 그 무엇을 탐구할 수 있겠는가? 인간의 주체적 측면에 대한 탐구가 가능하려면 객관적 측면에 대한 이해가 선행되어야 한다. 마르크스가 이것을 수행했다고 볼 수 있다. 물질에 의한 세계의 통일성과 인식 가능성 등이 객관적인 측면에 대한 연구이니 말이다. 그래서 마르크스는 이론이 부단히 발전해야 한다고 말했던 것일까?

여기서 현수는 또 다른 의문에 부딪쳤다.

실천하는 인간의 의지와 사고방식에 따라 판단이 달라진다면 과연 그것을 진리라고 주장할 수 있을까? 분명 계급 의식을 형성하는 객관적 토대는 존재한다. 하지만 모든 사람이 계급적 처지와 똑같은 계급 의식을 가진다고 단정할 수 없다면 과연 이것을 인간에 대한 완전한 파악이라고 할 수 있을까? 객관적 측면과 주체적인 측면까지 따져 보아야 하는 것은 맞지만, 그러다가 결국 주관적 파악으로 흐르는 것은 아닐까? 어차피 의지는 주관적이니 말이다.

고민하는 현수를 본 맞상대가 답답하다는 투로 입을 열었다.

"고민만 거듭하는 꼴을 보자니 한심하군. 자네는 지적 유희에 빠져서 세상 문제를 고치는 데에는 통 관심이 없는 것 같네. 그런 상황에서 어떻게 세상을 고칠 수 있는 해결책을 찾겠는가? 그만 승복하는 것이 어떤가?"

맞상대의 말에 현수는 기분이 상했다.

"마르크스 선생님도 사상과 이론이 변혁의 무기라고 하셨습니다. 이론을 부단히 발전시켜 나가야 한다고도 하셨고요. 그런데 왜 제가 하는 고민을 쓸데없다고 하는 겁니까?"

맞상대는 콧방귀를 뀌었다.

"마르크스의 말로 허점을 감추려는 모양인데 말도 안 되는 소리지. 마르크스의 말도 이해하지 못하고 있으니 말일세. 자네는 이런저런 문제를 제기하지만 그리 생각하게 된 물적 기초를 외면하고 있네. 그렇게 계속 관념적인 문제만 들고 나온다면 어떤 해결책을 제시할 수 있겠나? 설사 제시한들 세상을 바꿀 수 있겠는가? 물적 기반이 바뀌지 않고 그대로 존속하는데 말이야. 그래서 마르크스는 물적 토대에 근거해 변혁적 입장을 견지하라고 했던 것이네. 이제 알겠는가?"

맞상대의 지적에 현수는 아차 싶었다. 그런데 다음 말에 더 놀라고 말았다.

"얼마 전에도 중 3짜리 여자애가 자네처럼 인간의 고민이 어쩌고저쩌고 하면서 따지고 나왔지. 하지만 결국 고민의 배경인 물적 토대를 명확히 파악해야 세상의 문제를 풀 수 있다는 내 주장에 승복했네. 자네도 그리할 때가 된 것 같은데? 어때, 내 주장에 승복하겠는가?"

현수는 눈을 크게 떴다.

"혹시 그 여자애의 이름이 기억나십니까? 그 애는 어떻게 된 겁니까? 아는 것이 있으면 좀 얘기해 주십시오."

"여기서 지면 어떻게 되는지 자네도 잘 알지 않는가? 그런데 새삼스레 묻는 이유가 뭔가? 왜, 승복하려니까 겁이 난 건가? 하지만 승부의 세계는 냉정한 법. 자, 패배를 인정하겠는가?"

현수는 억장이 무너지는 것 같았다. 세라가 여기에 왔다가 진 것이 분명해 보였다. 그렇다면 어떻게 해서든지 살아남아야 했다. 현수는 마음을 굳게 다잡고 입을 열었다.

"사회의 객관적인 토대를 바꾸어야 세상이 변혁된다는 점은 공감합니다. 하지만 그건 사람의 실천 활동을 통해서가 아닙니까? 그렇다면 객관적 측면만이 아니라 사람에 대한 주체적 측면 또한 밝혀져야겠지요. 게다가 세상을 바꾸려고 하는 이유가 더 나은 세상에서 살기 위해서라면, 더더욱 그 측면을 간과할 수 없지 않습니까? 그런 점에서 저는 주체적 측면까지 파악해야 진리를 찾을 수 있고 세상을 힘 있게 고쳐 나갈 수 있다고 봅니다."

"오호라, 주체적 측면까지 파악해야 한다고?"

맞상대는 혼잣말을 하듯 중얼거렸다. 그러더니 다시 질문을 했다.

"좋은 대답이네. 하지만 주체적 측면을 파악하고자 한다면 주관에 빠질 가능성이 커지지. 자네는 그러지 않을 방법이 있나?"

올가미에 걸린 기분이었다. 이건 현수 스스로 던진 의문이기도 했다. 그러나 이대로 물러설 수는 없었다.

"아직은 정확히 모르겠습니다. 하지만 지금 확신할 수 있는 것은 그걸 해명해야 한다는 점입니다. 환경과 조건이 같다고 사람이 똑같이 반응하거나 행동하는 것은 아니지 않습니까? 다시 말하면 사람의 주체적 특성이 행동에 영향을 미친다는 것 또한 객관적 사실이라는 거죠. 그러니까 객관적 토대를 밝힌 입장을 흡수하면서 그 지점까지 고려해야 한다는 겁니다. 이렇게 풀어 나간다면 주관에 빠지지 않는 길이 나올 거라 봅니다."

맞상대는 눈을 깜빡거렸다. 몇 번 고개를 끄덕이는 걸 보니 고심하는 모양이었다. 마침내 그가 다시 입을 열었다.

"솔직해서 좋구먼. 자네의 문제의식은 일정 부분 설득력이 있네. 하지만 그대로 인정하기엔 좀 부족한 게 사실이야. 그래서 조건을 걸겠네. 문제를 풀어 나가는 전제 조건으로 변혁적 입장을 확고히 견지해 달라는 것이네. 그리할 수 있겠는가? 그러면 자네 승리를 인정하지."

현수는 곧장 그러겠다고 대답했다. 어떻게든 이 단계를 넘어서는 게 가장 시급했다.

맞상대는 약속을 꼭 지켜 달라고 부탁하며 천천히 뒤로 물러났다. 현수는 변혁을 간절히 바라는 맞상대에게 왠지 모를 숙연함을 느끼면서 감사의 인사를 했다.

니체의 생의 철학

세라의 소식을 들은 이후 현수의 발걸음은 더욱 빨라졌다. 한시라도 빨리 게임을 끝내야 한다고 판단한 것이다. 그 모습을 본 새로운 맞상대가 다짜고짜 시비를 걸고 나왔다.

"지금 그 태도는 뭔가? 게임을 얼른 해치워 버리겠다고? 자네가 그리 대단한 인물인가? 이거야 원, 기분이 나빠서 상대를 할 수 있겠나?"

현수는 새로운 맞상대의 얼굴을 보고 깜짝 놀랐다. 시비조의 말투와는 달리 초인처럼 보였던 것이다. 하지만 승부를 벌여야 하는 상대에게 처음부터 기가 꺾일 수는 없었다.

"무시라니요? 어차피 게임을 하려면 승부를 봐야 하는 거 아닙니까? 그렇다면 빨리 한판 겨루자는 게 잘못은 아니지 않습니까? 어차피 저만 상대하는 것도 아닐 테고요."

"네 문제가 무엇인지도 모르면서 승부를 겨루자고 나서는 게냐? 신이나 보편자를 거론하는 때부터 인간의 생은 제약받는 거야. 그런데 너는 주체적 측면을 파악하면서도 주관에 빠지지 않겠다고 장담하고 있다. 인간이 결코 피하지 못할 한계 상황에 부딪치는 진짜 삶의 모습을 보여 주지. 자, 그러면 따라와 봐."

강압적인 상대의 말투에 현수는 기분이 나빴다. 하지만 묵묵히 따를 수밖에 없는 상황이었다. 그런 가운데 현수의 머릿속에는 주관이라는 단어가 계속 맴돌았다.

신체와 정신을 통일하려면 정신이나 물질, 아니면 사람이 될 수밖에 없다. 마르크스는 물질로 통일해 이해하면서도 인간은 사회적 존재라는 객관적 토대를 분명하게 밝혀냈다. 하지만 인간이 객관적 조건에 따라서만 움직이는 존재가 아니라는 점에서 주체적 측면을 파악해야 했다. 그러면 필연코 의지가 개입될 수밖에 없다. 그런데 어떻게 주관성을 피할 수 있을까?

갑자기 현수의 앞에 놓여 있었던 길이 순식간에 사라졌다. 눈 깜짝할 사이에 변해 버린 상황 앞에서 그는 당황했다. 길이 없으니 이제 그만 가라는 것인가?

하지만 현수는 또다시 두 눈을 의심하지 않을 수 없었다. 길이 분명 사라졌는데 그의 몸은 어느새 길을 따라 움직이고 있었던 것이다. 당혹스러움 그 자체였다.

그럼 원래 보였던 길은 허상이고 지금 가고 있는 길이 진짜란 말인가? 하긴 길이라는 게 처음부터 만들어진 것은 아니지 않은가?

현수는 마치 머리가 빙빙 도는 것 같았다.

인간의 문제는 주체를 포함할 수밖에 없다. 그래서 주관에 빠져들 수밖에 없다는 것을 암시하는 것인가? 하지만 주관적인 것을 진리라고 할 수 있을까? 주관적인 것 자체가 객관적 사실이라면 어찌해야 할까?

현수는 마냥 혼란스러웠다. 그래서인지 지금 처한 상황 자체가 괴롭게만 다가왔다. 한시라도 빨리 이곳에서 빠져나가고 싶었다. 그러려면 지금 상황부터 파악해야 했다. 현수는 손으로 얼굴을 만져 보았다. 그것만으로는 느낌이 오지 않아 몸을 세게 꼬집었다. 하지만 이것도 기대처럼 되지 않았다. 진짜로 꼬집는 것인지, 생각만으로 꼬집는 것인지 모호하게 다가왔던 것이다. 상황 파악이 안 되니 이러지도 저러지도 못했다.

그때 어떤 사람이 현수의 눈에 들어왔다. 한눈에 봐도 병약해 보였다. 그 사람은 이미 쓴 글을 빡빡 지우고 새로운 원고를 써 내려갔다. 활자를 망치로 때려 부수고 새로운 활자를 채워 넣으려는 것 같았다. 현수는 호기심을 보이며 그에게 다가갔다. 그러자 그는 하던 일을 멈추고 단호한 어조로 입을 열었다.

"여기 온 것을 보니 아직도 신은 죽었다는 말의 뜻을 잘 모르고 있군. 그러니 지금껏 방랑할 수밖에 없었겠지. 분명히 말하는데, 그리해서는 세상의 이치를 깨치는 것은 고사하고 생을 고양시켜 살지도 못해."

그의 고압적인 태도에 현수는 당황스러웠다. 그러나 신은 죽었다고 말하는 것으로 보아 누구인지 짐작되었다.

"혹시 니체 선생님 아니십니까? 이렇게 뵙게 되어 영광입니다."

니체는 눈썹을 찡그리며 말했다.

"내용은 잘 모르면서 그 말 하나로 나를 알아보는 것인가? 네가 사는 시대의 교양은 그 정도 수준인가 보군. 하긴 나도 어린 시절

호기심에 다양한 교양을 쌓으려는 병적인 욕망에 빠진 적이 있었지. 그 시절을 벗어난 뒤 나는 지식을 무계획적으로 탐색하는 것에 혐오감을 갖게 되었어. 이게 중요한 문제는 아니니 그만 말하겠네. 어떻게 하면 자신의 생을 고양해 나갈 수 있는가, 이게 우리가 진짜 따져 보아야 할 문제 아니겠나?”

니체가 단도직입적으로 문제의 본질을 꺼냈다. 현수도 지지 않고 반문했다.

“지금 그 말씀은, 생의 고양과 신의 죽음이 밀접하게 연관되어 있다는 것 같습니다. 하지만 신을 믿고 안 믿고는 자기 믿음에 따른 것 아닙니까? 신을 믿는 것이 자기 삶에 도움이 된다고 여기는 사람은 그리할 것이고, 그렇지 않은 사람은 다른 방법을 찾을 것입니다. 그런데 꼭 신이 죽어야만 생이 고양된다고 말씀하시는 것처럼 들립니다. 도대체 그 이유가 무엇인지요?”

니체는 그럴 줄 알았다는 듯 고개를 두어 번 끄덕였다.

“한 가지 묻겠네. 도덕에는 선악이 존재한다고 하지. 그런데 도덕의 발생 근원은 어디에 있는가? 그건 신을 믿는 것, 그리고 천당과 지옥이 있다고 주장하는 것과 다를 바가 없네. 그러면 신을 대하는 것처럼 도덕을 사람들 각자의 기호에 내맡겨도 괜찮겠나?”

“그건 좀 비약인 것 같은데요? 도덕을 지키는 것과 신을 믿는 문제가 조금은 연결되겠지요. 하지만 둘이 똑같은 것은 아니지 않습니까? 도덕을 안 지키면 비난을 받지만 신을 안 믿는다고 죄가 되는 것은 아니잖아요. 차원이 다른 문제라고 봅니다. 그런데도 동일하게 취급하시니 저로서는 이해가 잘 안 됩니다.”

"내가 신에 억하심정이 있는 줄 아는 모양이군. 그런 건 아닐세. 나는 아주 충실한 기독교 집안 출신이고 아버지는 목사였지. 그러니 무슨 감정 때문에 그리 말하는 게 아니라는 거야. 단지 나는 인간이 어떻게 하면 생을 고양할 수 있을까 하는 문제에 관심이 있었네. 그러다 보니 신의 문제가 삶을 고양하는 데 오히려 병폐가 된다는 걸 알았지. 그래서 그 참뜻을 알리려고 한 것뿐이야."

현수는 멀뚱멀뚱 니체의 얼굴만 쳐다보았다. 언뜻 들어서는 이해가 안 되었기 때문이었다. 니체가 다시 말을 이었다.

"생을 긍정하면서 고양하자면 무엇보다 실상을 냉철하게 파악해야 할 것 아닌가? 그런데 신의 존재가 그걸 가로막고 잘못 이해하도록 조장한다는 말이야. 신이나 도덕, 이성 등은 뿌리가 같고 똑같은 역할을 한다는 거지. 한마디로 형이상학적 사고방식에 기원을 두고 있는데, 그런 사고방식은 오랜 기간 신념에 기초해 형성된 것뿐이야. 존재 자체가 있을 것이라는 신념에 근거해 상정한 물자체를 인간이 인식할 수 있다는 거지. 이걸 토대로 물자체는 신이자 이성, 진리, 도덕, 과학, 선 등으로 불리게 됐네. 반면 변화와 생성은 온갖 악의 소굴로 매도당했어.

하지만 이 세계에는 물자체가 아니라 생성이 있을 뿐이네. 우리가 인식하는 것은 물자체가 아니라 우리의 관점일 뿐이야. 그런데도 그걸 부정하니 어찌 되겠나? 있지도 않은 신, 이성, 진리, 도덕, 과학, 선 등만 존중받고 인간에게 중요한 현실과 생 자체는 부정당하게 된 거야. 그렇다면 이를 당연히 바로잡아야 하겠지.

하지만 이건 만만찮은 작업이었어. 지금까지의 사고방식 자체를 해체해야 했으니 말이야. 그래서 나는 실험 철학을 하기로 작정했네. 그리고 이 뜻을 분명한 어조로 전달하기 위해 '신은 죽었다'라고 단호하게 표명한 것이지."

현수는 새로운 사실에 경악했다. '신은 죽었다'라는 말에 그런 엄청난 뜻이 담겨 있을 것이라고는 미처 예상하지 못했던 것이다. 그저 현수는 신의 뜻을 증명할 수 없으니 안 믿어도 그만 아니냐고 생각해 왔다. 신의 문제로 인간의 삶이 피폐해진 측면도 체감했기에 달갑지 않게 여기기도 했다. 이런 점에서 키르케고르가 신과 단독자로 대면하는 가운데 실존적 삶의 의미를 찾고자 한 것이 별로 와 닿지 않았다.

하지만 니체는 그런 정도가 아니었다. 신의 의미를 이성과 진리, 도덕은 물론이고 존재와 인식의 영역까지 확장한 것이다. 현수는 이성과 정신까지는 동의했다. 절대성을 거론하지만 절대 증명할 수 없다는 점에서 신의 이치와 동일하기 때문이다. 하지만 존재와 인식의 문제까지 포함해 버리니 당혹스러웠다.

인간의 인식이 불합리하다면 도대체 인간이 무엇을 할 수 있단 말인가? 진리를 파악할 수 있는 방법이 없지 않은가? 당장은 아니더라도 나중에라도 찾을 수 있다는 담보가 있어야 한다. 그런데 찾을 수 있는 방법 자체가 없다면 어떻게 될까? 결국 진리란 알 수 있는 것도 아니고 존재하는 것도 아니란 말인가? 단지 관점을 가진 해석에 지나지 않는 것인가? 그럼 지금껏 진리를 찾으려고 했던 노력 자체가 헛수고였다는 뜻일까?

이런 점에서 현수는 니체의 말을 거부하고 싶었다. 하지만 세계

는 생성이고, 인간의 인식은 관점을 가진 해석이라는 지적을 부정
할 수 없었다. 어차피 인간의 눈으로 세상을 보는 것이니 인간의
가치와 관점을 가질 수밖에 없다. 게다가 세계가 생성하지 않는다
면 변화하고 발전하지 못한다는 의미니, 당연히 그렇게 받아들여
야 했다. 그러자 여태껏 인간이 파악해 왔던 사고 체계가 다 허물
어진다는 문제가 생겼다. 지금까지는 본질적인 것을 담보하는 존
재가 있고, 그 존재의 특성이 현상으로 발현된다는 식으로 세계를
이해해 왔다. 그런데 물자체가 아니라 생성이 실재하고, 인식 자
체가 관점을 가진 해석이라면 절대성을 보장한 존재가 남김없이
사라지는 것 아닌가. 이로 인해 어떤 인식도 완전한 진리라고 말할
수 없게 되었다. 그럼 어떻게 옳고 그름을 판단한단 말인가?

현수는 다시금 생각을 가다듬어 나갔다. 분명 인간은 완전한 진
리를 찾기 위해 신과 이성, 인간 등의 문제를 탐구해 왔다. 여기서
주로 등장하는 개념은 존재와 의식이었다. 이것이 진리를 가늠하
는 척도였던 것이다. 그런데 니체는 그것들에 파산을 선언한 셈이
었다. 분명 존재와 의식의 관계로 바라보면 주체성을 정확히 반영
하지 못하는 측면이 존재했다. 하지만 그렇다고 그 자체를 쓰레기
통에 던져 버려야 할까? 도대체 니체는 어떻게 해결하려는 것일
까? 현수는 도무지 가늠이 되지 않았다.

"선생님의 말씀을 들으니 매우 당혹스럽습니다. 물자체가 존재
하지 않듯 절대적인 진리도 없는 것인데, 뭐 때문에 난리를 피우
느냐고 핀잔하는 소리로도 들리고요. 지금까지 통용되어 왔던 형
이상학적인 사고방식으로는 실상을 파악할 수 없는데 여전히 그

런다는 질책으로도 들립니다. 선생님은 분명 인간의 생을 긍정하고 고양하는 것이 목적이라고 말씀하셨습니다. 그렇다면 세계가 생성으로 실재하고, 세계는 관점을 가진 해석이라는 선생님의 주장은 그에 반대되지 않습니까? 물론 생을 고양하려면 주체적 측면을 반영해야 하겠지요. 하지만 진리도, 도덕도, 과학도 해체해 버린다면 인간의 생이 고양될 수 있을까요? 도리어 혼란만 가중되지 않겠습니까?"

니체는 절레절레 고개를 흔들었다.

"결국은 또 삼천포로 빠져 버렸군. 자네 말대로 주체적 측면을 반영하면서 인간의 생을 고양하려면 어떻게 해야 할지 잘 생각해 보게. 거기서 답이 나올 테니 말이야. 사실 나는 몸이 안 좋아 고생을 많이 했네. 엄청난 실험 철학을 했기 때문인지 나중엔 정신병까지 걸려 버렸지.

그래서인지 나는 생의 고양에 대해 철저하게 고뇌하지 않을 수 없었어. 19세기 후반의 유럽은 아주 혼란스러웠네. 철학과 종교가 결합된 그리스도교의 해석이 몰락했고 평등이라는 이름 아래 정치·경제적 측면에서 대중화가 진행되었지. 이런 것들은 인간의 의지를 박약하게 만들었어.

실체도 없는 것으로 이타심과 사랑을 논하고, 평등이라는 이름으로 인간들을 평균화해 버리는데 어찌 의지가 강해질 수 있겠는가? 나는 그런 모습을 보면서 고민했고 결국 해답을 얻었어. 생을 고양하려면 의지를 더욱 강인하게 세워야 하고, 자기 결단이 있어야 한다고 말이야.

강인한 의지로 자기 결단을 내리려면 세계를 어떻게 이해해야 하겠는가? 강한 의지가 세계의 실체가 되어야 하고, 세계의 인식은 자기 결단에 의한 해석이 되어야 할 것 아닌가? 그래서 세계는 물자체가 아니라 생성이고 그런 관점으로 세계를 해석할 수밖에 없다고 말했던 거네. 그러니까 생을 고양하려는 내 관심과 세계를 바라보는 내 관점은 동떨어진 것이 아니라 밀접하게 연관되어 있었던 셈이지.”

현수는 고개를 끄덕였다. 왜 니체가 세계를 그렇게 바라보려고 했는지 이해한 것이다. 그러나 여전히 맞다는 확신은 들지 않았다.

“선생님께서 말씀하신 의도는 알겠습니다. 그렇지만 정당성을 인정받으려면 어느 정도 설득력이 있어야 할 것 아닙니까? 저로서는 그런 이해 방식이 어떻게 생을 고양시켜 줄 수 있는지 여전히 의문입니다.”

“자네는 진리나 도덕, 선 등이 있다고 잘못 전제해도 그걸 믿고 행하려고 노력할 수 있다는 것인가? 그런 것 자체를 붕괴시켜 버리면 무엇에 의지해 생을 고양해 나갈 수 있겠느냐고 묻는 거겠지. 그게 말이 되는 소리인가? 실상에 대한 이해 자체가 잘못되면, 결단 자체가 원천적으로 막힐 수밖에 없네.

사람은 정신과 육체가 따로따로 분리되어 있지 않아. 도리어 큰 몸이 있을 뿐이네. 이 큰 몸은 자기가 의식하지 못하는 상태에서도 감각과 정신을 도구나 장난감으로 여기지. 그게 바로 힘에의 의지야. 큰 몸은 힘에의 의지에 의해 감각의 눈으로 찾고 정신의 귀로 듣는다네. 비교하고, 강요하고, 정복하고, 파괴하고, 지배하려는 것이지. 한마디로 이성의 장난에 따라 놀아나는 존재가 아니라는 거야. 힘에의 의지로서의 몸, 바로 이게 인간이네. 정신과 육체로 나눠서는 안 되는 거지. 도리어 힘에의 의지로서의 커다란 몸을 놓고 인간을 살펴봐야 해. 그렇다면 어떻게 힘에의 의지를 상승시켜 나갈 것인가가 중요하지. 그런데 힘에의 의지는 항상 관계 속에서만 실재하기에 결국 타인을 지배하려는 욕구를 갖게 되네. 이 점을 인정해야 생을 고양할 수 있다네.

형이상학적 사고방식에서는 이걸 부정한단 말이야. 이타심이나 사랑이 선과 도덕의 최고 가치라고 주장하지. 반면에 힘의 지배나 이기심은 사악한 것으로 규정한다네. 이러니 어떻게 힘에의 의지가 커질 수 있단 말인가? 그런데도 왜 이타심이나 사랑을 선이나 진리, 도덕의 최고 가치라고 주장하게 되었을까? 그건 약자들이 자신들의 생존을 위해 비열한 선택을 했기 때문이야. 약자들이 강자들의 지배에 원한을 품고 복수하기 위해 남을 동정하고 연민을 갖는 것이 진리이자 도덕이요, 선이라고 줄기차게 주장한 거야. 그렇게 믿도록 만들어 버렸어. 한마디로 허구이고 기만이지. 이런 사고방식의 근저에는 형이상학적 관점이 놓여 있어. 그러니까 이 세계를 존재와 생성으로 구분해 놓고, 신이나 보편자 같은 존재에 절대적 가치를 부여하는 방식 말이네.

하지만 앞에서 말했듯이 물자체가 아니라 생성이 실재하고, 의식은 관점을 가진 해석이지. 그런데도 물자체가 있다고 생각한다면 생성의 세계를 제대로 바라보지 못했기 때문이야. 그들은 실상을 교묘히 은폐하기 위해 여기에 도덕적 가치를 부여하면서 신념화했어. 이로 인해 힘에의 의지까지 박약하게 만들어 버린 것이지. 나는 이타심이나 사랑, 동정, 평등 등을 천민 의식이자 노예 의식이라고 불렀어. 반면에 부단히 자기를 강화하고 자기 극복을 통해 힘의 지배를 이루려는 사람을 귀족적인 인간이라고 했지.

세계의 실상을 제대로 이해하지 못하면 생성하는 세계, 인간이 살아가는 세계를 부정할 수밖에 없을 거야. 결국 생을 고양하기는커녕 니힐리즘, 즉 허무주의에 빠져들겠지. 그래서 나는 세계의 실상을 제대로 파악해야 니힐리즘을 극복할 수 있는 길이 열린다고 주장한 거야."

현수는 니체의 말을 들을수록 혼란스러웠다. 그동안 견지해 왔던 가치 체계가 완전히 전도된 느낌이었다. 평등한 사회를 위한 노력조차 인간을 타락시키는 행위라니! 이러한 주장 앞에서 그는 망연자실할 수밖에 없었다.

평등을 주장하는 사람들은 대부분 약자일 것이다. 하지만 그동안 약자가 권력을 잡기라도 했단 말인가? 도리어 권력자들이 평등을 내세우면서 약자들을 교묘히 속여 왔다고 보는 게 맞지 않을까? 그러므로 말과 행동이 같아진 만큼 평등과 사랑이 실현되었다고 보는 게 적합할 것이다. 역사는 이렇게 흘러오고 있는 것 아닌가? 왜 니체는 거꾸로 보는 것일까?

개인적 차원에서만 힘에의 의지를 비교했기 때문이 아닐까? 일반인과 귀족이 일대일로 맞붙는다면 승자는 당연히 귀족일 것이다. 하지만 집단으로 보면 대중의 힘이 더 세지 않은가? 그런 면에서 보면 귀족이나 사제가 힘이 센 대중을 속였다고 볼 수 있지 않을까? 왜 대중 한 사람과 귀족 한 사람으로만 치환해 놓고 누가 더 힘이 센지 해석해야 한단 말인가? 결과적으로 대중을 사악한 존재로 전도한 것 아닌가? 개인적 차원에서 힘에의 의지를 구분하는 일도 필요하지만, 집단과 계급 간은 물론이고 나라와 민족 간의 힘에의 의지를 구분하는 일도 필요하다. 하지만 계급이나 민족을 인정하는 것은 결국 물자체를 인정하는 것이 된다. 그러므로 이런 관계에서 힘에의 의지는 수용할 수 없다는 것인가?

힘에의 의지는 단지 개인적 차원에서만 존재한다고? 계급이나 민족에 속해 있다고 해도 궁극적으로 개인이 결단하는 것 아니냐고? 하지만 개인의 결단에 계급과 민족이 영향을 미치는 것 또한 사실 아닌가? 개인적 차원에서 힘에의 의지는 존재하는데, 계급이나 민족 차원에서는 그렇지 않다는 것은 말이 안 된다. 계급이나 민족 차원에서 힘에의 의지가 없다면 개인적 차원에서도 없다고 봐야 할 것이다.

생성만이 실재하는 것이라면 보편적인 힘에의 의지 또한 없다고 보아야 타당하니 말이다. 단지 예술로 승화하거나 권력을 행사할 때의 구체적인 사건과 생성만이 있어야 한다. 어차피 일반화는 물자체를 인정하는 입장에서 나왔다고 보고 있으니까. 그렇다면 힘에의 의지와 권력의 의지로 일반화하는 것부터가 모순 아닌가?

참 난감한 문제였다. 인간의 주체성을 어디까지 인정하고 검증할 것인가와 관련되어 있었다. 존재가 객관적으로 실재한다는 것을 인정하는가, 아닌가를 먼저 확인해야 했다. 그래서 마르크스는 인간이 사회적 관계의 총체라고 하면서, 객관적 토대를 그토록 강조했던 것일까? 만약 기초가 허물어져 버린다면 주체성을 따지기도 전에 인간이 무얼 하는지도 모르게 된다. 또 뭐가 옳은지 그른지조차 알 수 없게 된다. 현수는 니체에게 다시 물었다.

"선생님 말씀을 어떻게 받아들여야 할지 잘 모르겠습니다. 관점을 가진 해석이라는 주장은 이전 주장에 대한 비판으로는 타당합니다. 선험적 존재를 상정하고 거기에 절대적 진리가 있다는 입장에 대해서는 반기를 들 수 있겠지요. 하지만 그렇게 되면 인간이 해석한 모든 관점은 결국 힘에의 의지를 실현하기 위한 심리적 특성을 지녔다는 주장으로 귀결되지 않을까요? 이 주장의 타당성을 무엇으로 증명할 수 있을까요? 이를 증명하려면 객관적 존재의 실재를 인정하고 그것이 어떻게 강화되는지 밝혀야 할 것입니다. 그 부분이 명확하지 않은 것 같아서요. 객관적 존재의 실재를 인정하시는지 말입니다."

니체는 답답하다는 듯이 말했다.

"객관적 실재를 인정하느냐, 마느냐가 중요한 게 아니야. 세계가 힘에의 의지에 의해 생성되고, 의식은 힘에의 의지에 의한 관점을 가진 해석이란 게 중요한 거지. 이걸 받아들여야 하는데 자네는 그러지 않아. 이유가 뭔지 아나? 결국 주체가 있을 거라는 생각이 은연중에 전제되어 있기 때문이지. 번개가 치는 것을 예로 들어 보겠네. 번개가 번쩍이는 것을 보면 주체인 번개가 작용해 번뜩인다고 이해하지. 하지만 어떻게 그런 식으로 분리되나? 단지 번뜩이는 것만 있을 뿐인데.

언어도 세계를 해석하는 하나의 틀이자 기호에 불과해. 그러니까 자연과 인간을 포함한 이 세계에는 힘에의 의지에 의한 생성밖에 없고, 의식은 관점을 가진 해석일 수밖에 없다는 거야. 여기서 생성을 형이상학적으로 물자체가 발현하는 방식으로 바라보면 큰 오산이지. 도리어 비존재인 힘에의 의지가 부단히 자기 자신을 극복하는 생기 현상이라고 봐야 해. 달리 말하면 힘에의 의지는 항상 관계를 맺으면서 존립하고, 실제로 작용하고 활동한다는 것이지. 이 때문에 힘에의 의지는 더 많이, 더 강해지면서 더 지배하기를 원하는 거야. 이런 상황을 받아들이면서 어떻게 생을 고양할 것인가를 고민해야 할 것 아닌가?"

현수는 니체의 주장에 적잖이 당황했다. 객관적인 검증이 가능하다는 것을 명확히 하지 않는다면 어떻게 타당성을 증명할 수 있을까? 이건 이성과 절대정신을 주장하지만 검증이 불가능하다는 것과 다를 바가 없었다.

그렇다고 세계가 생성하고 있는 가운데 인간이 관점을 가지고 해석한다는 주장을 무조건 배격할 수는 없었다. 이것이 핵심적인 주장이고 인간에 대한 주체적인 파악의 일환이기도 하기 때문이다. 그렇지만 생성만 실재한다거나 그에 대한 객관적 검증을 무시하려는 태도는 수긍하기 힘들었다.

생성과 존재의 관계에서 어느 하나만 있어야 할까? 존재와 생성을 모두 인정하는 방식을 생각할 수 없을까? 생성하려면 뭔가가 존재해야 할 것 아닌가? 그러지 않고서도 생성할 수 있을까?

힘에의 의지가 있다고? 관계를 맺으며 실재하기에 생성이 가능하다는 주장 아닌가? 그렇다면 힘에의 의지는 어디에서 나온 것인가? 니체는 관계에서 나온다고 주장했다. 하지만 관계는 힘에의 의지의 결과이지, 그 자체일 수는 없지 않은가? 존재에서 힘에의 의지가 나오지 않는다면 어디에서 나온단 말인가? 관계는 존재가 힘을 키워 가면서 목적에 맞게 조정하는 것 아닌가? 자신에게 유리하면 동맹을 맺고 불리하면 배척하는 것처럼 말이다. 게다가 힘에의 의지의 상승밖에 없는 것을 진짜 생성이라고 할 수 있을까? 생성되면 존재가 바뀌어야 하는데, 존재를 인정하지 않으니 그 무엇으로 생성을 확인할 수 있을까? 또 존재가 바뀌지도 않았는데 그것을 어떻게 생성이라고 할 수 있겠는가? 그러니까 생성은 관계의 바꿈이고, 관계의 바꿈은 존재의 바꿈이라고 봐야 하지 않을까?

거듭 생각해 봐도 힘에의 의지를 객관적으로 증명하려고 하지 않기 때문에 이 모든 혼란이 발생한 것 같았다. 그래서 관점을 가진 해석이라는 이해도 뒤틀린 것 같았다. 힘에의 의지가 세계 모든 것에 관철되고 있다는 식으로 바라본다면, 사람과 동물도 똑같이 바라볼 수밖에 없을 것이다. 한마디로 사람을 동물적인 힘에의 의지로 떨어뜨릴 수밖에 없다는 것이다. 하지만 동물에게는 힘에의 의지가 생물학적인 본능으로 나타나지만 사람에게는 사회적 존재로서 표현되지 않겠는가? 그렇다면 사랑과 평등, 동정, 조화 등은 사회적 존재라는 의미에서 관점을 가진 해석이자 힘에의 의지라고 볼 수 있다. 반면에 지배와 복종을 거론하고 전쟁을 숭상하는 것은 사회적 존재로서의 인간이 아닌 동물적인 힘에의 의지를 나타냈다고 보는 것이 타당하다. 그렇다면 이런 동물적인 힘에의 의지를 강요하는 귀족들의 관점은 사회적 존재로서의 힘에의 의지가 아니라고 봐야 하지 않을까?

이렇듯 니체는 힘에의 의지가 어떤 특성을 지니고 있는지 객관적인 검증을 간과하고 단지 심리적이고 실용적인 차원에서 접근했다. 이렇게 해서 과연 인간의 생을 고양할 수 있을까? 아무래도 의문이 들 수밖에 없었다.

"선생님의 주장은 여러 논쟁을 불러일으킵니다. 왜 실험 철학이라고 하는지 이제야 알 것 같습니다. 처음에 선생님은 형이상학적 사고방식이 생의 고양을 가로막는 주된 장애라고 말씀하셨습니다. 그것이 실상을 왜곡하고 인간이 살아가는 현실을 부정해 허무주의에 빠지게 한다고요. 하지만 객관적인 검증을 간과하는 선생님이야말로 허무주의에 빠질 가능성이 더 높아 보입니다. 세계가 절대적인 진리를 보장하는 것도 아니고 단지 관점을 가진 해석에 불과하다고 하시니 말입니다. 그렇게 허무주의에 빠져 버리고 극복하지 못한다면, 어떻게 생을 고양할 수 있겠습니까?"

현수의 공격적인 질문에도 니체는 꿈쩍하지 않았다.

"인간이 자기 생을 고양하려면 먼저 삶의 의미를 알아야 할 것 아닌가? 괴롭고 고통스럽더라도 의미가 있다면 감내하고 살아가겠지. 허무주의는 왜 살아야 하는지 의미도 없고 답도 없는 상황이야. 이 허무주의를 극복해야 생을 고양할 수 있지.

그렇다면 어떻게 허무주의를 극복할 수 있을까? 우선 허무주의가 발생한 원인부터 알아야겠지. 원인을 따지다 보면 형이상학적인 사고방식에서 나온다는 걸 알 수 있어. 그동안 인류는 신처럼 진리나 도덕, 가치 등이 절대적이고 자명하다고 생각해 왔어. 하지만 근대인들은 그것이 허구적 신념에 불과하다는 걸 깨달았지. 여태껏 견지해 왔던 가치 체계가 완전히 붕괴되어 버린 셈이야. 이게 바로 신은 죽었다는 것 아니겠나?

그러면 여전히 있지도 않는 신과 절대 이성에 기대 헛된 망상을 되풀이해야 하겠나? 아니면 현실을 인정하고 긍정적 의미를 찾으려고 해야 하겠나? 당연히 신이나 절대 이성 같은 절대적 진리는 존재하지 않고 인간의 인식은 오직 관점에 입각한 해석일 뿐이라는 사실을 겸허하게 인정하고 받아들여야 하지 않겠나? 그래서 나는 실상을 옳게 파악하는 일이 중요하다고 하면서 형이상학적 사고방식을 비판했던 거야. 그 대안으로 새로운 실험 철학을 내세운 거지."

똑같은 얘기가 반복되는 것 같았다. 현수는 고개를 저었다.

"실상을 인정한다고 해도 결국 관점을 가진 해석 아닙니까? 그걸로 쉽게 허무주의를 극복할 수 있을까요? 도리어 더 좌절하고 절망하지 않을까요? 절대적 진리도 아니고 자기 관점에 의한 해석에 불과한 것 아닙니까?"

니체는 현수를 답답해하는 기색이 역력했다.

"누가 쉽다고 했나? 절대성을 포기하는 대신 자기 인식이 관점에 의한 해석이라는 것을 인정해 새로운 길을 열 수 있다는 점을 지적한 거야. 쉬울 것 같았으면 내가 무엇 때문에 초인을 거론했겠는가? 그래서 나는 인간은 짐승과 초인 사이에 연결되어 있고 심연 위에 걸려 있는 하나의 밧줄이라고 말했지. 결국 인간은 실존적 결단을 요구받는다는 거야. 극단적 허무주의 상태에 처했을 때 인간 스스로 가치의 설정자이며 창조자, 해석의 주체자로 긍정할 것인가, 말 것인가의 상황에 놓인다는 거지. 초인으로 거듭날 수도 있지만 반대로 종말인이 될 수도 있어.

초인은 무엇일까? 자신의 존재 의미를 피안에서 찾지 않고, 오직 지상에서의 삶을 유일한 삶으로 받아들이고 의미를 찾는 인간이야. 결단과 의지로 스스로를 넘어서고 자기 극복적인 삶을 영위하려고 하는 인간이지.

반면에 종말인들은 자기 극복을 통해 삶의 의미를 찾으려고 하지 않아. 이웃 사랑이나 형제애, 동정과 관용 등에 의거해 자기 보존을 꾀하려고 하지. 이들은 쾌락을 추구하고 평등을 요구하며 노동 등을 통해 자아실현을 하려고 해. 그러니 힘에의 의지를 키울 수 없지.

그래서 초인에 의해서 생을 고양할 수밖에 없다고 말하는 거야. 사람은 목적이 아니라 교량에 불과하다는 걸 이해하고 끝없이 자기 극복의 삶을 사는 미래의 이상적 인간형이 초인이지. 그러므로 초인은 모든 것의 가치와 의미를 평가하는 평가자이자 창조자인 거야. 초인이 되려면 정신이 자유로워야 해. 힘에의 의지 작용이 일어나는 곳이 자기 자신임을 깨닫고, 의지 작용을 가치 평가의 원리로 삼을 정도의 단계에 이르러야 하지. 물론 쉽지는 않아. 그래서 그 이행 과정을 설명했지 않나. 낙타의 상태에서 사자의 상태로, 사자의 상태에서 어린아이의 상태로 변화를 거친다고 말이야.

짐을 지고 가는 낙타는 기존의 가치 체계에 짓눌려 대항하지 못하지만, 사자의 상태에 이르면 부정할 수 있는 정도가 되지. 하지만 새로운 가치를 창조할 수는 없어. 어린아이의 단계에 이르러서야 비로소 마음껏 창조할 수 있지. 이런 것이 초인을 모색할 수 있는 방법이야."

극단적인 허무에서 도리어 허무를 극복할 수 있는 길이 열리다니! 그럴듯한 말이지만 과연 가능할까? 헤겔도 '주인과 노예의 변증법'에서 주인이 주인을 극복하는 것이 아니라, 노예가 주인을 극복한다고 설명하지 않았던가?

그렇다면 니체의 주장 또한 이래야 옳은 것 아닐까. 허무가 허무를 극복하는 것이 아니라 긍정이 허무를 극복했다고 말이다. 그런데 어떻게 허무의 힘에의 의지가 사라져 버리고 긍정의 힘에의 의지가 갑자기 생겨난 것일까? 니체에게 있어 힘에의 의지는 비존재가 아닌가? 그렇더라도 힘에의 의지는 수많은 관계 속에서 존재한다고 하지 않았던가? 그렇다면 이건 긍정의 힘에의 의지로 설명해야 하지 않을까?

거듭 고민해 봐도 객관적인 검증 절차가 없는 게 한계로 보였다. 그렇기에 오로지 힘에의 의지만 얘기하게 된다. 인간 문제에 있어서도 집단이나 계급, 나라와 민족은 빼 버리고 개인적인 차원에서의 힘에의 의지, 권력 의지만 거론하고 있다. 이 때문에 귀족이나 영웅 등은 긍정적 인간이 되고 대중은 종말인이 되어 버렸다.

그럼 역사가 거꾸로 돌아가고 있단 말인가?

초인이 미래의 인간 유형이라면 사회적 관계 속에서 특징이 드

러나야 하는 것 아닌가? 그런데 머릿속으로만 초인의 실마리를 잡
는다면 무엇으로 검증할 수 있단 말인가? 그냥 자신이 가치의 설
정자이고 창조자이며 해석의 주체자라고 선언하면 되는 것일까?
그러면 어느 누가 권력을 잡은 뒤 독재자가 되어 자신이 초인이라
고 선포하면 되는 건가? 그렇다면 초인이어서 권력을 잡은 것이
아니라 권력을 잡았기에 초인이 된 것 아닐까? 초인이어서 권력을
잡은 것과 권력을 잡아 초인이 된 것은 어떻게 구별할 수 있을까?

의식이 인간에게 중대한 영향을 미친다는 것은 분명하다. 계급
이나 집단, 나라와 민족 안에 있다고 하더라도 결정은 개인이 내릴
수밖에 없다. 그래서 극한 상황에 처하면 실존적 결단을 할 수밖
에 없다는 것인가? 하지만 개인의 실존적 결단만 있는 것은 아니
다. 계급과 집단적 결단도 있지 않은가? 민족이 위기에 처하면 민
족 구성원이 들고일어난다. 한 인간이 결단할 때 계급과 집단의 영
향을 받지 않을 수 있을까?

"극단적 허무주의에 처해 실존적 결단을 내릴 수밖에 없는 상황
에서 초인이 탄생한다고 말씀하셨지요. 그런데 인간이 결단을 내
릴 때에는 여러 영향을 받지 않습니까? 환경은 물론이고 계급이나
집단적 요인 등의 영향을 받습니다. 그렇다면 나라와 민족을 위한
선택이나 이웃을 사랑하는 선택을 내릴 수도 있습니다. 그런데도
왜 스스로 가치를 창조하는 초인만이 미래형의 인간이라고 말씀
하시는지 궁금합니다."

니체는 다소 화난 듯한 표정을 지었다.

"지금껏 무슨 얘기를 들은 건가? 물론 많은 사람이 객관적인 환

경의 영향을 받는다는 것은 알고 있네. 하지만 그게 자기 생을 고양하는 데 있어서 자의식의 변화보다 중요하다는 말인가?

그래도 네 질문을 들으니 중요한 부분을 빠뜨린 것 같군. 내가 극단적 허무주의라고 한 것, 그게 바로 영원 회귀야. 이 세계는 힘에의 의지에 의해 계속 생성되지. 인간도 마찬가지야. 그런데 그게 영원히 회귀한다고 생각해 보게. 의미도 없고 목표도 없지만 불가피하게 회귀하는, 그렇다고 무(無)로의 종결도 없는 그대로의 생존 말이야. 이것이 바로 허무주의의 극단적 형식인 영원 회귀지. 이때 인간은 절대적인 퇴락과 절망에 사로잡히지만 한편으론 자의식의 변화를 겪을 수 있지. 자의식의 변화란 세계와 인간의 실상을 그대로 인정하는 걸 말하는 거야. 그런 극한 상황에서 자신의 해석이 자기 힘에의 의지에 수행되는 관점임을 그대로 수용하는 거지. 물론 오류일 수도 있고 일면적일 수도 있어. 하지만 자기 자신에게는 절대적으로 의미 있고 정당한 해석이라는 사실을 받아들이는 거지. 그러면 자신의 한계를 인정하고 긍정적으로 받아들이게 돼. 역설적이게도 바로 그때 허무주의를 극복할 수 있는 길이 열린다는 거지.

왜 그런지 아는가? 자의식의 변화 자체가 곧 자기 힘에의 의지를 긍정했다는 뜻이거든. 또한 이것은 초인으로서의 자각을 촉발하는 계기이기도 하네. 그래서 자기 운명을 더 이상 고통스럽게 받아들이지 않고, 자신의 결단에 의해 환하게 웃을 수 있는 거야. 한마디로 자기 운명을 전적으로 사랑하게 된다는 거지. 이런 격정적인 순간이 바로 초인이 탄생하는 때야. 그리고 초인에 의해 완전히 새로운 가치를 세우고 허무주의를 극복한다는 거지. 그러니 초인은 가치와 의미의 창조자로서의 삶을 긍정할 수밖에 없어. 또한 저주처럼 보였던 영원 회귀를 최고의 축복으로 받아들이게 되지. 한마디로 세계와 자아, 과거와 미래가 통일된 초절정의 상태라고나 할까. 그러니 초인이야말로 인류 미래의 이상적 인간형이라고 말할 수 있지 않겠어?”

현수는 뭐라고 대답할 수가 없었다. 그러자 니체가 자리에서 일어나며 말했다.

“내 말에 동조할 수 없다는 건가? 나도 자라투스트라가 세상에 너무 빨리 왔다고 생각했지. 하지만 미래엔 실험 철학이 주목받을 것이라고 확신하네. 어쨌거나 자네가 생을 어떻게 고양할 수 있는지 답을 꼭 찾기 바라네.”

말을 마친 니체는 소리 없이 사라져 버렸다.

현수는 쉽사리 몸을 움직이지 못했다. 충격의 여파가 사라지지 않은 데다가 니체의 철학을 어떻게 받아들여야 할지 난감했다.

맞상대는 그런 현수를 봐주지 않았다.

“이제 내가 누군지 알겠느냐? 가치의 창조자이자 설계자인 미래형의 인간, 초인이란 말이다. 이번 승부는 해 보나 마나 아니겠느냐? 너 스스로 결단해서 패배를 인정해라.”

초인이라니! 현수는 어이없다는 듯이 맞상대를 바라보았다. 그러고는 단호하게 입을 열었다.

“그런 말씀이 어디 있습니까? 당신이 초인이라고 해도 승부는 승부니 해 봐야지요. 그리고 당신이 초인이라는 증거가 어디 있습니까? 만약 있다면 한번 보여 주시지요."

"초인이란 극단적 허무주의 상황에서 자신의 삶을 긍정하는 가운데 탄생한다. 그러니 증거를 어떻게 보여 줄 수 있단 말이냐? 너는 스스로 결단을 내리지 않는단 말이냐? 하긴 그러니까 초인이 되지 못한 거지. 너는 나에게 질 수밖에 없어. 이게 바로 증거다."

현수는 고개를 가로저었다. 이 주장에 동조하지 못해 니체에게 계속 질문했던 것이었다.

"그렇게 일방적으로 자기주장만 펼치면 되는 겁니까? 승부를 보려면 객관적인 잣대가 있어야 할 것 아닙니까? 그래야 승복하든지 말든지 하지요."

"참으로 답답하구나. 세계는 생성밖에 없고 관점을 가진 해석일 수밖에 없지 않느냐? 그런데도 객관적인 잣대, 보편자를 내놓으라니 말이 통하지 않는구나."

현수는 한숨을 쉴 수밖에 없었다. 각자의 관점을 가지고 세계를 해석한다는 상대에게 보편적인 기준을 들이댄 것 자체가 무리였다.

현수는 니체와 마르크스를 비교해 보았다. 이론적으로만 보면 니체의 접근 방식이 마르크스보다 훨씬 혁신적이었다. 형이상학적 체계 자체를 뿌리째 흔들었으니 말이다. 하지만 세상에 몰고 온 파급 효과는 마르크스에 미치지 못했다. 물론 니체가 세상을 떠난 뒤 100년도 안 되는 시기에 그의 영향을 받은 포스트모더니즘이 세상을 풍미하기도 했다. 하지만 세상의 변화에는 별반 도움이 되지 않았다. 세상을 직접 바꾸려고 한 것이 아니라 생각만 바꾸려고 해서 그런 것은 아닐까?

그래서 저번 게임의 맞상대는 물적 토대에 근거한 변혁적 입장을 철저히 견지할 것을 요구했던 것인가? 세상을 바꾸기 위해서는 정신적 변화와 함께 객관적 조건을 바꾸는 게 중요하다. 현수는 새삼스럽게 이 사실을 깨달았다.

그러나 객관적 조건을 바꾸기 위해서는 주체도 변해야 한다. 그러면 주체와 객체의 통일, 생성과 존재의 통일을 이루어야 하는 것인가? 하지만 주체를 거론해 결국 관점을 가진 인간 개개인의 해석이 되어 버리니 주관에 의한 평가로 결론이 난 것 아닌가? 하지만 이것이 객관적인 사실이라면 어떨까?

현수는 마음이 복잡했다. 하지만 맞상대에게 그대로 승복할 수는 없었다. 물러서지 않는 의지를 보여야 했다.

"당신은 계속 자기 결단을 통해 초인이 되었다고 주장하는데, 그렇다면 나도 당신처럼 내 결단을 통해 스스로 가치를 창조하고 설계하는 초인이 되었다는 점을 인정해야 하지 않습니까? 하지만 당신이 인정하든 인정하지 않든 그런 게 세상을 고치는 데 무슨 도움이 되겠습니까?"

맞상대는 조금도 자기주장을 굽히지 않았다.

"스스로 가치를 창조하고 설계하는 일을 고작 세상일에 비교한단 말이냐? 내 삶의 가치가 최고이고 최상인데."

도무지 말로는 승부가 날 것 같지 않았다. 현수는 크게 심호흡을 한 뒤 말했다.

"아무래도 이번 승부는 우리가 결정할 수 없을 듯합니다. 다른 사람들의 판단으로 결정합시다."

　게임 운영진에게 의뢰한 결과 무승부로 판정이 났다.

　현수의 주장도 타당하지만 상대방의 주장도 어느 정도 타당하다
는 의견이었다. 다음에는 기필코 이겨야만 했다.

노자의 무위(無爲) 사상

현수는 무거운 발걸음을 옮겼다. 당연히 자신이 이길 것이라고 생각했는데 판정은 예상 밖이었다.

진리를 찾고자 할 때 주체적 측면을 간과해서는 안 될 것이다. 그렇다고 해도 객관적인 검증을 해야 하는 것 아닐까? 주관적 측면을 반영할 수밖에 없으니 검증할 수 없다고? 물론 객관적 잣대가 주체적 측면을 다 반영할 수는 없다. 똑같은 행동이라고 해도 주관적 요구가 같을 수는 없으니까. 그래서 무승부로 결정이 된 것일까? 객관적인 검증만으로 평가할 수 없기 때문에?

그러면 결국 인간은 진리를 파악할 수 없다는 뜻 아닌가? 주관적 관점을 가지고 세계를 해석한다면 어떻게 진리라고 할 수 있겠는가? 그런데도 인간이 진리를 알 수 있는 것처럼 행동하는 게 오히려 문제다. 이런 과대망상이 인간의 삶을 황폐화하고 세상을 혼란하게 만든다는 것인가? 인간이 신, 이성, 자유, 평등 등 절대적인 진리를 알 것이라는 오만함 때문에 싸우면서 혼란을 겪지 않았느냐는 것이다. 결국 인간은 잘못을 저지를 수밖에 없단 말인가?

그러면 어떻게 해야 할까? 진리를 찾는 행위도 잘못이라면 아무것도 행하지 말라는 것일까? 현수는 크게 한숨을 쉬었다. 도무지 뭐가 뭔지 알 수가 없었다.

그때 새로운 맞상대가 나타났다. 그는 마치 세상의 이치에 통달한 도인처럼 보였다.

"이제야 인간이 얼마나 오만한지, 그 오만함이 세상사를 얼마나 복잡하게 만들었는지 이해했는가? 이제라도 깨달았다면 늦은 것은 아니다. 그만 돌아가는 게 어떠한가?"

세상을 달관한 듯한 맞상대의 태도는 현수의 승부욕을 자극했다. 승부도 벌이지 않고 현수를 물리치려는 고단수로 보였던 것이다. 현수는 자신의 입장을 분명하게 밝히기로 했다.

"세상 모든 이치를 통달한 것처럼 보이시네요. 하지만 제가 그냥 물러날 거라고 생각했다면 오산입니다. 오만한 인간은 많은 잘못을 저질렀지만 이 때문에 더 나은 단계로 나아갈 수 있었던 것입니다. 어찌 제가 승부를 마다하겠습니까?"

맞상대가 묘한 웃음을 띠며 말했다.

"허허, 인위적인 해결이 해악을 가져다주는 걸 깨달았다면 다른 길을 찾아야 할 것 아닌가? 여전히 교만하구먼. 자네에게 특별한 길을 가르쳐 주겠네. 자, 그럼 이리 오게나."

맞상대가 술법을 쓰자 현수의 몸이 붕 떠올랐다. 그는 맞상대의 기운에 빠져들어 정신이 혼미해졌다. 눈의 초점이 흐려져 모든 게 흐릿하게 보였다.

그 가운데 중국 대륙에서 수많은 나라들이 세워졌다가 사라지고, 다시 탄생했다가 멸망하는 모습이 파노라마처럼 빠르게 지나 갔다. 현수는 눈을 비볐다. 혼란한 와중에서 살아남은 몇몇 나라 가 치열하게 싸우고 있었다. 왕들은 자기 나라를 강국으로 만들고 다른 나라를 제압해 줄 인재를 찾고 있었다. 이어 명예와 출세를 바라는 재사와 술사들이 각 나라의 왕을 찾아가 자신의 술책을 설 명하는 장면도 나타났다. 다음에는 칼과 창으로 무장한 군사들이 급속히 늘어나고, 왕궁의 창고에 곡식과 재물, 보화가 빽빽이 채 워진 장면이 펼쳐졌다.

한편에서는 화려한 옷을 차려입은 왕과 관리들이 예악에 맞춘 행사에 참여해 위세를 뽐내고 있었다. 다른 한편에서는 누더기 옷 을 걸친 백성들이 텅 빈 곳간을 망연자실하게 바라보며 한숨짓고 있었다.

'국가를 강성하게 하겠다며 내온 비책이라는 게 결국 백성들을 수탈해 왕궁의 부를 축적하는 것이란 말인가?'

현수는 기가 막히고 씁쓸했다.

그런데 갑자기 그 장면들은 온데간데없이 사라져 버리고, 적막 감이 감도는 첩첩산중이 펼쳐졌다.

'여기는 도대체 어디지? 왜 세상사의 흐름과는 아무 상관없는 곳 으로 이끄는 거지?'

그때 인적 드문 곳에 세워진 초라한 집 한 채가 현수의 눈에 들 어왔다. 오두막인지 토굴인지 분간하기 어려울 정도로 볼품없는 집이었다. 그런데 이 집은 자연 풍광과 잘 어울렸다.

현수는 이상한 기운에 이끌리듯 그 집을 향해 걸었다. 그때 백발에

흰 수염을 길게 늘어뜨린 노인이 대문을 열고 나왔다. 노인은 현수가 올 줄 알았다는 듯이 가볍게 목례를 한 뒤 말했다.

"실망스러운 표정이 역력하군. 세상 문제는 시끌벅적한 곳에서 풀어야 한다고 생각하는 모양이지? 장소가 중요한 것은 아니라네. 답을 찾는 게 가장 먼저 아닌가. 인위(人爲)로 인한 폐단이 어느 정도인지 두 눈으로 똑똑히 보았겠지. 나는 답이 무위(無爲)에 있다고 생각하네."

'무위'는 노장사상의 핵심적인 주장이었다. 현수는 노인을 향해 정중하게 물었다.

"혹시 도가 철학의 창시자인 노자 선생님이신가요?"

노인은 담담한 표정으로 고개를 끄덕였다.

"선생님은 무위자연을 주장하셨는데요. 그래서 이처럼 인적이 드문 곳에서 은거하시는 건지요?"

"그것도 틀린 말은 아니겠지. 하지만 나는 보잘것없네. 듣기로는 무위자연의 삶을 제대로 산 사람이 있었다고 하더군. 장자라고 하던가? 그 사람이 살아온 얘기를 들으니 감탄이 절로 나오더군. 정말 대단한 경지에 이른 사람이네. 그 이야기 좀 들어 보겠는가?"

현수는 고개를 끄덕였다.

"장자는 아내가 죽었는데도 두 발 뻗고 앉아서 질동이를 두드리며 노래를 불렀다고 하네. 조문을 온 혜시라는 친구가 이를 보고 통곡은 못할망정 노래까지 부르는 건 너무한 것 아니냐고 책망했지. 그러자 장자는 이렇게 답했네. '생명이라는 건 사시(四時)가 변화하듯 운행하는 것 아닌가? 내 아내는 이제 천지라는 거대한

방에 편안하게 잠들었다네. 그런데 내가 시끄럽게 굴며 붙들고자
한다면 생명의 이치에 맞겠는가? 그래서 시끄럽게 구는 걸 그만두
었다네.'라고 말일세. 장자의 인물됨이 어떠한지 대략 짐작이 가
는가?"

　노자의 물음에 현수는 아무 대답도 못하고 고개만 가로저었다.
노자가 다시 말을 이었다.

　"그러면 한 가지 예를 더 들어 보겠네. 초나라 위왕이 장자의 재
능을 높이 사서 재상으로 임명하고자 두 대부를 보냈는데 장자의
대답이 일품이었지. 장자는 낚시질을 하고 있었는데 이렇게 묻더
라는 거야. '내가 들은 바로는, 초나라 조정에서는 죽은 지 3천 년
된 신령스러운 거북을 비단에 싸서 보석함에 넣어 종묘에 모셔 두
고 있다고 하더이다. 그 거북이가 정말 신통한 놈이라면 죽어서 비
단옷을 입고 사당에 안치되어 귀한 대접을 받고 싶겠소? 아니면
흙탕물일망정 꼬리 치며 자유롭게 살기를 바라겠소?' 대부들이 자
유롭게 살고 싶을 거라고 말하자, 자신도 그와 똑같은 생각이라며
돌려보냈다고 하지 않던가. 이런 걸 보면 장자가 얼마나 자유로운
삶을 원했는지 알 수 있네. 내 그래서 무위의 정신을 가장 잘 보여
준 사람이 장자라고 한 걸세."

　현수는 현대 사회에서는 장자처럼 살 수 없다고 생각했다. 하지
만 노자의 겸손함이 가슴에 와 닿았다.

　"도가 철학의 창시자는 선생님이시잖아요. 그러니 선생님의 공
이 가장 큰 것은 당연한 일 아닐까요? 그런데 오히려 장자를 치켜
세우시다니 참 겸손하십니다."

노자의 얼굴에 희미한 미소가 감돌았다.

"아닐세. 날 겸손한 사람으로 봐 주니 참 쑥스럽구먼. 하긴 『도덕경』에 그런 내용이 일부 들어 있으니, 그리 받아들일 수도 있겠구먼. 그러나 나와 장자는 좀 다르네. 내가 무위를 외쳤던 이유는 세상의 문제를 어떻게 풀 것인가에 대한 해답을 얻기 위해서였네. 장자처럼 무위의 삶 자체를 즐기기 위한 것과는 달랐지. 그렇지만 도와 무위를 주장했다는 맥락에서 보면 엇비슷하겠지. 그래서 훗날 사람들이 노장 철학이라고 부르는 것일 테고."

현수는 '무위'라는 말을 떠올렸다. 자연스레 세상과 담을 쌓은 은자, 즉 장자 같은 삶이 생각났다. 그런데 노자가 무위를 주장한 이유가 세상의 문제를 풀기 위해서였다는 게 역설적으로 느껴졌다. 그러자 갑자기 궁금증이 생겼다. 『도덕경』을 자신이 직접 썼다는 건지, 아니라는 건지 애매했다. 현수는 조심스럽게 물었다.

"실례되는 질문이지만 몇 가지 확실하게 짚어 두고 싶은 게 있습니다. 저, 정말 노자 선생님이시라면 언제 태어나셨는지, 『도덕경』을 직접 쓰신 게 맞는지 답변해 주십시오. 앞서 말씀하신 것으로는 뭔가 애매해서 그럽니다."

노자는 알 수 없는 미소를 지었다.

"허허, 세상을 어떻게 바로잡을지 해답을 찾으러 왔으면 그에 대한 질문을 해야지, 왜 엉뚱한 질문을 하나. 자네가 사는 시대에서는 컴퓨터 자판을 몇 번 두드려 보면 다 나오겠지. 하지만 그 시대엔 안 그랬다네. 게다가 자네가 무위가 세상사의 해결책일지 의문을 제기하는 것처럼, 그 시대 사람들도 그랬네. 내가 은둔자의 길을 택한 건 어찌 보면 당연한 결과였지. 그런 내가 언제 어디서 태어났는지 등의 기록이 분명하지 않은 것은 당연한 일 아니겠나. 과학적 검증이나 사실 확인 등을 중요하게 생각하는 자네 시대 사람들은 내가 미심쩍겠지. 그게 그리 궁금한가?

하지만 내가 한 말은 자네 시대에도 전해지고 있지 않나. 무위가 세상사의 해결책이라고 한 내 주장이 대략 춘추 전국 시대에 걸쳐 있다는 건 알고 있지 않나. 사마천이 쓴『사기』라는 책에는 나에 대한 내용이 있지. 사마천이 사실에 기반을 두고 역사서를 쓰려고 했다는 건 알고 있겠지.『사기』에는 공자가 주나라에 있던 나를 찾아와 도를 물었다는 것, 내가 주나라에 있다가 관(關)으로 갔을 때 영윤(令尹) 희(喜)라는 사람이 찾아와 책을 써 달라는 부탁에 '도와 덕'을 논한 5,000언(言)을 써 놓고 떠났던 일이 기록돼 있지. 이렇게 보면 내가 공자보다 나이가 많은 것 같기도 하고,『도덕경』의 초고를 쓴 것 같기도 하구나. 그런데『도덕경』을 다른 사람이 썼다는 이야기도 많더군. 공자와 같은 시기에 살았던 노래자나 공자가 죽은 뒤 129년이 지난 시절에 담이라는 사람이 썼다는 얘기도 있으니…….

하지만 그게 그리 중요한가? 그냥 나를 당시 살았던 사람이라고 생각하면 어떠한가?『도덕경』의 기본적인 내용은 내가 주장했지만, 사람들에게 전해 내려오면서 더러 보태지고, 더러 삭제되었다고 생각하면 안 되겠나?

무위를 주장한 내가 뭐 그런 것에 관심을 가졌겠는가. 하지만 인위가 해답이 아니요, 무위가 해결책이라고 주장했던 것만은 분명하네.”

현수는 어이가 없었지만 더 이상 뭐라고 하기도 어려웠다. 그래서 본래 알고자 했던 문제의 답을 찾는 데 중점을 두기로 했다.

“그러면 제가 알고 싶은 부분을 중심으로 여쭙겠습니다. 아까 무위를 직접 실천한 사람은 장자이고 선생님께서는 세상 문제를 어떻게 풀 것인지에 더 관심이 있었다고 하셨습니다. 해결책으로 무위를 내세우셨고요. 그런데 무위라면 적극적인 해결 방법을 내놓는 것이 아니라 세상사가 흘러가는 대로 자연스럽게 두는 것 아니겠습니까? 하지만 저는 인간 세상의 문제는 인간의 힘으로 풀어야 한다고 생각하는데, 그건 결국 인위가 아닐까요? 선생님이 말씀하신 방법이 과연 해결책인지 궁금합니다.”

노자는 현수를 딱한 눈으로 바라보았다.

“그런 방식으로는 문제를 풀 수가 없어. 지금 자네가 방황하는 이유는 무엇 때문인가? 근원적인 해답을 얻고자 하는 거 아니겠나. 그렇다면 문제가 발생한 원인을 먼저 살펴보아야 하지 않겠나. 그런데 자네는 지금 어찌하고 있는가? 근원은 살피지 않고, 사태가 발생한 결과만 놓고 우물쭈물하고 있네.

세상을 보게. 세상은 물 흐르듯 변화무쌍하게 전개되고 있다네. 그런데 그에 맞춰 가지 못하고 절대적 진리인 양 자기의 주장만 고집한다면 어찌 되겠는가? 문제를 풀기는커녕 세상을 더욱 혼란스럽게 만들지 않겠는가.”

노자의 말은 알 듯 모를 듯했다. 이게 선문답이라는 걸까? 현수는 구체적인 해답을 듣기 위해 다시 물었다.

"근원적인 문제를 살펴보면 인위는 결코 해결책이 아니라고 주장하시는 것 같습니다. 하지만 사람이라면 활동하고 생활해야 하는 것 아닙니까? 그런데 인위를 부정한다면 어떻게 살아야 할지 막막합니다. 좀 더 자세히 말씀해 주셨으면 합니다."

"내 말을 오해했구먼. 사람이 살아가는 것을 어찌 부정하겠는가. 그게 아니라 커다란 진리인 도에 맞춰 살아가라는 것일세. 사실 그 이치는 매우 간단하네. 내 주장 자체는 아주 간단하고 쉬운 것인데 어렵다고들 하니…….

결과를 가지고 답을 찾으려고 하지 말고, 결과가 나온 원인이 어디 있는가 살펴보는 게 첫째네. 인의(仁義)라는 덕목이 해결책으로 나온 까닭이 뭐겠는가. 대도(大道)가 무너졌기 때문 아니겠는가. 집안사람들이 서로 친화하지 않으니 효도와 자애가 강조되고, 국가가 혼란해지니 충신이 나타난다는 게야. 인의니 효도니 충신이니 하는 덕목이 세상사의 해결책이라는 게 무엇을 뜻하겠는가. 이런 가치가 사라져 세상이 혼란스럽다는 걸 드러내는 거 아닌가. 그런데도 결과에 얽매여 단기간의 해결책에만 골몰하면 세상이 달라지겠는가? 그건 억지 해결에 지나지 않네.

그래서 나는 도를 주장하고, 도에 따라 살아가야 한다고 말한 걸세. 모든 것의 근원은 세상을 관통하는 이치에서 찾아야 한다고 말이지. 이 세상에서뿐만이 아니네. 이 세상이 시작되는 시초는 물론, 그 이전의 모든 상태에도 적용되는 이치가 무엇인지 찾아야 하지. 그걸 나는 도라고 생각하네.

그런데 말이야, 이 도라는 게 참 묘한 것일세. 봐도 보이지 않고,

들어도 들리지 않고, 만지려 해도 만질 수 없지만 어떤 것도 여기에서 벗어나지는 못하거든. 텅 비어 있는 것 같으면서도 작용에는 다함이 없는 것이라고나 할까. 그것이 어디에서 나온 것인지는 알 도리가 없네. 하지만 하늘과 땅보다도 앞서 있었고, 아무 분별도 없는 황홀한 혼돈 상태에 있었다는 것은 분명하네. 그러니까 고요하고 텅 빈 듯하지만, 홀로 서서 변화하지 않고 두루 행하면서 위태롭지 않으니 가히 천하의 모체라고 할 만하네. 하지만 나는 그 이름을 알지 못했네. 그래서 우주와 만물의 근원이자 우주와 만물을 존재하고 변하게 하는 위대한 섭리라는 뜻에서 도(道)라 이름 짓고, 이것보다 더 큰 것이 없다는 뜻에서 대(大)라고 한 거지. 우주와 만물은 도로 말미암아 생겨난 것이네. 아무 분별도 없는 황홀한 혼돈 상태에서 말이네.

그런데 모든 사물은 극점에 이르도록 발전했다가 다시 원래의 상태로 되돌아가지 않는가? 대립되는 관계가 반대로 되돌아가듯이 말이네. 이로 인해 유와 무는 본시 상대적인 뜻에서 생겨났음을 알 수 있네. 그래서 무욕(無慾)하면 만물이 생성하는 오묘함을 볼 수 있고, 유욕(有慾)하면 만물의 차별상을 볼 수 있지. 그렇다면 위와 아래, 높고 낮음, 길고 짧음 같은 것도 다 상대적인 구별에 불과한 것 아니겠는가? 아름답게 보이는 것을 아름답다고 여기지만 추할 수도 있고, 선하게 보이는 것도 사실은 선하지 않을 수 있다네.

도의 이치를 보지 않고 상대적인 구별에 불과한 것을 절대화한다면 어떻게 되겠는가? 부작용이 생기는 게 당연하지. 그래서 나는 도를 말할 때 도를 도라고 지칭하게 되면 벌써 진정한 도가 아니라고 말했네. 대부분의 사람들은 한 측면은 절대화하고 다른 측면은 배제해 버린다네. 그렇게 도의 이치를 왜곡하고 한 측면으로 절대화한 결과로 이름이 드러났는데, 그 이름으로 풀려고 하는 게 인위지. 그래서 나는 인위가 해결책이 못 된다고 말하는 것일세.

강함과 약함을 예로 들어 볼까? 흔히들 굳고 강한 것이 부드럽고 약한 것을 이긴다고 생각하네. 하지만 과연 그런가? 이걸 생성과 변화의 원리로 보세. 천하에 물보다 부드럽고 약한 것이 어디 있는가? 병에다 넣으면 병 모양이 되고 바가지에 부으면 바가지 모양이 되니 말이네. 그렇지만 굳고 강한 것을 공격할 때 물보다 나은 것이 없고, 물을 대신할 만한 것도 없지 않은가? 이건 약한 것이 강한 것을 이기고 부드러운 것이 억센 것을 이긴다는 걸 보여 주지.

산 것과 죽은 것을 비교해도 금방 알 수 있네. 만물이 살아 있을 때에는 부드럽고 약하지만 죽고 나면 굳고 강해지지 않는가? 천하에 지극히 유약한 것이 천하에 지극히 견고한 것을 부리고 있네. 이건 무엇을 뜻하나? 생성과 변화의 면에서 유보다 무가 앞선다는 거지. 그래서 무위가 유익하고, 천하에 무위를 따를 게 없다고 주장하는 거네. 한마디로 도는 언제나 무위하지만 하지 않는 일이 없다는 뜻이지.

역으로 말하면, 천하는 신묘한 그릇 같아서 인위로 다스릴 수 없네. 그런데도 인위로 다스리려고 하니 천하를 망치고, 결국 천하를 잃는 것 아니겠나?"

현수는 눈만 껌뻑거렸다. 상대적 가치에 불과한 한 측면을 절대화한 것이 인위이고, 이러한 인위로 해결하려고 해서 사태가 더욱 악화된다는 노자의 주장을 쉽게 반박하기 어려웠던 것이다.

그렇다면 한 측면을 절대화한 것이 진리라고 말할 수는 없다. 이 때문에 중용, 중도, 조화라는 말이 각광받는 것이다. 하지만 한 측면을 절대화하지 않는 오류를 피할 수 있을까?

인간의 눈으로 세상을 바라보는 이상 상대적인 것을 얘기할 수밖에 없다. 게다가 한번 이름을 붙이면 그 이름이 상황을 규정하는 일이 비일비재하게 일어난다. 그래서 노자는 인위로 세상 문제를 해결할 수 없다고 단호하게 주장한 것일까?

결국 도를 왜곡한 결과가 인위이고, 인위는 더욱 사태를 악화시킬 뿐이라는 노자의 주장을 있는 그대로 받아들여야 한단 말인가? 하긴 니체도 인간의 인식 자체가 관점을 가진 해석이라고 주장하지 않았던가? 그래서 니체는 그런 상황 자체를 적극적으로 인정하고 자기 힘에의 의지를 극대화하는 방식으로 초인의 길을 제시했다. 노자는 이와 달리 철저하게 인위를 배격하고 무위로 돌아가라고 했다. 하지만 인간이 온전한 진리를 인식하는 것 자체가 불가능하다면 세상 문제를 풀 능력도 없을 것 아닌가? 그런데도 무위를 주장해 세상 문제를 푸는 게 과연 가능한 일일까?

"뭐라고 말씀드려야 할지……. 인위가 해결책이 될 수 없다는 말씀은 알아듣겠지만 무위가 해결책이라고 하시니. 도대체 도와 무위가 무엇입니까? 선생님께서 무위를 주장하시는 이유는 인간이 그에 맞춰 살게 하기 위해서가 아닙니까? 그렇다면 무위 역시 인위로 볼 수 있지 않을까요?"

"허허, 성급하구먼. 도에 대해 함부로 규정하려고 하니 그런 생각이 드는 것이네. 그리하면 한 측면을 절대화하는 인위와 다를 게 뭐가 있겠는가? 도는 현묘한 것이라네. 세상 만물을 자연스럽게 하는 게 도이기 때문이야. 물이 범람할 때 왼편이든 오른편이든 어디에나 퍼져 있듯이 도는 세상 어디에나 존재하면서 자신의 이치를 관통하고 있네. 여기에서 벗어난 것은 어떤 것도 없지. 놀라운 건 그렇게 하면서도 자기 업적을 얘기하지 않고, 공을 세웠다고 자기 이름을 내세우지도 않는다는 걸세. 만물을 생겨나게 하고 자라나게 했다면, 당연히 주인 노릇을 하며 소유하고 지배하려고 할 텐데 그렇게 하지 않고 만물에 의지하지도 않네. 어떤 의지나 목적 자체가 없이 그저 자연스럽게 그렇게 할 뿐이지. 이게 바로 세상의 법칙이고 도의 이치네.

이렇게 자연스러운 것에 맡기는 게 무위가 아니라면 뭐겠는가? 아울러 만물을 자연스럽게 하는 것보다 위대한 것이 어디 있겠는가? 내 그래서 무위가 세상 문제를 풀 해결 방안이라고 주장한 것일세.

도의 이치를 가장 잘 표현한 말은 무욕, 무위, 무사(無事)이네. 도는 만물이 생성하고 변화하는 원리이기 때문이야. 그러니 도의 극치 상태는 시·공간적으로 가장 근원적인 상태겠지. 만물의 차별상을 보려면 발전한 상태를 봐야겠지만, 만물의 생성과 변화를 보려면 가장 근원적인 상태를 봐야 할 것 아니겠나. 그래야 보이지도 않고 형체도 없던 것들이 어떻게 생겨나는지 파악할 것 아닌가?

시·공간적으로 가장 근원적인 것이 무엇이겠는가? 허, 무, 낮은 곳, 모든 것이 생성되기 직전 등이 아니겠는가? 그러니 여기에 적극적인 의미를 부여하고 이런 상태를 찾아야 할 것 아닌가? 여기서 생성과 변화가 일어나지 않는다면 도의 이치에 맞지 않지. 한마디로 세상이 변화하거나 발전하지 않는다는 뜻이 되니 말일세.

하지만 그런 걱정은 할 필요가 없네. 허와, 무, 낮은 곳 등이 자연스럽게 생성과 변화의 주된 동력으로 작용하고 있으니까. 계곡만 보더라도 낮고 텅 빈 곳 아닌가? 그렇기 때문에 온 세상의 물이 그곳으로 모여들고 만물을 생성하지 않는가? 진흙을 반죽해 그릇을 만들 때에는 안을 비워 두지. 무의 효용이 있기 때문에 그릇이라는 유가 유용해진 거야. 하늘과 땅 사이는 풀무와 같이 비어 있지만, 움직이기만 하면 세찬 바람이 일어나지 않는가? 이건 허의 작용을 보여 주지.

이런 것들은 세상 사람들이 추구하는 가치와 다르지 않나? 이는 결국 인간이 무위와 무사, 무욕의 삶을 추구해야 한다는 것을 뜻하네. 그러니 인위와 반대될 수밖에 없지.

자네는 무위의 삶이 어떠한지 아는가? 스스로 드러내려 하지 않기 때문에 분명히 드러나고, 스스로 옳다고 주장하지 않기 때문에 옳음이 밝혀지고, 스스로 업적을 자랑하지 않기 때문에 공적이 인정되고, 스스로 재주를 뽐내지 않기 때문에 재능이 인정되고, 남과 다투지 않기 때문에 천하에 다툴 상대가 없는 것이라네.

그런데 어떻게 무위의 삶을 인위의 또 다른 모습이라고 할 수 있겠는가? 도리어 무위의 삶을 추구해야 인위의 병폐를 없앨 수 있지 않겠는가?"

현수는 눈을 크게 떴다. 이것이야말로 혁명적인 주장이었다. 무위가 도의 원리를 가장 잘 반영한다면서, 인간이 일상적으로 추구하는 가치 체계를 완전히 뒤집어 놓은 것 아닌가. 명예나 부와 같은 것이 아무 소용없고, 오히려 쓸모없는 것이라는 주장이니 말이다.

노자의 말대로 인간이 무위의 삶을 살 수만 있다면 세상의 많은 문제들은 벌어지지 않을 것이다. 더 낮은 곳으로 가고, 더 적게 가지고, 남보다 더 뒤처지는데 뭐 때문에 서로 다투고 싸우겠는가? 하지만 이것이 현실에서 가능할까?

"선생님 말씀대로 무위의 삶을 산다면 인간 세상도 자연스럽게 흘러갈 수 있겠지요. 하지만 인간은 더 많이 가지려고 하고, 더 높은 자리를 차지하려는 본성이 있지 않습니까? 과연 인간이 무위를 받아들여 행할 수 있을지 의문입니다. 게다가 도의 이치라고는 하나, 너무 낭만적인 주장이라는 생각을 떨쳐 버릴 수가 없습니다."

노자의 얼굴에 안타깝다는 표정이 떠올랐다가 금세 사라졌다.

"그런 사고방식 때문에 문제가 해결되지 않는 거네. 분명한 건 이기는 게 아니라 자리를 오래 보존하는 게 더 강하다는 걸세. 아무리 강한 것이라고 해도 금방 그 자리를 잃어버린다면 무슨 소용이 있겠는가? 이 세상에 자신의 생명보다 소중한 것이 없거늘.

독재자가 자신이 벌인 재앙에서 벗어날 수 있겠는가? 궁지에 몰린 백성이 죽음을 두려워하지 않고 단결한다면 어떻게 되겠는가? 군사적으로 강함을 드러내려 한다면 과연 전쟁에서 자유로울 수 있겠는가? 이건 더 강한 것, 더 많은 것, 더 높은 곳을 추구하다 자기 목숨 하나 부지하기도 어렵게 된다는 뜻일세.

이 얼마나 어리석은 짓인가? 강해지려고만 하면 그 상태를 지속할 수가 없네. 아무리 세찬 회오리바람이라도 하루를 넘기지 못하고, 아무리 거센 소나기라도 하루 종일 내리기는 어렵지 않는가. 천지도 이러한데 하물며 사람이야. 내가 무위를 주장하는 이유는 자신의 삶을 유익하게 만드는 방책이기 때문이네. 언뜻 보면 약한 것, 낮은 곳, 적은 것을 주장하니 비굴하고 졸렬해 보이기도 하겠지.

하지만 도는 그렇게 미묘한 것이네. 분명한 건 높은 곳은 낮은 곳을, 귀한 것은 천한 것을 기본으로 삼고 있다는 것일세. 낮춰 보이면 더 높아지고, 약하게 보이면 더 강해지고, 더 적게 가지려고 하면 더 많이 가지게 된다는 것이지. 결국 도의 법도에 맞게 무위, 무사, 무욕의 삶을 추구하라고 말하는 것이네."

현수는 애매모호한 기분이었다. 맞는 말이지만 실천하기 어려운 것이 무위가 아닌가 싶었다.

"아직도 어렵기만 하고 해답이 아닌 것 같은가? 나는 도의 작용과 효용이 드러나는 덕을 언급한 일이 있었지. 상덕(上德)은 덕을 의식하지 않기 때문에 덕을 지니게 된다고 했고, 하덕(下德)은 덕을 잃지 않으려고 하기 때문에 덕이 없게 된다고 말이네. 상덕은 무위하고 행위의 목적이 없지만 하덕은 유위하고 목적이 있다는 말이지. 그런 이치에서 나는 도를 잃은 뒤에야 덕이 드러나고, 덕을 잃은 뒤에야 인이 드러나고, 인을 잃은 뒤에야 의가 드러나며, 의를 잃은 뒤에야 예가 드러난다고 말한 것일세.

이처럼 세상이 왜 혼란해졌는지 이치가 명명백백하게 드러나는

데 어찌 무위의 삶을 인간이 받아들일 수 있겠느냐고 반문한단 말인가? 자신을 뒤로 미루면 앞자리에 서게 되고, 자신을 낮추면 윗자리에 서게 되고, 욕심을 버리면 생존하게 되는 것이거늘.

누구든 발끝으로는 오래 서 있을 수 없네. 인위적으로 해결하려고 한다면 위태위태한 상황에서 벗어나지 못할뿐더러 끝내 가장 소중한 몸과 마음까지 다치게 되지. 하지만 도를 지키며 살아간다면 어떤 행동을 해도 해가 미치지 않고 천하도 태평해진다네. 무위, 무사, 무욕이야말로 인간을 가장 자연스럽게 살게 해 주고 세상사의 문제를 해결해 주는 방안이 아니겠는가?"

현수는 고개를 갸웃거렸다. 생성과 변화의 각도에서 무와 허 등의 가치를 재평가했다면 사회도 마땅히 그런 방식으로 평가해야 했다. 그런데 오래 보존하는 것이 강한 것이라고? 이런 이유로 현실 사회를 그대로 유지하려고 하는 것은 아닐까?

노자의 주장에 따르면, 높은 자리를 차지하고 있는 사람보다 낮은 자리에 있는 백성들이 생성과 변화의 원동력이고, 더 많은 가치를 지니고 있다고 재평가해야 한다. 그렇다면 백성들 입장에서 뭔가 바뀌어야 더 나은 사회로 나아갈 것 아닌가?

그런데도 계속 자리를 지키는 것이 강한 것이라면 사회를 유지하는 것이 해답이라는 말이다. 그렇다면 똑같이 무위의 삶을 사는데 왕은 계속 높은 위치를 유지하면서 통치하고, 백성은 계속 낮은 위치에서 통치받으라는 것인가? 아무리 생각해도 백성들의 입장이 아니라 왕이나 위정자의 입장에서 해답을 제시하는 것이라고 볼 수밖에 없었다. 하지만 왕이 무위의 삶을 추구하고 그걸 실천한다면? 또 다른 의문이 고개를 들었다.

"선생님 말씀을 듣고 보니 왠지 백성보다는 왕을 상대로 무위의 삶을 주장한 것으로 보입니다. 당시의 시대적 배경을 고려하면 왕을 떠나 정치와 사회를 논하는 건 말이 안 되겠지요. 하지만 그 주장을 왕이 받아들이지 않으면 어떡합니까? 그런데도 선생님께서는 무위의 삶이 실현될 거라고 보시는 겁니까? 어떻게 해결할 수 있는지 방도를 말씀해 주십시오."

노자는 현수의 태도에 다소 놀란 기색이었다.

"물론 쉬운 일은 아니네. 그렇다고 불가능하다고 보는 것은 오산이야. 인위가 큰 폐단을 가져다주니 무위로 푸는 것이 당연한 해결책 아니겠나. 백성보다 왕이 무위를 실천해야 한다는 건 맞네. 어디든 나라를 다스리는 위정자가 있게 마련이니 말이네. 그러니 그 지도자가 대도의 삶을 추구하는 게 해답 아니겠는가? 그러면 백성들도 무위의 삶을 추구하게 될 테니 말일세.

도를 몸에 닦는다면 덕이 참될 것이고, 집안에서 닦는다면 덕이 넘칠 것이고, 마을에서 닦는다면 덕이 오래갈 것이고, 나라에서 닦는다면 덕이 풍성할 것이고, 천하에 닦는다면 덕이 보편화될 것이네. 천하의 모든 사람들이 그리한다면 이상적인 사회가 아니고 뭐겠는가? 그러니 내가 백성의 입장에서 무위를 언급하지 않았다고 크게 상심하지는 말게.

무위의 삶은 대도의 이치에 가장 근접한 것이네. 사람에 비유하자면 순박한 어린아이 같은 상태라고 할까. 인위적인 욕망을 철저하게 배제하고 가장 자연스러운 인간의 모습으로 생활하는 것이네. 자연스러운 본성을 제외한 모든 껍데기, 즉 욕심, 욕망, 문명, 문화, 학문, 지식까지 깨끗이 던져 버리자는 거지.

인간이 욕심을 부리는 이유는 때깔 좋은 옷을 입고 맛난 것을 먹으려고 하기 때문이 아닌가? 더 높은 자리를 차지하려고 하고, 더 많은 걸 가지려고 다투어 화를 자초하는 거지. 그러다 보니 농토는 황폐화되고 백성들의 곳간은 텅텅 비어 삶이 더 어려워지지. 결국 전쟁으로까지 이어져 가장 중요한 사람의 목숨마저 잃지 않는가? 처음부터 욕심이나 욕망, 문명과 문화, 학문과 지식 자체를 몰랐다면 이런 일이 벌어지겠는가?

현명함을 숭상하지 않았다면 백성들이 다투지 않았을 것이고, 욕심낼 만한 것을 보이지 않았다면 백성들의 마음이 이지러지지 않았을 것이네. 강함과 용감함 자체를 몰랐다면 말들이 전장에서 달리는 일이 일어났겠는가? 욕심과 욕망, 문명과 문화 및 학문과 지식에 근거해 천하에 꺼리는 것이 많을수록 백성들은 더욱 가난해지는 법이라네. 마찬가지로 법령이 많아지고 기이한 지식이 늘어나고 편리한 기구가 많아질수록 국가는 더욱 혼란스러워지는 법이지.

그렇다면 어찌해야 하겠는가? 아예 이런 일이 발생하지 않도록 해야지. 무위함으로써 백성들이 스스로 교화되고, 고요함을 좋아함으로써 백성들이 스스로 올바르게 되고, 무사함으로써 백성들이 스스로 부유해지고, 무욕함으로써 백성들이 스스로 소박해지네. 본시의 바탕을 드러내고 소박함을 지니며 사사로움을 줄이고 욕망을 적게 가져야 한다는 것이지. 인위의 대표적 형태인 성스러

움을 끊어 버리고 지혜를 내버리면 백성들의 이익은 백배로 늘어
날 것이며, 인을 끊어 버리고 의를 내버리면 백성들은 효도하고 자
애로운 마음을 가질 것이고, 법령 같은 기교를 끊어 버리고 이익을
내버리면 도둑들이 존재하지 않을 것이네. 욕망과 욕심, 문물과
문화, 학문과 지식 등의 허접스러운 껍데기와 찌꺼기를 다 버리자
는 걸세. 대신 사람의 자연스러운 본성을 강하게 만들자는 거지.
이렇게 사람의 자연스러운 본성이 강화된다면 그야말로 무위하여
이루어지지 않는 일이 없는 세상이 열리지 않겠는가? 이것이 불가
능하다고 어떻게 장담할 수 있단 말인가?"

현수는 멀뚱멀뚱 노자만 바라보았다. 지금까지는 무위를 욕심을
버리는 것, 욕망을 버리는 것 정도로 이해해 왔다. 그런데 문명,
문화, 학문, 지식까지도 통째로 없애자는 데에서 할 말을 잃은 것
이다.

문명과 문화가 가져온 부작용이 엄청나니 모두 없애자는 것 아
닌가. 하지만 문명과 문화 때문에 인류사가 발전해 온 것이 아니
던가.

노자는 한 측면을 절대화하면 안 된다고 말했다. 그렇다면 욕심
과 욕망, 학문과 지식 등에 긍정적인 측면 또한 있다고 보는 게 종
합적인 판단 아닐까? 그런데 왜 인위의 부정적 측면만 내세우는
것일까?

"선생님께서도 한 측면만을 절대화하는 것 아닌가 싶습니다. 무
위의 삶을 긍정하시고, 인위는 송두리째 부정하시니 말입니다. 학
문과 지식의 유용한 측면도 인정해야 하는 것 아닌가요? 그걸 송

두리째 없애면 무위한 세상이 펼쳐질지 의문입니다. 사람들은 인위적인 해결책에 푹 빠져 있습니다. 그렇다면 무위와 인위를 종합적으로 판단한 뒤 세상 문제를 푸는 게 맞지 않을까요? 제 주장이 옳지 않다면 어떻게 무위한 삶이 실현될 수 있는지 말씀해 주십시오.”

노자의 대답은 의외였다.

“자네가 쉽게 받아들일 거라고는 생각하지 않았네. 현실 문제를 당장 고치겠다고 나선 사람이 무위한 삶을 받아들이기가 어디 쉽겠나. 하지만 그게 다 인간의 욕심과 욕망에 바탕을 둔 인위에서 나왔다는 걸 기억하게. 학문과 지식도 마찬가지네. 탐욕이 탐욕을 부르듯 욕심에 의지해서는 결코 폐단을 고칠 수 없네.

그런데 어떻게 무위를 실현하느냐고? 내가 왜 백성을 중심에 두지 않았는지 짐작되는 바가 없나? 무위한 삶은 어느 정도 경지에 오른 성인만이 실천할 수 있기 때문이네. 성인이 모범을 보여야 다른 사람들이 따라할 것 아닌가?

세상에는 위대한 것이 네 가지 있다네. 도, 하늘, 땅, 그리고 왕이지. 다시 말해 성인이 나라를 다스리면 백성이 괴롭지 않다는 것이네. 욕심을 부리지 않고 자기 자신을 낮추는데 백성들의 원한을 살 이유가 없지 않은가? 백성들 또한 스스로 애쓰지 않아도 저절로 도에 따라 살게 될 것이야.

성인은 군사의 강함을 드러내어 싸우려고 하지 않네. 전쟁으로 사람이 죽어 가는 참상도 사라지지. 또한 전장에 소요되는 비용도 사라지니 자연히 백성들의 배가 더욱 부를 것 아닌가? 하긴 싸우고 싶지 않다고 영원히 싸움을 피할 수는 없겠지. 하지만 나아가도 나아감이 없는 듯하고 쳐부수어도 적대하지 않으니 적을 가볍게 여기거나 무시하는 일은 일어나지 않네.

또 성인은 도의 이치를 잘 아는지라 일의 조짐을 파악하고 미리 해결할 준비를 하네. 아름드리나무도 터럭만 한 싹에서 생겨나고 9층 높이의 누대도 한 줌의 흙에서 세워진 것이 아닌가? 다시 말해 성인은 문제가 드러나기도 전에 안다는 거지. 그러니 세상사가 자연스럽게 돌아가지 않겠는가?

국가 간의 관계에 있어서도 겸양의 덕을 보이니 천하의 물이 강과 바다로 모이듯 큰 나라로 발전할 수 있네. 이런 것들이 무위의 정치를 실현해 얻는 이익이지. 하지만 이런 정치는 생선을 굽는 것처럼 조심스럽게 해야 하네. 그게 바로 도의 오묘함이니까 말이네. 하여튼 이런 정치는 홀로 무위하며 자연스럽게 살아가는 것을 최상으로 여기지. 그렇다면 큰 나라보다는 작은 나라에서, 그리고 백성들이 적을수록 더 잘 실현되지 않겠는가? 그래야 백성들이 순박하게, 그러니까 가장 자연스러운 사람의 본성을 지키면서 살 수 있을 테니 말이네."

노자의 주장은 공자와 플라톤의 주장과 다를 바가 없었다. 결국 성인이 있어야 무위한 세상이 펼쳐진다는 것 아닌가. 마음이 무거워진 현수는 가만히 노자를 지켜보았다. 노자는 몸을 일으키며 말했다.

"자네가 내 말 몇 마디에 감화되리라곤 생각지 않았네. 다들 나의 도는 크기만 하고 어리석다고 했지. 그런데 말이야, 사실은 크기 때문에 어리석게 보이는 것이네. 원래 도는 그런 것이니까. 하여튼 신실한 말은 아름답지 않고, 아름다운 말은 신실하지 않은 경우가 많다네. 마시는 물이 어디 색깔이 있고 맛이 나던가? 담백하기만 할 뿐이지. 이러한 이치를 잘 새겨 보게나.”

말을 마친 노자는 순식간에 사라져 버렸다.

‘인간이 무위로 돌아갈 수만 있다면 이 세상에서 풀리지 않을 문제는 없을 거야.’

현수는 마음속으로나마 노자를 향해 정중히 예를 올렸다. 그 순간 맞상대가 나타났다.

“존경의 마음이 절로 우러나듯이 자연스럽게 되는 것이 무위네. 그걸 알고서도 나와 계속 승부를 하려 하나? 마치 인위가 세상에 해악을 가져다주듯 자네도 구차해질 거야. 이쯤에서 승복하는 것이 어떻겠나?”

현수는 어이없는 표정을 지었다. 맞상대는 도와 무위를 내세워 게임에서 이기려는 수작임이 분명했다.

“무위를 잘못 알아들으셨나 봅니다. 승복하라는 요구에서 이미 욕심이 보입니다. 무위가 해결책이라면 낮은 곳을 향하고 욕심을 버려야 하지 않겠습니까? 그렇다면 이기려고 할 것이 아니라 지려고 해야지요.”

맞상대는 당황해하며 말을 얼버무렸다.

“어찌 자네가 그런 말을……..”

현수는 다시 단호하게 따져 물었다.

“졌다는 걸 인정하겠습니까? 아니면 무위가 해결책이 아니라는 걸 인정하겠습니까? 선택을 하시지요."

맞상대는 잠시 망설였다. 졌다고 하면 지는 것이고, 무위가 해결책이 아니라고 인정해도 지는 것이니 사실 생각할 것도 없었다. 맞상대는 껄껄 웃으며 대답했다.

"이겼다고 너무 좋아하지는 말게. 지는 것이 진짜 이기는 것이니 말일세. 그럼 잘 가게."

맞상대는 현수를 향해 손을 흔들더니 조용히 사라졌다. 생각보다 쉬운 승부였다. 현수는 한시름 놓은 기분이었다.

사르트르의 실존하는 인간

현수는 기뻤지만 한편으로는 꺼림칙하기도 했다. 무위까지는 아니어도 조금만 욕심을 버리면 세상사가 이렇게 혼잡하지 않을 것 같다는 생각이 들었다.

인간이 과연 욕심을 포기하고 살 수 있을까? 욕심 또한 자연스럽게 인정해야 하지 않을까? 그렇다면 무위의 인간상만이 아니라 유위의 인간상도 필요할 것이다. 무위와 유위가 조화를 이룬 사람이 진짜 성인인지도 모른다. 하지만 사람이 무위와 유위를 조정하게 되면 결국 인위로 귀결되지 않을까? 그래서 노자는 무위의 경지에 이르려면 인위를 철저하게 배제해야 한다고 주장한 것일까?

인간이 만족스럽게 살려면 인위적인 욕망을 모두 포기하고 무위하는 게 해답일까? 하지만 욕심에 끝이 없는 것처럼 무위한 삶 또한 끝이 없을 것 아닌가? 결국 무위한 삶을 살든, 인위적인 삶을 살든, 무위와 인위를 조화시킨 삶을 살든 끝이 없는 것일까? 그럼매 순간마다 스스로 결단하며 살아가야 하는 것 아닌가.

하지만 편견을 지니고 있는 인간이 진리에 따라 판단한다고 어떻게 확신할까? 그렇게 장담하지 못해도 그게 인간이 처한 상황이란 말인가. 그러니 회피하지 말고 부딪칠 수밖에 없다는 것일까?

"이제야 무슨 고민을 해야 하는지 깨닫기 시작한 모양이군. 그게 바로 피할 수 없는 실존적 문제지. 스스로 결단을 내리고 책임을 져야 한다는 거야. 자네가 앞으로 어떤 선택을 할지 궁금하군."

어느새 등장한 맞상대가 현수에게 한 말이었다. 새로운 맞상대를 본 현수는 흠칫 놀랐다. 얼마나 생각을 많이 했는지 얼굴에 고뇌의 흔적이 역력했던 것이다. 좀 안쓰럽기까지 했다. 맞상대는 아랑곳하지 않고 따라오라며 앞서 나갔다.

맞상대를 뒤따르던 현수는 생각에 빠져들었다. 게임에 이기기 위해서나 진리를 찾기 위해서는 한 가닥의 실마리라도 필요했다. 문득 모든 문제의 해결이 인간에 대한 해명으로 나아가고 있다는 생각이 들었다. 신을 믿든, 이성을 옹호하든, 계급 투쟁을 주장하든, 초인과 무위의 삶을 제시하든, 인의와 철인을 거론하든 인간에 대한 관점이 들어가 있었던 것이다. 각기 자신들의 근거에 기초한 인간상을 제시하면서 그에 맞추어 살아가야 한다는 주장이었다. 하지만 모두 인간을 간접적으로 해명한 것에 불과했다. 그렇다면 인간에 대한 문제를 직접적으로 부딪쳐서 해명해야 하지 않을까? 그런데 그토록 오랜 시간이 흘렀는데도 해명하지 못했다면 근본적으로 불가능한 일인지도 모른다. 하지만 세상 문제를 풀기 위해선 부딪칠 수밖에 없는 걸까?

현수는 자신이 품은 희망이 얼마나 부질없는지 깨달았다. 산업 자본이 독점 자본으로 바뀌고 제국주의 세력이 식민지를 개척하는 광경이 펼쳐졌던 것이다. 원주민들을 무참하게 학살하는 장면에서는 저절로 눈살이 찌푸려졌다.

식민지를 두고 선발 주자와 후발 주자가 뒤엉켜 싸우는 장면도 나왔다. 더욱 놀라운 건 사람들의 행동이었다. 조국을 지킨다는 명분 아래 전쟁터에서 과감하게 목숨을 내던진 것이다. 하루살이가 빛에 이끌려 불 속에서 타 들어가는 것 같았다.

어느새 두 번째 전쟁이 다시 일어났다. 첫 번째 전쟁과는 달리 파시즘 세력에 대항하기 위해 반파시즘 연합 전선이 형성되었다. 여기에는 사회주의 국가와 민족 해방 세력도 함께했다. 제1, 2차 세계 대전의 모습이라는 생각이 들었다. 왜 이런 장면을 보여 주는 걸까? 같은 실수를 반복하는 어리석은 인간에겐 희망이 없다는 것을 말해 주는 걸까? 아니면 인간이라는 존재 자체를 본격적으로 연구해야 해답이 나온다는 걸까?

현수의 의문은 끝이 없었다. 이때 파이프를 입에 문 한 사람이 나타났다. 두툼한 돋보기안경을 쓴 채 홀로 방 안을 서성이는 그는 불안하고 고통스러워 보였다. 현수는 그를 유심히 지켜보았다.

갑자기 그는 책상 앞으로 다가가 앉더니 뭔가를 곧장 써 내려가기 시작했다. 책상 위에는 원고가 수북이 쌓여 있었다. 다가가 슬쩍 보니 실존이니 자의식이니 하는 단어가 눈에 띄었다.

이번에는 실존주의자인가? 전쟁에 뛰어드는 것도 결국 인간의 선택에 달린 것이니……. 현수가 다가가자 그는 안경을 올리며 반갑게 맞았다.

"여기까지 오느라 고생 많았네. 그러나 헛된 발걸음은 아니었을

걸세. 자신의 자유를 논하고 책임을 지려 한다면 이런 고생쯤은 감
수해야지. 나는 사르트르네. 이렇게 만나서 반갑구먼.”

사르트르를 알아보지 못하다니! 현수는 겸연쩍은 마음에 이마를
쳤다.

“영광입니다. 문학과 철학 등 다방면에 걸쳐 책을 쓰신 데다 20
세기 프랑스를 대표하는 실존주의 철학자로 명성이 자자하셨지
요. 제가 보기에 선생님은 인본주의를 부정하신 것 같습니다. 그
런데 실존주의는 휴머니즘이라고 하고, 개인의 자유는 절대적인
것처럼 주장하셨지요. 또 마르크스주의와의 접목을 시도하고, 나
중엔 유대교 같은 계시까지 언급하셨지요? 저로서는 선생님의 주
장을 어떻게 이해해야 할지 혼란스럽습니다.

이뿐만이 아니지요. 누구나 꿈꾸는 노벨 문학상 수상을 거부하
기도 하셨어요. 연인이자 지적 동반자인 보부아르와는 계약 결혼
을 하셔서 전 세계 젊은이들에게 큰 영향력을 미치기도 했고요. 상
대방에 충실하되 생활은 물론 연애의 자유까지 보장한다는 내용
의 결혼으로 알고 있는데요. 그런 게 과연 가능한가요? 하지만 뭔
가 일관적인 생각이 있으셨겠지요. 그런 점을 설명해 주셨으면 합
니다.”

속사포처럼 질문을 쏟아 내는 현수를 보고 사르트르가 껄껄 웃
었다.

“허허, 자네 눈엔 내가 이상하게 보인 모양이지? 하지만 그런 게
우리 인간이 살아가는 모습이라고 하면 어떨까? 모순된다느니, 이
해할 수 없다느니 할 필요가 있나? 그냥 자기 삶에 충실하면 되는

거지. 나는 인간의 자유가 무엇이고, 어떻게 책임을 져야 하는지 끊임없이 고뇌하면서 그런 삶을 살기 위해 노력했을 뿐이네."

사르트르의 대답 역시 모순적이었다. 스스로 결단한 것이니 행동이 모순되더라도 그냥 받아들이라는 뜻 아닌가. 현수는 반문했다.

"대체 무슨 말씀이신지요? 매 순간 행동이 달라진다면 자유와 책임이라고 할 수 있을까요? 게다가 자유와 책임 문제는 사회적으로 접근해야 더 설득력이 있을 것 같은데, 개인적 차원으로만 말씀하시는 것 같습니다. 선생님은 독일의 침공을 받았을 때 레지스탕스 활동도 하셨지 않습니까? 문학도 현실 사회에 참여해야 한다고 하셨고요. 그게 다 사회적인 접근 같은데 지금 말씀으로는 아닌 것도 같고요. 대체 어떤 입장이신지 분명하게 말씀해 주십시오."

현수의 질문에 사르트르는 고개를 흔들었다.

"그런 질문은 넌더리나는군. 사람들은 인간의 행동을 일관성이나 합리성에 따라 해석하려고 하지. 모든 것을 그렇게 파악하고 규정한다면 자유를 논할 수 있을까? 그건 이미 진정한 자유가 아니지 않은가? 물론 내가 자유를 논할 때 어떤 전제를 상정하지 않는다는 것은 아닐세. 이미 인간 앞에 주어진 사실이 있지 않은가? 어디에 살고 있고 어느 부모 밑에서 태어났는지 하는 크고 작은 상황이나 사건 말이네. 하지만 진정 자유로우려면 이런 것을 초월해야 하지 않을까? 이런 것에 지배받고 규정된다면 어떻게 자유라고 할 수 있겠는가?

이런 이치는 우리가 흔히 자아라고 부르는 것에도 똑같이 적용되네. 자아로부터도 초월해야 한다는 거지. 자아를 포함해 주어진 상황의 굴레에서 벗어날 때 비로소 자유롭다고 말할 수 있네. 그래서 나는 매 시기마다 항상 자유 의지로 판단하고 결정했다고 말하는 것일세. 참여 문학, 레지스탕스 활동, 제국주의 식민 정책 반대 등은 모두 자유 의지로 판단하고 행동한 모습이네. 자기 스스로 결정해야지 누가 대신 판단해 줄 수는 없지 않나? 아무리 훌륭한 조언이라도 참고 자료에 불과하다네."

사르트르의 대답에 현수는 다시 물었다.

"스스로 판단하고 결정을 내린다고 하셨지요? 그러나 주어져 있는 상황과 사실이 있는데 과연 자유로울 수 있을까요? 그건 환상에 불과하다는 생각이 듭니다."

"상황을 직시하지 않는 게 더 문제라고 보네. 주어진 자유로부터 절대 피할 수 없는데 그렇지 않은 것처럼 여기는 게 잘못 아닌가. 실제로는 자유로운데 그렇지 않은 것처럼 여긴다는 건 뭘까? 자기 자유를 행사하지 않으려 하는 거고, 책임도 지지 않으려는 거지. 인간은 언제나 저주받을 정도로 자유로운 상황에 처해 있네. 그게 인간의 운명일세. 그런데 피하려고 든다면 옳은 행위일까?"

인간이 저주받을 정도로 자유로운 상황에 처해 있다니! 그러면 자유가 저주라는 말인가? 현수는 무슨 의미인지 이해하기 힘들었다. 사르트르는 현수를 물끄러미 쳐다보며 말을 이었다.

"자유를 저주라고 하니 당혹스러운 모양이군. 인간이 처한 상황을 냉정하게 살펴보자는 얘기네. 그래야 자유가 어떤 내용을 담고 있는지 알 것 아닌가?

신이 만물을 창조했다고 생각해서는 안 되네. 인간을 포함한 세계는 어떤 본질이 있어서 존재하는 것이 아니야. 끊임없이 우연히 생성되는 거지. 따라서 존재는 어떤 목적이나 이유를 가진 게 아니네. 한마디로 존재에는 배후가 없지. 따라서 존재는 부조리하고 무의미할 수밖에 없어. 이건 인간도 마찬가지네.

하지만 인간은 대자(對自) 존재가 된다는 점에서 즉자(卽自) 존재와는 다르다네. 즉자 존재는 자기 동일성을 지닌 존재네. 의식의 대상이 되는 존재라고 할까. 반면 대자 존재는 자신을 위한 존재네. 자신을 위해 항상 상황을 돌파하는 존재이지.

이것은 의식의 지향성으로 설명할 수 있어. 어떤 대상을 의식하지 않으면 의식 자체가 없지 않은가? 그러므로 의식은 무엇에 대한 의식이지, 의식 자체는 없다네. 즉 순수 의식은 자기 지향성의 구조를 채우는 과정에서 외부 존재를 빌려 와 그것에 의지해 자신의 실재성을 확보하지. 따라서 의식은 무라고 할 수 있어. 그러니까 의식은 자신이 존재하지 않는 역설적인 의미에서 존재하는 것이네. 앞에서 말했듯이 의식은 대상으로 존재하는 사물을 향한 개방성으로 존재하기 때문이지. 결국 존재는 의식 대상이고 무는 의식이라고 할 수 있는 걸세.

이제 왜 인간이 자유로운 상황에 처할 수밖에 없는지 이해가 되나? 지금껏 말한 의식 때문이지. 의식은 자발성을 가지고 있는 데다가 무(無)이고, 자신의 과거조차 재창조하기 때문에 자유롭다고 할 수 있네. 한마디로 자유는 완벽하고 무한하다는 말일세. 어떤 한계를 갖지 않는다는 것이 아니라 오히려 한계에 제약받지 않는다는 의미지. 그래서 의식은 지향성을 가지고 끊임없이 상황을 돌파해 나간다네. 이런 의식은 결핍이자 결여이지. 한편으로는 지향성을 가지고 있기 때문에 가능성이기도 해. 이를 두고 자유롭다고 하는 것이네. 따라서 인간의 상황은 이중적이라고 할 수 있어. 개인마다 주어진 상황이 있지만 선택할 수 있는 힘까지 빼앗긴 것은 아니거든. 그렇기 때문에 선택을 통해서 자신을 창조해 나가야 하는 거야.

인간이 즉자 존재처럼 인과율에 지배를 받는다면 무슨 자유를 논할 수 있겠는가? 즉자 존재라면 어차피 자기 동일성에 의해 그렇게 된 것 아닌가. 즉자 존재는 자유롭지 못하지만, 인간은 대자 존재이기에 즉자 존재의 인과율로부터 벗어날 수 있어. 때문에 인간은 매 순간 선택의 기로에 서 있는 셈이네. 선택에 대해 책임을 질 수밖에 없는 처지인 거지. 의식이 무이니 모든 상황을 스스로 감당하고 책임져야 하네. 그러니 저주받은 자유가 아니겠는가?

그런데도 사람들은 외면하려고 하지. 선택의 기로에서 대자 존재가 아닌 즉자 존재로 되돌아가려고 한다는 거야. 인간은 분명 자유로운 상태에 처해 있고, 이 때문에 선택하며 책임을 질 수밖에 없는 상황이야. 그런데도 회피하려 드니 참……. 상황 핑계를 대는 경우가 많은데 이건 안주하기 위한 구실에 불과하네. 자신을 기만하는 행위이고 삶에 대해 진지하지 않은 태도인 거야. 그래서 나는 인간이 저주받도록 자유로운 상황에 처했다고 말했던 것일세. 자유는 해방이 아니라 고뇌의 원천이거든. 이것을 제대로 안다면 선택해야 한다는 말이 무슨 의미인지 이해할 것 아닌가? 대자 존재로서의 지향에 따라 즉자 존재의 인과율로부터 벗어나기 위해 노력해야 하지. 끊임없이 나타나는 반성적 의식 속에서 현명하게 선택하고 행동해 스스로를 초월해 나가야 하네. 그게 해답 아니겠는가?"

현수는 혼란스러웠다. 선택에 따른 책임을 져야 하고, 선택은 개인의 의식에 따라 스스로 결정해야 하는 문제라고? 그렇다면 이 선택에 객관적인 근거가 있을까? 객관적 검증이 불가능하다는 점에서 니체의 이론과 별반 다를 것이 없었다.

사르트르는 인간의 자율적인 선택이 무엇보다 중요하다고 주장했다. 하지만 인간은 서로 어울려 살아가는 존재 아닌가. 다른 사람에게 해를 주는 선택을 한다면, 그리고 도저히 묵과할 수 없는 결정을 내린다면 어떻게 해야 하는가? 이것은 개인적 차원을 벗어나 인간 사회 유지와 관련된 문제이다. 그런데 어떻게 개인의 자율적인 판단만을 존중한다는 걸까?

다른 생각도 밀려들었다. 자율적인 선택을 중요하게 생각하는 사람이 다른 사람의 선택을 가로막는 결정을 내릴까? 사르트르는 사회 참여 활동을 활발하게 전개하지 않았던가. 그렇다면 객관적인 근거를 명확히 밝히는 것이 더 설득력 있지 않을까? 이게 아니라면 도대체 사르트르의 주장은 뭘까? 실존으로서의 자유와 책임 문제를 회피하면 안되니, 개인의 의식은 다른 무엇에 결코 양보할 수 없는 중요한 문제라고 한다. 사르트르는 세계와 인간을 어떤 눈으로 바라보는 것일까?

현수는 속이 콱 막힌 것처럼 답답해지는 걸 느꼈다. 인간의 의식이 거론되기만 하면 항상 주관성이 뒤따라온다. 그래서 어떤 황당한 소리를 해도 뭐라고 반박하기가 어려운 것이다. 그렇다고 의식의 문제를 논하지 않을 수도 없다. 의식이 인간의 행동에 결정적인 영향을 미치기 때문이다.

진리를 찾기 위해 신과 이성이 등장했지만 검증이 불가능하자 객관적 토대에 근거해야 한다는 주장이 나왔다. 하지만 사람이 실천하는 존재라는 것은 어떻게 봐야 할까? 사람과 의식의 관계에 대한 규명은 꼭 필요하다. 그러자면 의식부터 면밀하게 연구해야 한다. 독일의 철학자인 후설은 현상학을 엄밀한 학문으로서의 철학이라고 하면서 의식에 주어진 것, 즉 현상을 탐구의 출발로 삼았다. 의식은 지향성을 가지고 있으므로 주관(의식)과 객관(존재, 대상)의 상관관계를 지니기 때문이다. 하지만 의식에 주어진 모든 것에 의존하면 엄밀한 학문이 될까? 그 때문에 명증하게 판명되는 것을 제1 원리로 해야 할까? 제1 원리는 본질적 직관이라고 한다. 감각이나 자연적 태도에 의한 지각은 습관이나 가치 등에 영향을 받아 명증하지 못하기 때문에 제1 원리가 될 수 없다. 이런 것을 배제하고 나면 순수 의식이 남는데 이것을 연구해야 한다. 그래서 본질적 직관을 하기 위해 판단 중지를 해야 한다는 것이다. 그래야 초월적 존재로서의 사물 대상이 질료로서 의식에 주어진다. 여기에 의미를 부여하는 노에시스의 작용이 이루어져서 의식의 내용인 노에마가 형성된다. 한마디로 실제 대상들의 존재와는 무관하게 대상 일반의 본질이 존재한다는 것이다. 하지만 본질적 직관을 하려면 결국 의식 안의 내재적 존재가 선험적으로 존재한다고 설정해야 한다.

이는 결국 머릿속에서 생각한 관념에 불과하다. 사물과 관념이 일치한다고 어떻게 장담할 수 있을까? 도리어 주관에 의한 파악이라고 보는 것이 정확한 진단 아닐까?

이 같은 판단은 후설의 현상학에 대한 일면적 이해에서 나온 것이라는 비판도 있다. 후설은 선험적 주관과 함께 초월적 세계가 실재한다는 것도 인정했다는 것이다. 따라서 현상학의 출발점이 되는 명증을 의식이 아니라 생활 세계에서 찾을 수 있다는 것이다. 현상을 연구하는 현상학이 사물 그 자체로 나가려면 의식 속으로 들어갈 것이 아니라 생활 세계에 닿도록 하는 것이 더 목표에 부합한다는 논리다. 그러니 현상학적 환원도 과학에 의해 해석한 세계의 배후로 들어가서, 과학에 앞서 직접 경험에 주어진 세계로 돌아가야 한다는 것이다.

하지만 이것 또한 접근하는 각도가 다를 뿐 피장파장 아닌가? 생활 세계라는 것도 결국은 선험적 가치에 의해서 파악한 것이니 말이다. 과학과 경험의 세계와는 다른 무엇으로 파악된 생활 세계라면, 현상학에서 말하는 선험적 세계라고 보는 것이 맞지 않을까?

인간은 분명 태어나면서부터 정신 활동을 전개한다. 그런데 의식 자체를 파악하는 것만으로 한계를 지닌다면 어떻게 접근해야 할까? 의식을 담보하는 있는 그대로의 인간 존재를 상정하고 파악하면 가능하지 않을까? 의식의 당사자는 사람이고 사람은 의식 행위를 하면서 살아가니 말이다. 하지만 의식을 이성이나 정신으로 받아들여 일종의 실현 과정으로 바라본다면 결국 선험적인 내용으로 끝나지 않을까? 사람이 빠져 버리고 이성과 정신으로 채워질 테니 말이다. 이걸 배제하면서 의식과 사람을 연결하는 고리를 찾으면 되지 않을까? 그래서 하이데거는 인간이라는 현존재의 독특한 방식을 실존이라고 부르면서 그 기초적 조건을 세계 내 존재라고 했던 것일까? 우리를 둘러싸고 있는 하나의 세계를 가진다고 말이다. 세계는 인간에 의존하지 않고 실재하지만 더 중요한 것은 인간의 눈으로 세계와 관계를 맺고 의미를 찾는 것이기 때문이다. 게다가 존재하는 것은 여러 양식을 가지는데, 인간은 다른 존재자와 달리 자신의 존재를 문제 삼기 때문에 실존적 존재라는 것이다. 이 때문에 실존으로 존재하는 인간은 다른 사물들과 구별되면서 사람들 간에도 차이를 보인다고 하지 않았는가. 현존재는 시간 속에서 유한하고 죽음을 향해 가는 존재이기 때문에 불안해할 수밖에 없다. 그렇지만 하이데거가 보는 인간 존재는 양면을 지녔다. 인간은 수동적으로 세상에 내던져진 피투성(被投性)의 존재이지만, 미래를 향해 능동적으로 움직이는 기투성(企投性)의 존재이기도 하다. 따라서 본래의 실존을 회복하기 위해 노력해야 한다는 것이다.

과거, 미래도 아닌 현재에서 세계 내 존재로 사는 것이 인간의 실존적 모습이라면 결국 주관적 파악으로 귀결되지 않는가. 어차피 세계 내 존재에서의 세계는 인간이 주관적으로 파악한 세계이니 말이다. 이것을 객관적으로 존재하는 세계와 인간에 대한 규명이라고 볼 수 있을까? 어떤 것을 규정하려면 자신이 아닌 다른 것과의 관계 속에서 정의해야 하는 것 아닌가. 인간은 의식과는 상관없이 변화하고 발전하는 세계로부터 끊임없이 영향을 받으면서 살아간다. 인류사의 과정이 그렇다. 그러므로 객관 세계의 작용은 언제나 세계 내 존재의 이해를 뛰어넘지 않는가? 검증과 판단은 세계라는 객관적 존재에 의해 이루어졌다는 것이다. 그렇다면 인간의 주관적 의식에 좌우되지 않는 것에 의거해서 세계와 인간을 파악해야 할 것 아닌가?

왜 이런 현상이 벌어졌을까? 존재를 이해하기 위해서는 이해가 무엇인지 파악해야 하고, 이해하고 있는 인간의 존재를 이해해야 하기 때문인가? 그게 인간의 현존재이자 실존적인 존재라고 하는 주장이 옳을까?

하지만 왜 인간을 실존으로만 이해해야 한단 말인가? 실존주의자들은 의식이 한 인간으로부터 이루어지기 때문이라고 한다. 하지만 인간이 개성을 가진 이유가 의식 때문이라고 볼 수 있을까? 객관적인 근거를 가지고 있기 때문이라고 봐야 하지 않을까? 그렇다면 개인에게 주체 의식이 필요한 것처럼 계급과 집단을 포함한 나라와 민족에도 그에 맞는 의식이 필요하지 않을까?

결국 인간을 주체로 놓고 이해하면서 행동을 파악하기 위해 세계 내 존재를 내세웠지만, 원래 의도와는 다르게 인간에 대한 이해와 활동을 의식으로 가둬 버린 것과 다름없지 않는가. 그래서 객관적 세계와는 동떨어진 얘기가 된 것이다. 이는 관념에 불과하므로 증명도 불가능하다. 그렇다면 인간의 의식과 관계없이 일어나는 현상을 객관적으로 인정한 상태에서 주체의 특성을 논해야 하지 않을까? 그래야 주체의 활동이 맞는지 틀리는지 판단할 근거가 마련되지 않겠는가? 그런데 이 근거를 잘라 버리고 의식에 함몰시켜 버리는 것이 타당할까?

현수는 이렇게 자유와 책임을 논하는 방식이 납득되지 않았다. 자유와 책임의 문제를 실존적 선택으로만 돌린 것 같았기 때문이었다. 그 선택에는 추상적인 의식만이 똬리를 틀고 있었다. 오로지 의식만이 절대적 자유였다. 하지만 의식이 인간의 삶을 고양시키는 데 지대한 역할을 하더라도 객관적 근거가 있어야 의식의 진위 여부를 판별할 것 아닌가. 또 이에 따라 의식이 발전할 수도 있을 것 아닌가? 인류 역사가 발전한 과정을 보면 의식은 순수 의식이 아니라 구체적인 사회·역사적 의식이 아니었던가? 의문은 꼬리를 물고 이어졌다.

"선생님의 입장을 어떻게 받아들여야 할지 난감합니다. 긍정적으로 보면, 자신의 삶에 대해 치열하게 고민하고 최선의 삶을 위해 노력하는 것이겠지요. 하지만 너무 막연한 얘기 같습니다. 저는 자유와 책임이 개인적 차원의 문제만은 아니라고 봅니다. 도리어 사회·역사적인 문제가 아닐까 생각합니다. 그렇다면 사회와 역사라는 구체적인 맥락에 따라 논하는 것이 더 타당하지 않을까요? 이 부분을 간과하는 것은 선생님이 살아오신 모습과도 어긋나고요. 그렇게 선택하고 판단하신 근거를 밝혀 주셨으면 합니다. 또 선생님께서는 실존주의와 마르크스주의와의 접목을 시도하셨는데, 그건 초기 입장과 달라진 것이 아닌가요?"

사르트르는 말했다.

"자네는 아직도 내 본뜻을 잘 모르는 것 같네. 계속 사회와 역사를 거론하는군. 내 발언 때문에 오해가 생긴 듯한데……. 내가 역사의 합법칙적 발전을 인정하는 것처럼 말한 적이 있으니 무리는 아니겠지. 하지만 나는 실존적인 통찰 속에서 내 삶을 선택하고 책임지려고 했네. 자네가 말하는 사회와 역사라는 것도 인간에게 주어진 하나의 상황에 불과한 것 아닌가? 많은 사람은 그 상황 앞에서 핑계를 대고 도피하려고 들지. 하지만 중요한 건 그런 상황을 극복할 수 있는 방안을 찾는 것이 아닐까? 그렇지 않다면 인간의 자유는 아무 의미가 없고, 오직 인과율에 따라 살 것 아닌가. 그래서 나는 그 근거를 의식에서 찾았네. 앞에서 말했듯이 의식은 무(無)이므로 어떤 것에도 한정을 받지 않기 때문이지. 의식이 있기에 역사와 사회에 의한 제약도 벗어날 수 있다고 보네. 의식은 그것을 뛰어넘을 수 있으니까.

그동안 사회와 역사가 발전한 이유는 의식에 의해 선택하고 행동한 인간이 존재했기에 가능했네. 그리고 자신의 실존적 삶을 직시하는 사람은 충분히 선택할 수 있어야 하네. 그게 바로 자신의 삶을 창조하는 것이지. 항상 새롭게 의미를 부여하고 그 판단에 따라 또다시 선택한다는 거야. 그래서 자신의 과거까지도 재창조할 수 있는 것일세. 과거가 필연적인 인과율에 따라 결정되는 것이 아니라 자신의 선택에 따라 새롭게 해석되고 창조된다는 것이지.

왜 새롭게 해석해야 할까? 그렇게 하는 게 본래적인 선택이기 때문이야. 물론 본래적 선택이 미리 주어져 있다면 자유롭다고 할 수 없겠지. 본래적 선택은 이미 결정된 것이 아니라 하나의 모형을 제시해 주는 거야.

우리의 삶 자체는 철저하게 자유로운 상황에 처해 있네. 물론 이 또한 타인에 의해서 어려움을 겪지. 일반적인 사물은 즉자 존재로 존재하니까 대자 존재의 세계 내로 편입시키면 되지만 대상이 타인이라면 상황은 달라지지 않겠는가? 타인은 즉자 존재이면서 대자 존재이기도 하니 말일세. 그러기에 타인 또한 대자 존재로서 다른 사람을 대상으로 전락시켜 중심으로 끌어들이려고 하지 않겠는가? 그래서 나는 타인의 시선을 받고 살 수밖에 없다는 점에서 타인이 지옥이라고 했던 것일세. 하여튼 타인의 시선에 의해 대상으로 전락되는 것을 극복하기 위해 노력하고, 타인 또한 그렇게 할 게야. 끝없는 싸움이 일어날 수밖에 없는 거지. 이게 바로 실존이 처한 현실이야.

그런데 시간이 흐르자 내 실존적인 고민은 좀 변했네. 레지스탕스 활동을 하다가 독일의 포로수용소에 끌려간 일 때문이었지. 사회적 고민에 대해 무관심할 수 없게 되었달까. 그래서 실존적 입장에서의 사회 참여를 주장했고, 사회의 부조리에도 비판을 가했던 것이네. 여기까지는 그럭저럭 이해가 되나?"

사르트르가 느닷없이 질문을 던지는 바람에 현수는 당황했다. 현수가 고개를 살짝 끄덕이자 사르트르는 다시 말을 이었다.

"나는 새로운 경험을 통해 사회·역사적 고민을 많이 했고, 그 고뇌 속에서 입장을 밝힌 거네. 이를 두고 실존적 고민과 다르다거나 설명할 수 없다고 하는 건 몰이해라고 보네. 사회와 역사에 대해 고뇌하면서 조금씩 생각이 변한 것은 사실이지만 구태여 논리적으로 설명할 필요가 있겠나? 어차피 존재라는 것 자체가 우연이고 우리의 자유는 선택에 의해서 이루어지네. 여기에 필연성을 끌어들일 이유가 있겠는가?”

사르트르의 말은 다시 현수를 혼란스럽게 만들었다. 논리적 설명이나 필연성도 필요 없다고 하니 객관적 근거에 대한 문제가 다시 떠오른 것이다. 현수의 속내를 뻔히 아는 듯 사르트르가 말을 이었다.

“허허, 다시 객관성의 늪에 빠졌구먼. 내 입장을 분명히 밝히기 위해서라도 실존이 무엇인지 얘기해 주어야겠군. 간단히 말해 실존은 두 가지 특성을 지니고 있어. 우선 실존은 본질에 앞선다는 거네. 실존은 본질에 의해 한정되는 것이 아니라 자기의 본질을 스스로 만들어 나가는 자유로운 존재이자 무한한 가능성을 지닌 존재란 거지. 다른 하나는 주체성이네. 자기의 행동을 스스로 선택하고 미래를 기획한다는 것이지. 그러면 당연히 책임도 져야 하겠지. 물론 개인적 차원에서이긴 하지만, 인류에 영향을 미친다는 것을 염두에 둔다면 사회적 차원의 책임도 간과할 수는 없네. 자네는 이 점을 강조하고 싶은 거지?

나도 그래서 마르크스주의를 살펴보기 시작했네. 인간이 현실 세계에 구체적으로 관여한다는 세계관이 틀린 것은 아니지 않은가? 어쩌면 그것이 사회와 역사를 큰 줄기로 올바르게 이해하는 방식 아니겠는가? 나는 이런 입장으로 마르크스주의를 파악해야 한다고 말했네. 하지만 인간을 수많은 대상 중 하나로 간주하면서 인간 행위도 자연법칙에 따른다는 형이상학적 유물론이 많이 퍼져 있었네. 인간을 비인간화하는 기계적인 오류를 범하고 있었지.

이것은 마르크스주의를 잘못 이해한 결과라고 생각하네.

인간은 단순한 자연적 대상과는 다르게 역사를 형성하는 존재이니 인간의 주체적 활동을 복원해야 하지 않겠는가? 주체적 활동을 중시하는 실존주의가 마르크스주의의 본래적 특징을 살려야 했지. 마르크스주의에서는 인간에 대한 역사적 전망이 가장 중요한 부분이기 때문이야. 그래서 나는 두 이론의 접목을 시도했네. 인간을 적극적이고 목적 지향적인 존재로 봐야 계급 투쟁도 참다운 의미를 지니지 않겠는가?

그러나 역사상으로는 마르크스주의에 대한 잘못된 해석이 세를 잡았네. 이 때문에 인류 역사에 큰 오점을 남겼지. 1956년 소련의 헝가리 침략이나 1968년 체코 프라하 사태가 잘 보여 주고 있지 않은가. 모두 마르크스주의를 왜곡하는 명백한 오류라고 비판했지.

내 모든 행동은 실존적인 존재로서 어떻게 선택하고 책임질 것인가에 따른 판단의 결과네. 더 이상 무슨 대답을 할 수 있겠는가?"

현수는 한숨을 쉬었다. 모든 게 실존적 존재로서 한 선택이자 책임이라고 하니 더 이상 뭐라고 말하기 어려웠다. 하지만 인간이 실존적 존재이든 아니든 자신이 선택하고 책임을 져야 한다는 것은 명백한 사실이었다. 그렇다고 해도 객관적 근거가 무시돼서는 안 된다는 생각 때문에 실존주의와 마르크스주의의 결합을 시도했다니! 그런데 사회와 역사의 합법칙성을 강조하는 입장과 오직 실존에 의해 선택해야 한다는 논리의 결합이 가능할까? 실존적 입장에서는 선택과 책임을 오로지 개인의 문제로 보고, 사회와 역사의 합법칙적 발전 과정을 부정해야 하니 말이다. 실존에서의 자유와 책임은 전적으로 우연이고 개인의 판단에 달려 있는 셈이었다. 그것을 사회적 의미에서 자유이자 책임이라고 할 수 있을까? 현수는 다시 물었다.

"선생님은 모든 것을 실존적으로 선택하고 책임졌다고 하셨습니다. 그러면 결국 선생님의 삶에 대해 판단할 수 있는 근거가 사라지는 것 아닙니까? 선생님을 행동하는 양심이자 지성인이라고 평가하는 이유는 당시의 사회와 역사라는 객관적 근거가 있기 때문 아닙니까? 근거를 부정하신다면 결국 선생님에 대한 평가도 정당하지 못할 것 아닙니까? 선생님께서 나중에 유대교에 기울었다는 것은 또 다른 선택을 하고자 했기 때문입니까?"

사르트르는 현수를 보며 혀를 찼다.

"같은 질문을 계속 반복하는구먼. 여태 한 얘기를 어디로 들었는가? 나에게 중요한 것은 실존적 선택이라고 했네. 세상의 이목이 그리 중요한가?

유대교로 기울었다는 얘기는 정확하게 말하기 어렵네. 말년엔 정신적 상태도 좋지 못했으니 말이야. 하지만 이것만은 분명히 말할 수 있네. 어떤 경우에도 나는 안주하지 않고 실존적으로 판단하고 선택하려고 했다는 것 말일세. 어떤 상황이 주어지든 인간이 스스로 선택하고 책임을 져야 한다는 것은 결코 피할 수 없네. 이게 바로 실존하는 인간으로서의 자유와 책임 아니겠는가? 자네도 앞으로 잘 선택해 보게나."

사르트르는 현수를 지그시 바라보더니 사라져 버렸다. 현수는 그에게서 목숨이 다할 때까지 치열하게 고민했던 한 지성을 보았다. 생각에 빠진 현수에게 맞상대가 말을 걸었다.

"모든 것은 자기 선택이자 결단이야. 계속 객관적인 근거만 찾으려고 하다니 참 답답하구먼. 그게 상황 앞에서 굴복하는 자세가 아니고 뭐겠는가? 참다운 실존적 선택을 회피하는 것이고 결국 책임을 지지 않으려는 것이지. 그래서 세상 문제가 풀리지 않는 거야. 안 그런가?"

맞상대는 바로 시비를 걸어 왔다. 현수는 마음을 가라앉히고 차분하게 반문했다.

"세상을 바꾸기 위해서는 객관적인 토대를 고쳐야 하는 것 아닙니까? 그러려면 객관적 근거를 분명히 해야 하는데 이것이 명확하지 못합니다. 따라서 실존적 결단에 대해 옳고 그름을 가릴 수 없고, 결국 세상 문제를 정확하게 가리지 못하게 합니다. 그렇다면 실존적 결단을 못 내리는 것이 아니라 객관적 근거를 제시하지 못하는 것이 더 큰 문제 아닙니까? 그게 세상 문제를 풀지 못하게 만드는 이유고요."

맞상대의 얼굴에 묘한 미소가 떠올랐다.

"자네가 그리 나올 줄 알았지. 하지만 객관적 근거를 앞세우면 결국 개인의 자율적인 의지가 제약되네. 파시즘이나 전체주의가 그런 것 아닌가? 그러니 어떤 경우에도 개인의 자율적인 선택과 판단이 막혀서는 안 되네."

현수는 갑자기 말문이 막혀 버렸다. 그러자 맞상대는 의기양양한 태도로 현수에게 빨리 대답하라고 재촉했다. 그때 그의 뇌리를 스치고 지나가는 것이 있었다. 인간을 개인과 전체의 관계라는 구도로 살펴보기 때문에 실존적 존재로 바라보는 것이라는 생각이었다. 이렇게 보면 어느 한쪽만을 강조할 수밖에 없다. 말로야 개인과 전체의 조화로운 관계라고 하겠지만, 실제로는 개인의 자율성과 전체의 이익 중 하나를 강조할 수밖에 없다. 그런데 전체라고 해도 물자체를 다 파악할 수 없듯이 진짜 전체는 다 알 수 없다. 결국 전체 이익은 좀 더 많은 사람들의 이익이다. 하지만 더 많은 사람의 이익이 항상 진짜 전체 이익과 동일할 수는 없다. 처음엔 소수의 이익처럼 보였지만 나중에는 전체 이익이 되는 경우가 비일비재했던 것이다. 그 극단적인 형태가 전체주의와 파시즘이었다. 그러니 개인의 자유를 주장하는 입장에서는 결코 전체의 이익을 강조하는 입장을 수용할 수 없다. 전체의 이익을 앞세우면 결국 개인의 자유가 침해되기 때문이다. 하지만 이 또한 극단적 개인주의로 표출되지 않을까?

"개인의 자율성을 거론하셨는데, 그건 인간을 개인과 전체라는 관계로 설정해 놓고 살펴보기 때문이겠지요. 그런 구도로 살펴보면 전체주의와 파시즘 같은 입장이 되든가 극단적 개인주의로 흐르게 됩니다. 그래서 어떤 경우에도 개인의 자율적 판단과 선택을 존중해야 한다고 주장하시는 것 아닙니까? 하지만 인간은 개인과 전체의 관계로 사는 존재가 아닙니다. 개성을 가진 존재로서 계급과 집단을 구성해 나라와 민족 단위로 살아간다고 봐야지요. 이런 구체적인 실상을 종합적으로 살펴보면서 인간의 선택과 판단을 논해야 하지 않겠습니까? 그게 인간 세상의 문제를 푸는 방법이 아닐까요?"

맞상대는 당황한 기색이 역력했다.

"뭐라고? 개인과 집단, 나라와 민족 단위로 살아가니 그런 구체적인 모습을 종합적으로 살펴보면서 인간의 선택과 판단을 논해야 한다고?"

맞상대는 현수의 말을 읊조리듯 중얼대더니 이내 다시 입을 열었다.

"하긴 그것 또한 인간의 선택이자 결단이겠지. 좋네. 그럼 잘해 보시게."

맞상대는 고개를 끄덕이고는 조용히 경기장을 빠져나갔다. 현수는 가슴을 쓸어내리며 다음 경기장으로 향했다. 수많은 고비를 넘었지만 아직도 거쳐야 할 관문이 남아 있었다.

석가모니의 해탈

현수는 발걸음을 옮기면서 맞상대의 마지막 말을 떠올렸다. 그 것 또한 인간의 선택이자 결단이라고? 결코 인간과 주체 의식을 떨어뜨릴 수 없다는 뜻인가?

하지만 생각할수록 더 애매한 것이 주체였다. 주체라는 것 자체가 객관적이면서 주관적이었다. 그래서 객관성을 주장할 수도 있고 주관성을 한없이 강조할 수도 있었다.

진리라고 하면 분명 객관적 근거가 있어야 한다. 하지만 그 근거가 주체에게는 곧바로 통용되지 않는다. 게다가 그 실체에 대한 해명은 주체에 달려 있다. 그래서 사회가 발전하고 인간의 힘이 커질수록 주체의 역할이 더 중요하다는 것일까? 그 때문에 주체의 의식을 강조할 수밖에 없다는 것인가? 하지만 객관적 잣대를 부정하면 과학을 부정하게 되고, 끝내는 진리는 물론 주체까지 부정당하는 상황이 된다. 그렇다면 어떤 근거로 인간이 인식한 것을 과학적인 진리라고 단언할 수 있을까? 주체라고 하면서 떠받든 것이 결과적으로 주체를 믿지 못하게 만들어 버린 꼴이 아닌가?

그럼 주체를 내세워서는 인간의 문제를 해결할 수 없다는 것인가? 사람들이 자기 요구를 실현하기 위해 적극 나섰지만 이해관계로 인해 문제가 더 복잡하게 얽히고설킨 이유가 여기 있는 것일까? 그래서 주체를 해체해야 한다는 것인가?

게임을 거듭할수록 머리만 복잡해졌다. 현수는 진리를 찾을 수 있을지 의문스러웠다. 바로 그때 맞상대가 나타났다.

"잡념을 떨치지 못하니 고통의 나락에서 헤매는 것 아닌가? 모든 것을 떨쳐 버리게. 인연의 굴레까지 말이야. 그래야 마음의 평화와 행복을 찾을 수 있네."

현수는 맞상대의 얼굴을 보자마자 평온한 분위기에 빠져들었다. 새로운 맞상대는 마치 세상 모든 이치를 달관한 사람 같았다. 이마에 서린 커다란 광채는 주위의 모든 것을 감화하고도 남았다.

현수가 아무 대꾸도 못하자 맞상대는 미소를 지어 보였다. 그러고는 해답을 가르쳐 주겠다는 듯 앞서 나갔다.

현수의 눈앞에는 기원전 6세기경 인도의 모습이 펼쳐졌다. 16개 나라가 난립하며 분열과 통합을 반복하고 있었다. 주로 도시 발전에 기댄 나라들이 통합 과정을 주도했다. 계급 제도인 4성(四姓) 제도에서 제사나 의식을 담당했던 바라문(婆羅門)보다 정치적 실권을 장악하고 경제적 부를 쌓은 왕족이나 자산가의 힘이 강화되었다. 이에 따라 바라문과는 다른 방식으로 사상과 정신, 수행을 주장하는 세력이 나타났다. 사문(沙門)이었다. 아직 통일된 국가가 없어서인지 새롭게 등장하는 사문들도 일정한 세력을 형성하는 정도였다. 하지만 수행자들의 행렬은 계속 이어졌다. 어떤 이는 명상과 정신 집중을 통해 진리를 찾고자 했고, 어떤 이는 육체적 고통을 감내하며 뭔가를 얻고자 했다. 행동과 방식도 천차만별이었다.

현수는 정신을 집중하고 육체적 고통을 감내한다고 해서 진리를 찾을 수 있을까 하는 의문이 들었다. 이건 지금까지의 과정에서 얻어 낸 확신이었다. 아무리 주체가 진리를 인식한다 하더라도 결국은 객관적으로 증명할 수 있어야 한다. 그렇지 않으면 진리는 부정되고 끝내는 주체조차 해체되고 만다. 바로 그때 이런 생각을 반박이라도 하듯 누군가가 나타났다. 그 사람은 보리수나무 밑에서 열반적정(涅槃寂靜)에 빠져 있었다. 머리 위에 커다랗게 형성된 원광은 온 세상을 비추고 있었다. 얼마나 강렬한지 눈조차 제대로 뜰 수 없을 정도였다.

현수는 호기심 어린 눈으로 그에게 다가갔다. 그러자 그가 먼저 현수를 알아보고 자신을 석가모니라고 소개했다. 현수도 예를 취했다. 이에 석가모니가 답례하며 현수에게 물었다.

"세상 문제에 대한 해답을 찾고자 한다고 들었네. 그래, 좀 수확은 있는가?"

현수는 고개를 가로저었다.

"많은 분들을 만나 좋은 말씀을 많이 들었습니다만 여전히 머릿속이 복잡하기만 합니다. 정말 진리가 있는지 의문입니다."

석가모니는 가벼운 미소를 지었다.

"진리를 그렇게 쉽게 깨달을 수 있겠는가? 나도 6년간, 아니지. 태자라는 지위를 버린 스물아홉 살부터 열반에 든 여든 살까지 꽤 오랫동안 진리를 찾았네. 처음엔 나도 다른 사람들 방식을 따랐지. 요가 수행을 통해 해탈을 얻으려는 수정주의(修定主義)와 고행을 통해 마음을 속박하는 미혹의 힘을 끊고 해탈을 이루고자 하는 고행주의(苦行主義) 말이네. 하지만 이런 방법으로는 해탈을 이룰 수 없었네.

수정주의 방식은 유일한 절대자인 브라만이 만물에 내재해 우주의 모든 존재를 지탱하게 한다는 세계관에 기초한 것 아닌가? 따라서 우주의 근본이며 보편적 원리인 브라만과 자기 본질인 아트만은 동일할 수밖에 없다고 본다네. 즉 범아일여(梵我一如) 사상에 기초해 명상과 요가 등의 수련을 통해 통일성을 체득하자는 것이었지. 헌데 수련에 몰입할 때는 마음의 평안이 찾아왔지만 끝나고 나면 또다시 번뇌에 휩싸였네. 이건 궁극의 해탈이 될 수 없었지.

그래서 나는 고행을 통해 깨달으려고 노력했네. 고행주의는 수정주의와는 달랐지. 유일한 절대자를 인정하지 않는 대신 개개의 요소를 불멸의 실재로 믿고, 그것들이 모여 인간과 세계 등의 일체를 성립한다고 본 것이지. 고행을 통해 마음을 속박하는 미혹을 끊고 해탈을 이루려는 방식이라고 할까. 나도 하루에 쌀 한 톨 정도만 먹으며 긴 고행의 길을 걸었네. 등가죽이 배에 달라붙고 온몸이 검게 변할 정도였지. 하지만 마음의 평안을 얻기는커녕 육신의 고통이 커지기만 했네.

이후 독자적인 길을 모색할 수밖에 없었지. 그래서 나는 목욕하고 나서 우유죽을 받아먹었어. 고행하는 사람이 우유죽을 먹는다는 건 수행을 포기했다는 뜻으로 받아들이는 분위기였지만, 나는 그런 것에 구애받을 이유가 없었네. 나는 보리수나무 밑에 앉아 도를 이루지 못하면 결코 일어나지 않으리라고 결심했네. 거기서 나는 깨달음을 얻었지. 이건 내 얘기이기도 하지만, 어찌 보면 세상사의 진리를 찾는 일반적인 모습 아니겠는가?"

현수는 고개를 끄덕였다. 하지만 명확한 해답이 보이지 않기는 마찬가지였다. 그는 답답한 심정을 솔직하게 토로했다.

"기존의 방식보다는 자신의 방식으로 진리를 찾는 것이 중요하다는 말씀이십니까? 저를 위로하기 위해 하신 말씀이라는 것은 잘 알겠지만 솔직히 자신이 없습니다. 어떻게 하는 것이 저의 방식인지 도통 모르겠으니 말입니다."

석가모니는 천천히 고개를 가로저었다.

"자네는 여전히 자신의 벽에 갇혀 있구먼. 우선 그 벽부터 없애버려야 하네. 그러려면 먼저 문제의식부터 올바로 설정해야 할 걸세. 해답을 찾았다 해도 자신만의 울타리에 갇힌다면 참다운 해결책이라 할 수 있겠는가? 지금 자네는 잘못된 세상을 어떻게든 고치겠다고 생각하고 있지 않은가? 그런 문제 인식 속에서 속 시원한 해결책이 나올 수 있을까? 고쳐도 맘에 들지 않을 테고 그러면 또 고쳐야 하지 않겠는가?"

현수는 고개를 갸웃거렸다.

"잘못된 점을 고쳐 나가야 하는 건 당연하지 않습니까? 더 나은 환경을 만들기 위해 노력하는 것 말고 다른 방도가 없잖습니까?"

"과연 그럴까? 괴로움을 없애기 위해 요가 수행을 한다고 해 보세.

그런데 그 수행으로 괴로움을 다 없앨 수 없으니 죽을 때까지 반복해야 한다면 어떻겠는가? 마찬가지로 괴로움을 극복하기 위해 고행을 했지만 해탈을 얻을 수 없어 계속 육체적 고통을 가한다면 올바르다고 볼 수 있을까? 그러니까 답을 찾을 수 있는 것에 기초해 노력해야 한다는 것이네. 어떤 문제의식을 가지고 해답을 찾기 위해 노력하느냐가 관건이라는 것이지. 어떻게 하면 인간이 행복하고 만족스럽게 살 수 있느냐는 것보다 본질적인 문제가 있을까? 아무리 풍요롭고 호화스럽게 산다고 할지라도 만족과 행복이 없다면 무슨 필요가 있겠는가? 그렇다면 이 세상의 이치와 인간 존재에 대해 파악한 후 이에 근거해 인간이 만족하고 행복할 수 있는 길을 찾는 게 맞지 않겠는가?"

현수는 곧바로 대꾸하지 못했다. 만족과 행복이라는 문제를 놓고 보면 답을 주체에게서 찾을 수밖에 없었다. 아무리 객관적 조건을 고친다고 해도 스스로 만족하고 행복해야 한다. 그렇다면 주체에 대해 고민을 해야 한다는 건가? 이건 주체를 해체하는 방식이 아니라 주체를 찾자는 주장이지 않은가. 그래서 부처는 깨달음을 얻는 것이 중요하다고 하는 것일까?

"인간이 진정 만족하고 행복할 수 있는 길을 찾는다면 얼마나 좋겠습니까? 그런데 선생님은 인간 자체가 아니라 인간의 마음을 지칭하시는 것 같습니다. 하지만 인간은 육체를 가진 존재입니다. 먹고사는 문제처럼 객관적 조건을 무시할 수는 없지요. 마음만을 다룬다면 인간에게 만족과 행복을 가져다줄 수 있을까요? 관념론으로 빠지게 만드는 것 아닙니까?"

석가모니는 현수의 얼굴을 가만히 바라보더니 말했다.

"자네는 세상을 고치기 바라고 세상 문제에 대한 답을 찾는다고 하지 않았나? 그런데 벌써 답을 객관적인 조건의 변화라는 식으로 정해 놓았구먼. 그러니 그 이상의 답이 보이지 않는 것이지. 자네의 목적도 궁극적으로 인간의 행복을 찾는 것 아닌가?"

현수는 무의식적으로 고개를 끄덕였다.

"그러면 어떻게 찾을 수 있을까요? 해탈하신 분으로서 경험을 들려주셨으면 합니다."

석가모니는 엷은 미소를 띠며 이야기를 시작했다.

"나는 사카 족이 세운 왕국 카필라바스투의 슈도다나 왕과 마야 왕비의 외아들로 태어나, 어머니가 7일 만에 돌아가신 걸 빼곤 부족함 없이 자랐네. 나만을 위한 연못도 있었고 값비싼 옷감으로 된 의복을 입은 데다 수많은 시종들의 시중을 받았지. 이렇게 남부럽지 않게 살았는데도 만족할 수가 없었네. 그런 게 도통 내 삶의 행복에는 도움이 되지 않았기 때문이지.

나는 몇 번에 걸쳐 왕궁을 출행하면서 인간은 어쩔 수 없이 늙고 병들고 죽는다는 걸 알게 되었네. 그건 인간이라면 결코 피할 수 없는 고통 아닌가? 이 문제를 해결하지 않고 어떻게 인간이 만족스럽고 행복하게 살 수 있겠는가? 그래서 생로병사를 포함한 온갖 고(苦)에서 벗어나 행복하게 살 수 있는 길을 모색했네. 내가 가진 지위와 호화로운 생활을 모두 버렸지. 이게 바로 행복한 삶을 찾는 데 객관적인 조건이 중요하지 않다는 것을 말해 주는 것 아닌가? 나는 만족스럽고 행복한 삶을 찾기 위해 수정주의나 고행주의에 입각해 구도의 길을 떠났지. 하지만 이 방식 또한 나를 만족시켜 주지 못했네. 일정한 해답을 주지 않아서가 아니라 내가 궁극적으로 찾고자 하는 목표에 미치지 못했지. 그래서 내 방식으로 구도의 길을 걸어 무상정등정각(無上正等正覺), 즉 더없이 높고 바르고 참된 깨달음을 얻은 것이네."

석가모니는 자신의 경험을 솔직하게 털어놓았다. 하지만 현수는 쉽게 수긍하기 힘들었다.

"인간이 행복하게 살 수 있느냐 없느냐는 결국 깨달음에 달려 있다는 말씀이지요? 하지만 별로 맘에 와 닿지는 않습니다. 깨달음을 얻는 것도 중요하지만 인간이 살 수 있는 객관적인 조건을 마련하는 게 더 필요하지 않을까요? 부처님 같은 분이 나라를 다스렸다면 백성들에게 더 많은 혜택을 베풀 수 있었을 것이라는 생각도 듭니다."

현수의 말에 석가모니는 하늘을 쳐다보며 탄식했다.

"어찌 깨달음을 그리 단순하게 받아들인단 말인가? 하긴 아버지께서도 내가 출가하는 것을 만류하면서 국왕이 되기를 바라셨지. 당시 인도는 16국으로 분열되어 통합을 이루어 나가는 시기였는데, 우리 나라는 그 안에도 들지 못하는 조그만 소국이었네. 그러니 부왕인 아버지께서는 백성들을 생각하며 나라가 부강해지기를 바라셨지. 하지만 깨달음의 문제는 일국의 문제가 아니라 인류 전체의 문제네. 현세의 인간만이 아니라 앞으로 태어날 인간까지 포함해서 말이네. 그것을 어찌 혈육의 정이나 나라를 버리는 아픔과 비교할 수 있겠는가?

객관적 조건은 결코 사람에게 만족을 줄 수 없네. 게다가 객관적인 조건을 고치려 해도 사람이 먼저 바뀌어야 할 것 아닌가? 사람이 달라지지 않는데 어떻게 객관적인 상황 타령만 한단 말인가? 그리해서는 결코 세상이 달라지지 않네. 자네의 방식은 쳇바퀴 돌듯 고통의 수레바퀴 속을 계속 도는 격이라고 할 수 있지. 그렇다면 고통의 수레바퀴를 끊는 것이 해결책 아니겠는가. 그래서 나는 단호하게 모든 것은 깨달음에 달려 있다고 하는 것일세."

깨달음을 얻으면 모든 것을 떨쳐 버리고, 고통 없이 살아갈 수 있는 걸까? 현수는 의문을 떨칠 수 없었다.

"깨달음이 무엇인지 자세히 설명해 주시겠습니까?"

석가모니가 자애로운 미소를 띠며 말했다.

"더없이 높고 바르고 참된 깨달음을 얻기란 결코 쉽지 않지. 그 때문에 인간은 항상 깨달음을 갈구했네. 깨달음 안에 인간의 삶에 대한 근본적인 질문이 함축되어 있기 때문이지. 깨달음을 얻으려면 먼저 이 세상의 이치는 물론이고 인간이 어떤 존재인지 알아야 하네. 이 세상의 이치는 인간을 포함한 모든 것이 연기법(緣起法)에 의해 돌고 돌아간다는 것이네. 모든 존재는 그것을 성립하는 원인이나 조건 때문에 생긴다는 뜻이지. 즉 이것이 있기 때문에 저것이 있고(此有故彼有, 차유고피유), 이것이 생기기 때문에 저것이 생기고(此起故彼起, 차기고피기). 이것이 없기 때문에 저것이 없고(此無故彼無, 차무고피무), 이것이 사라지기 때문에 저것이 사라진다(此滅故彼滅, 차멸고피멸)라고 할 수 있네. 그러니까 연기법은 원인이 있으면 결과가 있다는 인과성 이상의 뜻을 담고 있다고 봐야 하네. 이것이 없기 때문에 저것이 없고, 이것이 사라지기 때문에 저것이 사라진다고 했으니 모든 존재는 원인과 조건, 상호 관계에 의해서 존재하기도 하고 소멸하기도 한다는 것이지.

연기법은 존재의 관계성(關係性)이라고 할 수도 있고, 상호 의존한다고 해서 상의성(相依性)이라고 할 수도 있네. 상의성을 세 개의 갈대에 비유해 보겠네. 아무것도 없는 땅 위에 세 갈대가 서려고 한다면 서로 의지해야 할 것 아닌가? 그중 한 개를 제거해 버리면 두 개의 갈대는 서지 못하겠지. 이건 존재를 성립하는 원인과 조건이 변하거나 없어질 때, 존재 또한 변하거나 없어져 버린다는 것을 뜻하네. 한마디로 이 세상에는 홀로 존재하는 것도, 영원한 것도, 절대적인 것도 없다는 것이지.

이 이치는 인간이 무엇 때문에 쳇바퀴 돌듯 고통을 겪는지 분명하게 말해 주네. 고통의 수레바퀴를 끊어 버릴 수 있는 이치도 알 수 있지. 연기법이 고(苦)의 문제를 해결할 수 있다는 것이네. 그래서 나는 연기법을 알면 법(法)을 이해하고, 법을 이해하는 사람은 부처를 본다고 말했던 것이네. 여기서 법은 진리를 이해하고 실천하는 것을 뜻하지. 나는 제자들에게도 나를 스승으로 삼으려 하지 말고 법을 스승으로 삼고 의지해 살아가라고 했네.

그리고 법의 표지, 즉 깨달음을 분명하게 드러내는 입장으로 삼법인(三法印)을 밝혔네. 제행무상(諸行無常), 제법무아(諸法無我), 일체개고(一切皆苦) 혹은 열반적정(涅槃寂靜)을 말이네. 제행무상은 존재하는 모든 것은 무상하다는 뜻이고, 제법무아는 영원불멸하거나 고정불변하는 실체적인 아(我)가 없다는 것이네. 이렇게 제행무상하고 제법무아하니 모든 게 고(苦)이지 않겠는가?
그래서 일체개고라고 하지만, 고가 소멸된 상태인 열반적정을 포
함해 삼법인이라고 하네. 제행무상은 눈으로 확인 가능해 누구나
쉽게 받아들이지. 하지만 제법무아는 사람들이 쉽게 수용하지 않
으려고 하네. 자아라는 실체가 없다고 하니 그러는 것이지. 하지
만 모든 존재가 시시각각 변하면서 존재하는데 어찌 고정불변의
실체인 자아가 있겠는가? 이 이치를 깨닫지 못해서 집착과 욕망
이 생기고 고통의 수레바퀴에서 벗어날 수 없는 것이네. 그래서 나
는 그 이치를 분명히 알게 하고자 연기법을 밝혔네. 그러니까 나의
깨달음은 연기법에서 출발해서 연기법으로 끝난다고 해도 과언이
아니지.”

현수는 연기법이 이해되는 듯하면서도 감이 잡히지 않았다. 실
체인 자아가 없다니, 처음에 이해한 것과 반대되는 얘기였다. 석
가모니는 주체를 드높이는 줄 알았더니 실제로는 주체가 없다고
밝혔으니 말이다.

“영원불멸한 것은 없으니까 자아 또한 없다고 말씀하시는군요.
하지만 살아 있는 동안은 ‘나’라는 것이 존재하지 않습니까? ‘나’
를 부정한 상태에서 어떻게 깨달음을 얻겠습니까?”

“이치를 이치대로 받아들이면 될 것을. 고정불변한 것이 없다고
했지 변화하는 존재가 없다고 했는가? 실체가 없다고 말하는 것과
변화하는 존재가 없다고 말하는 것은 다르지 않은가. 끊임없이 변
화하는 것이 존재 아닌가? 그런 존재가 왜 없겠는가? 그러니까 무
쌍하게 변화하는 존재를 변화하지 않는 영원한 존재처럼 받아들

이는 것 자체가 잘못된 인식이라는 것이네. 인간에게도 실체가 없다고 했지 끊임없이 변화하는 존재가 없다고 한 건 아니네. 거듭 말하지만 자아나 영원이라는 존재를 실체로 받아들이지 말라는 것이네.

하긴 받아들이기 쉽진 않겠지. 하지만 존재의 실상이 그런 걸 어찌하겠는가? 내 그래서 일체법이라는 일체 존재의 실상을 밝혔던 것이네. 12처(處)와 18계(界), 오온(五蘊) 등이 그렇지. 인간에게 정신 작용이 일어날 경우 감각 기관과 그에 상응하는 대상이 만나야 하네. 눈은 빛깔이나 형태와 접촉해야 볼 수 있고, 귀는 소리가 나는 대상과 접촉해야 들리지. 이처럼 눈(眼), 귀(耳), 코(鼻), 혀(舌), 몸(身), 마음(意) 등 6개의 감각 기관, 즉 6근(根)이 있네. 그리고 이에 상응하는 여섯 개의 대상, 빛깔과 형태(色), 소리(聲), 냄새(香), 맛(味), 촉감(觸), 생각(法) 등의 6경(境)이 합쳐져 정신 작용이 이루어지는데 이것을 12처라고 하네. 이건 존재의 주체인 인간의 인식력을 중심으로 체계화한 것이지. 우주에 있는 존재는 엄청나게 많지만 인간의 인식 과정을 놓고 보면 주관 세계와 객관 세계로 나눌 수 있지 않는가? 인식 과정은 이런 방식을 통하지 않고 이루어질 수 없다네.

그런데 이 12가지 요소에서 고정불변하는 것은 아무것도 없네. 무상이고 무아인 것이지. 여기서 이 12처에, 그러니까 6근과 6경에 인식 작용을 이루는 6식(識), 즉 안식(眼識), 이식(耳識), 비식(鼻識), 설식(舌識), 신식(身識), 의식(意識) 등을 합하면 18계가 되네. 이것은 인식의 전 과정을 설명한 것이지. 인식 기능을 가진 기관과 인식의 대상, 인식 작용을 통해 일체의 존재를 설명하는 방식이네. 한마디로 두 손이 마주쳐 소리를 내는 격이라고 할 수 있지. 한 손이 6근의 기관이라면 다른 한 손은 6경의 대상이고, 손뼉 소리는 6식 같은 인식 작용이라고 할까. 하여튼 18계 모두 실체가 없다는 것을 알 수 있지 않는가? 어차피 12가지 요소가 실체가 없으니 그 요소들이 만나서 생긴 식 역시 실체적일 수는 없을 테니 말이네.

거듭 말하지만 이 세상에서 물질적인 것이나 정신적인 것 모두를 살펴보아도 실체적으로 영원히 존재하는 것은 없네. 이는 오온으로 살펴보아도 마찬가지지. 오온은 색(色), 수(受), 상(想), 행(行), 식(識)을 말하네. 색은 물질 전체를 말하고 수, 상, 행, 식은 정신 일반을 가리키지. 이 또한 5개의 요소가 결합해서 항상 변하면서 존재하기 때문에 어디에도 실체적인 것이 없지 않겠는가? 하지만 오온은 좁은 의미로 인간 존재를 가리키기도 하네. 이럴 때는 오온 대신 오취온(五取蘊)이라는 표현을 사용하지. 오온으로 이루어진 존재를 고정적인 자아라고 생각하고, 그것에 집착한다는 뜻을 분명하게 드러내기 위해서지. 자네가 제행무상은 쉽게 받아들인다고 하면서도 제법무아는 받아들이지 않으려고 하는 이유가 오취온을 이해하지 못하기 때문이네. 그럼 오취온을 어떻게 이해해야 하겠는가? 색은 인간의 육체를 가리키고, 수는 감정과 그것을 받아들이는 작용이고, 상은 표상(表象) 같은 개념과 그 작용을 말하네. 행은 형성하는 힘을 상징하는 의지 작용이고, 식은 분별과 인식 및 그 작용이네. 그러니까 감각 기관과 대상이 만나서

식이 발생하면 식 이외의 다른 정신 현상, 즉 수, 상, 행 등도 함께 일어나는 것이지. 이것을 보면 인간 존재란 것도 색, 수, 상, 행, 식 등의 5가지 요소가 어떤 원인에 의해 일시적으로 결합된 것에 지나지 않는다는 것을 알 수 있지 않는가? 바퀴, 차체, 축 등과 같은 요소가 하나로 모였을 때 수레가 비로소 존재하는 것처럼 말이네. 인간 또한 색, 수, 상, 행, 식의 5요소가 모일 때 비로소 존재하는 것이지. 색, 수, 상, 행, 식 자체가 고정불변한 실체가 아닌데 그 결합으로 이루어진 인간이 어떻게 실체를 가지겠는가? 실체가 없다고 하니 아까 질문했던 것처럼 '나'나 '자기' 같은 것도 부정하는 것 아닌가 할 수도 있겠지.

'나'나 '자기'를 영원한 실체로 인정하는 건 잘못된 인식이네. 끊임없이 변화하고 일시적으로 존재하는 존재가 있을 뿐이지. 즉 인간은 무아(無我)적인 존재라고 하면 이해되지 않겠는가. 그러면 왜 이렇게 연기론과 무아를 강조할까 궁금하겠지. 이건 인간이 어떻게 해야 행복하고 만족스럽게 살 수 있을까라는 질문과 관련되어 있네. 행복하려면 고(苦)의 문제를 해결해야 하지 않겠는가? 고는 욕망 때문에 생기고, 욕망은 내가 존재한다는 생각 때문에 생기고, 내가 존재한다는 생각은 영혼 같은 고정불변한 실체적 자아가 존재한다는 믿음에서 생기네. 이 문제를 해결하고자 실체인 자아가 없다고 강조하는 것이지. 실체적 자아가 없다면 내가 존재한다는 생각도 사라지지 않겠는가?

그렇다면 외부 세상이 어떻게 변한다 해도, 심지어 우리의 존재가 어떻게 변한다 해도 일희일비할 이유가 없지 않겠는가? 나도 없고 나의 것도 없는데 무엇 때문에 집착하고 욕망하겠는가? 그래서 나는 무아 이론을 불에 비유했네. 불이 모든 초목을 태워서 없애듯이 무아 이론이야말로 욕망과 고를 사라지게 할 수 있다고 말이네. 실체적인 자아가 없다는 무아 이론은 내가 의도적으로 만들어 낸 것이 아니라 연기설에 의해서 자연스럽게 도출된 것이라고 보면 되네. 그래서 연기설을 강조하고, 핵심이 무상, 무아, 공이라고 말했던 것이지.

또한 나는 연기설을 12연기(緣起)로 설명했네. 12연기는 생멸·변화하는 세계와 인생의 모든 현상을 설명하지. 하지만 더 중요한 것은 인생의 근원적 문제인 고가 어떻게 생기고 어떻게 사라지는가를 밝히는 것이었네. 12연기란 무명(無明), 행(行), 식(識), 명색(名色), 6입(入), 촉(觸), 수(受), 애(愛), 취(取), 유(有), 생(生), 노사(老死)라네. 무명은 명, 즉 지혜가 없다는 뜻으로 무지를 가리키네. 무지하니 행, 즉 몸과 입, 마음 등의 3행의 업(業)을 쌓고, 그 업으로 6식(識)이 일어나지. 식으로 정신적이고 물질적인 인식 대상인 명색이 있고, 명색으로 눈, 귀, 코, 혀, 몸, 마음 등의 감각 기관인 6입, 즉 6처(處)가 있네. 6입으로 지각을 일으키는 일종의 심적인 힘인 6촉(觸)이 있고, 촉으로 즐거움, 괴로움, 즐거움도 괴로움도 아닌 감정과 이 감정을 받아들이는 수(受)가 있지. 수로 욕망이 생기는 애(愛)가 있고, 애로 집착이 생기는 취(取)가 있네. 취로 존재인 유(有)가 있고, 유로 생(生)이 있지. 생이 있어서 노사(老死)와 근심, 비애, 고통, 번뇌, 번민 같은 고(苦)가 있네.

이제 연기의 실상과 고가 명확하게 보이지 않는가? 어떻게 하면 연기의 세계에서 벗어나 고가 소멸하는지 알 수 있겠지. 거꾸로 보면 이게 고가 소멸되는 과정이네. 이제 어떻게 인간이 고에서 벗어나 행복하고 만족스럽게 살 수 있는지 알 수 있겠는가?"

연기법에 의한 설명을 듣다 보니 세상사의 흐름이 그저 자연스럽게 보이기만 했다. 어떤 조건과 원인으로 말미암아 그렇게 되었으니 말이다. 누구를 탓하고 원망할 이유가 하나도 없었다. 그런데 왜 인간은 서로 원망하고 싸우는 걸까? 연기에 의한 세상사의 법칙을 모르고 자아라는 실체가 있다고 잘못 생각하기 때문이 아닐까. 하긴 자아라는 실체가 없으니 욕망과 집착을 가질 필요도 없다. 마음을 비운다는 게 이런 걸 의미할까? 마음을 비우면 세상사에 대해 안달할 이유가 없지 않은가.

하지만 사람은 몸뚱이를 가지고 의식하면서 살아간다. 아무리 일시적이라고 해도 그게 인간이 살아가는 모습이고, 그 속에서 자아는 어떻게 살 것인지 결정한다. 변화하는 존재라 하더라도 결국 그 존재가 결정하는 것이다. 그러니 그런 자아에게 깨달음의 이치를 알고 수행해야 한다고 설득하는 것 아닌가? 그렇다면 변화하는 존재는 무아가 아니라 자아라고 해야 하지 않을까?

그런데도 왜 자아를 철저하게 부정할까? 생성·소멸하는 것만 바라보고 객관적인 존재가 실체로서 존재한다는 것을 의도적으로 부정하려고 하기 때문일까? 그렇게 해야 주관적 측면에서 만족과 행복을 찾을 수 있으니 말이다. 객관적 실체를 인정하면 그 객관에 따라 만족과 행복을 논할 수밖에 없다. 하지만 생성하고 변화하며 소멸하는 실체가 물질이라는 것은 분명하지 않은가? 물질 자체가 생성하고 변화하는데 어떻게 부정하려고 든단 말인가? 모든 존재의 특성을 인식하지 못하더라도 대상은 존재하는 것이다. 그런데 주관적으로 어떻게 인식할 것인가만 놓고 판단한다면 이치에 합당할까? 물론 객관적인 조건이 아무리 좋아도 본인이 만족하지 못한다면 행복할 수 없다. 하지만 행복하다고 느끼려고 해도 객관적인 조건이 열악하다면 계속 그런 믿음을 가질 수 있을까?

객관과 주관의 문제를 어떻게 풀어야 할까? 주관과 객관의 관계로 살펴보면 어느 한쪽을 강조할 수밖에 없다. 주체적 측면을 강조하는 것은 어찌 보면 당연한 귀결인 것이다. 그런데 석가모니는 주관적 측면을 강조하면서도 실체를 가진 자아가 없다고 주장했다. 인간의 행복을 논하면서 자아라는 실체가 없다고 말하는 것은 역설이었다.

"본질적 실체로서의 자아가 없다고 강조하시는 이유는 인간이 고에서 벗어날 수 있는 해답을 주기 때문이라는 말씀인가요? 그런데 무아이기 때문에 욕망하고 집착하지는 않지만 도리어 제 맘대로 살겠다고 한다면 어떻게 되는 겁니까? 온갖 포학한 짓거리를 다 하고 산다면요? 어차피 무아이니 책임질 일도 없지 않습니까?"

석가모니는 얼토당토않은 말이라는 표정을 지었다.

"욕망과 집착이 없는데 왜 그런 짓을 한단 말인가? 그런 사람이 욕망과 집착을 버렸다고 할 수 있겠는가? 무아의 이치를 깨닫고 실행한다고 볼 수 있겠는가?

자네는 아직도 연기론을 제대로 이해하지 못하고 있네. 원인과 조건에 의해 세상이 연기하니 자신이 행한 업(業)에 과보(果報)를 받는 건 당연하지 않은가? 업에는 몸으로 짓는 신업(身業)과 언어로 짓는 구업(口業), 마음으로 짓는 의업(意業)의 3업이 있네. 이를 다시 나누면 신업에는 살생(殺生)과 투도(偸盜), 사음(邪淫)이 있고, 구업에는 망어(妄語), 양설(兩舌), 악구(惡口), 기어(綺語)가 있으며, 의업에는 탐(貪), 진(瞋), 사견(邪見)이 있지. 이런 업을 지으면 그냥 소멸하는 것이 아니라 여러 생을 통해서 결과가 나타나네. 틀림없이 과보를 받는 것이지.

무아인데 어떤 주체가 있어서 업으로 인한 과보를 받느냐고? 업은 그것을 행하는 존재 속에 반드시 어떤 흔적을 남기네. 향이 다 타서 사라진 뒤에도 향기가 옷에 배어들듯 말이네. 이것을 업력(業力)이라고 하지. 생전에 지은 업은 잠재적인 에너지, 즉 업력 상태로 존재 속에 축적되어 있다가 죽으면 그 업력의 작용으로 다음 존재를 만들어 내네. 그래서 동일한 존재는 아니지만 불가분의 관계를 가지고 있다는 것이지. 나는 이것을 윤회(輪廻)라고 했네. 수레바퀴가 돌아가듯이 중생들이 여러 세계를 돌고 돈다는 것이지. 똑같이 순차적으로 돈다는 뜻이 아니라 여러 세계를 돌아다니면서 삶과 죽음을 끝없이 되풀이한다는 뜻이네. 윤회를 설명하기 위해 3계(界)와 6도(途)의 세계를 논했지. 3계와 6도는 동일한 세계이지만 구분하는 방법에 차이가 있네. 3계는 욕계(欲界)와 색계(色界), 무색계(無色界)이고, 6도는 지옥도(地獄道), 아귀도(餓鬼道), 축생도(畜生道), 아수라도(阿修羅道), 인간도(人間道), 천상도(天上道)네. 욕계는 욕망하는 존재가 사는 곳으로 지옥, 악귀, 축생, 아수라, 인간, 육욕천을 함께 이르는 말이지. 색계는 욕망에서 벗어났지만 아직 육체를 가진, 천상의 신이라고 불리는 존재들이 사는 곳이네. 하지만 이들도 선업이 끝나면 다시 윤회전생(輪廻轉生)하지. 무색계는 욕망은 물론 육체조차 없는, 순전히 정신적인 존재들이 사는 곳이네. 여기서 지옥과 아귀, 축생 등의 3도를 악도(惡途)라고 하고, 인간과 천상의 2도는 선업을 쌓은 존재들이 사는 곳이어서 선도(善途)라고 하네. 그리고 아수라도는 항상 신을 상대로 싸우는 존재들이 사는 곳이지.

여기서 중요한 곳은 중간 위치를 차지한 인간도라네. 고(苦)도 있지만 이곳에서만 수도하고 열반할 수 있기 때문이지. 다른 5도에서는 업을 소비할 뿐이지만 인간도에서는 윤회의 원인이 되는 업을 지을 수 있네. 업이라는 것 자체가 의도적이고, 선하거나 악하거나 하는 윤리적 성격을 띠기 때문이네. 동물은 본능적으로 행할 뿐이니 거기에 대고 무슨 업을 논하겠는가? 업을 짓는 것은 오직 인간 세계에만 달려 있는 것이네. 그렇다면 윤회의 실상을 알고 쳇바퀴를 끊기 위해 노력해야 하지 않겠나? 그런데도 실체인 자아가 없으니 마음대로 해도 괜찮다는 생각을 어찌 품을 수 있단 말인가?"

무아를 얘기하다가 결국 윤리적인 문제로 돌아와서인지 현수는 의아한 생각이 들었다.

"인간의 행복을 논하는 이상 윤리적인 문제를 피할 수는 없겠지요. 하지만 지금껏 실체를 가진 자아가 없다고 강조하셨으니 윤리라는 것도 실체가 없다는 관점에서 봐야 하는 것 아닙니까? 그런데 왜 선악은 분명하고 그 업으로 인해 과보를 받는다고 하시는지 납득이 되지 않습니다. 이 점을 분명하게 설명해 주셨으면 합니다."

석가모니는 천천히 고개를 끄덕였다.

"무아를 이해하기가 그만큼 어려운 거라네. 무아를 안다는 것 자체가 깨달음의 시작이자 끝이니 말이네. 무아란 내가 인위적으로 만들어 낸 것이 아니라 연기법에 의해 자연스럽게 도출된 것이라고 하지 않았는가? 세상의 이치와 인간 존재의 실상이 그렇다는 것이네. 있다고 할 수도 없고, 그렇다고 없다고 할 수도 없는 이치라는 말이네.

이건 열반적정에 이르는 길이 중도와 관련되기 때문이지. 나는 고행의 길도 걸어 보았고 호사를 누리는 삶도 살아 보았네. 모두 깨달음에 도움이 되지는 않았지. 그래서 지나치게 쾌락적인 생활이나 극단적인 고행이 아닌 몸과 마음의 조화를 이루는 중도를 표명했던 것이지. 중도는 수행 자세에만 관련된 것이 아니야. 무아라는 것 자체가 중도를 뜻하네. 실체인 자아가 있다고도 할 수 없고, 변화하는 존재가 없다고도 할 수 없는 것 말이네. 이런 이치를 보면 왜 중생에게 자비심을 가져야 하고 윤리적인 입장을 취해야 하는지 알겠지. 그게 바로 중도이기 때문이네. 게다가 고에서 벗어나야 하는 인간이 중생에게 자비심을 갖지 않고 윤리적인 입장을 취하지 않는다면 말이 안 되지 않는가?

내 그래서 자비심에 입각해 어떻게 하면 고에서 벗어나 열반에 들 수 있는지 밝혔네. 그것은 사성제(四聖諦)와 팔정도(八正道)라고 할 수 있지. 사성제는 고(苦), 집(集), 멸(滅), 도(道)인데, 쉽게 말해 고와 고의 원인, 고의 소멸과 소멸에 이르는 길을 밝힌 것이네. 깨달음을 이루려면 고가 무엇이고, 그것이 어디로부터 연유되어 소멸되는지와 함께 소멸의 길을 알아야 할 것 아닌가? 고성제(苦聖諦)에서 고는 인생 자체를 뜻하지. 여기에는 생로병사(生老病死)의 4고(苦)와 사랑하는 사람과 헤어지는 애별리고(愛別離苦), 미워하는 사람과 만나는 원증회고(怨憎會苦), 구하는 것을 얻지 못하는 구부득고(求不得苦), 오온(五蘊)의 집착에서 생기는 오취온고(五取蘊苦)의 4고를 합쳐 8고가 있네. 또 성질에 따라 다른 방식으로 나눌 수도 있지. 고를 일으키는 원인은 집성제(集聖諦)라네. 원인에는 여러 가지가 있겠지만 그중 가장 근본적인 것은 욕망이지. 바닷물을 마실수록 갈증이 더 심해지듯이 욕망을 완전히 충족할 수는 없네. 그래서 욕망으로 말미암아 괴로움이 생긴다고 하는 것이지. 고가 소멸된 상태를 멸성제(滅聖諦)라고 하네. 고에서 해방되어 열반에 든 상태라고 할까. 그렇다면 열반에 들기 위한 방도를 알아야 할 것이 아닌가? 그게 바로 도성제(道聖諦)네. 다시 말해 중도라고 부르는 것이고, 그것을 구체적으로 밝힌 것이 팔정도(八正道)지.

팔정도에는 사성제를 올바르게 이해하는 정견(正見)과 바른 생각을 하는 정사(正思), 바른 말을 하는 정어(正語), 바른 행위를 하는 정업(正業), 바른 생활을 하는 정명(正命), 바른 노력을 하는 정정진(正精進), 바르게 기억하는 정념(正念), 바르게 정신 집중하거나 정신 통일 하는 정정(正定)이 있네. 정정에서 정(定)의 구체적인 방법이 선(禪)이기 때문에 선정(禪定)이라고 하기도 하지.

여기서 중요한 것은 정정에 이르는 것 아니겠는가? 정정을 닦아 지혜를 얻고, 지혜를 통해 열반할 수 있을 테니 말이네.

열반을 어찌 말로 쉽게 이해할 수 있겠는가? 하지만 그 길을 알기 위해 노력해야 하지 않겠는가? 내 그래서 깨달음을 얻는 과정을 간단하게 말해 주겠네. 이 과정은 구차제정(九次第定)으로 설명할 수 있네. 이는 4선(禪)과 4무색정(無色定), 멸진정(滅盡定) 등 9단계의 선정을 말하네.

4선은 색계의 초선정, 2선정, 3선정, 4선정이네. 4무색정은 무한한 공간으로 확대된 공무변처정(空無邊處定), 무한한 의식 단계로 접어드는 식무변처정(識無邊處定), 손으로 잡힐 그 무엇, 즉 의식도 없는 경지인 무소유처정(無所有處定)이 있네. 또 의식마저 벗어나 지각이 있다고도 없다고도 할 수 없는 단계인 비상비비상처정(非想非非想處定)이 있고, 마지막 단계로는 아무것도 남기지 않고 없애 버린 삼매(三昧)의 경지에 도달하는 멸진정이 있지. 이런 것을 어찌 다 이해하겠느냐마는 윤회의 쇠사슬에서 벗어나 해탈을 이루고자 한다면 한번 시도해 봐야 할 것 아닌가?"

말을 마친 석가모니가 천천히 몸을 일으켰다.

"깨달음의 경지를 일러 주셨지만 저로서는 잘 알아듣지 못하겠습니다. 너무 어렵기도 하고요. 그렇지만 무슨 방도가 있어야 할 것 아닙니까?"

"지금껏 다 얘기해 주지 않았느냐? 내가 열반에 들 날이 멀지 않았을 때 제자들이 무슨 비법이 없느냐고 묻던 일이 생각나는군. 나는 그때에도 분명하게 대답해 주었네. 여래 혼자만 가지고 갈 법은 없고, 여래 혼자만 깨달음을 얻었다고 하지도 않는다고 말이네. 그러면서 스스로를 등불로 삼고, 법을 등불로 삼으라(自燈明法燈明, 자등명법등명), 스스로에 의지하고 법에 의지하라(自歸依法歸依, 자귀의법귀의)고 말해 주었지. 자네에게도 똑같은 말을 하고 싶네. 그러면 잘해 보게나."

어느새 석가모니의 모습은 보이지 않았다. 현수에게는 '무아, 해탈, 공, 깨달음'이라는 단어가 계속 맴돌았다. 하지만 생각하면 할수록 더욱 갈피를 잡을 수 없었다. 깨달음에는 끝이 없다는 생각 때문이었다.

석가모니의 접근 방식은 서구 철학의 주관적 입장과는 분명 달랐다. 서구의 철학적 시각에는 주관적으로 인식하면서도 객관적 진리를 찾으려 한다는 모순이 있었다. 그만큼 과학과 이성이 미치는 영향이 지대했던 것이다. 석가모니는 분명 주관적이었지만 거기에 머물지 않고 깨달음의 문제까지 파고들었다. 그러나 파고들면 들수록 안개 속을 헤매는 기분이었다. 그래서 머리로 이해할 수 있는 것이 아니니 직접 몸과 마음으로 느껴 보라고 했던 것일까?

"바로 그거야. 인간이 궁극적으로 고뇌해야 하는 것은 깨달음의 문제지. 그게 바로 열반이자 해탈이네. 자, 내 얼굴을 보게."

맞상대의 말이었다. 그는 자신만만하게 자신의 이마를 드러냈다. 그러자 그곳에서 나온 광채가 현수의 몸을 비추었다. 현수는 점점 나른해지며 온갖 번뇌와 시름이 사라지는 듯했다. 진리를 찾고 싶다는 생각도 없어지고 평온하게 잠들고만 싶었다. 두 눈이 저절로 감기는 순간 세라의 모습이 보였다. 세라는 현수를 향해 어서 일어나라고 손짓하고 있었다. 현수는 눈을 비비며 깨어났다. 맞상대는 벌써 승부가 났다는 듯 그 자리를 떠나려 하고 있었다. 현수는 맞상대를 향해 큰 소리로 외쳤다.

"아직 승부가 끝나지 않았는데 그렇게 가시면 어떡합니까?"

맞상대가 다가오자 현수가 다시 입을 열었다.

"아무리 내면적인 깨달음이 중요해도 세상이 잘못되었으면 고치자고 주장하는 게 맞지 않습니까? 그런데 사람의 마음만 풀려고 하는 게 해결책이 될 수 있겠습니까? 자기 마음을 다스리기도 해야겠지만 현실적 문제와 결부해서 풀어야 하지 않을까요? 그래야 모든 인간을 고에서 벗어나게 하겠다는 취지에도 부합하고요."

맞상대는 또 그 소리냐는 듯 껄껄 웃었다.

"어찌 깨달음의 문제를 객관적인 조건과 연결하려고만 하는가? 깨달음을 객관적인 수치로 계량화하는 것은 불가능하지 않은가? 게다가 사람이 태어나서 늙고 병들고 죽는 것은 누구든 피할 수 없는 가장 보편적인 고 아닌가? 연기의 쇠사슬을 끊어 버리는 열반과 해탈이 아니라면 무엇이 해결책이겠는가?"

현수는 잠시 생각에 잠겼다. 열반과 해탈이 과연 해답인지 의문이 들었던 것이다. 현수는 단호한 어조로 입을 열었다.

"열반과 해탈이 해답이라고 주장하시지만 저는 잘 모르겠습니다. 하지만 저는 현세의 인간 세상이 더 중요하다고 생각합니다. 모두 해탈하고 열반에 들면 연기에 의한 과정이 끊어지고 인간 세상도 사라지지 않겠습니까? 현세의 인간 세상은 저 같은 생각을 가진 사람에게 맡기는 것이 어떻습니까?"

맞상대는 잠시 생각에 잠기는가 싶더니 이내 다시 입을 열었다.

"자네 말도 일리가 있군. 나야 열반과 해탈이 중요하니 말이네. 그럼 인간 세상의 문제를 잘 풀어 보게나."

맞상대는 등을 돌리고 천천히 걸어 나갔다. 그러다가 갑자기 뒤돌아 소리쳤다.

"하지만 해탈을 이루지 않고서는 결코 쳇바퀴 도는 고통의 굴레를 끊을 수 없다는 것을 명심하게."

이 말을 끝으로 맞상대의 모습은 순식간에 사라져 버렸다.

단군의 홍익인간

현수의 가슴속은 바위가 짓누르는 것처럼 답답했다.

주체의 문제를 어떻게 풀어야 할지 실마리가 보이지 않았다. 실존주의처럼 실존적 자유를 강조해야 할까? 아니면 인식 자체가 주관적일 수밖에 없으니 주체 자체를 해체해야 할까? 이도 저도 아니면 아예 주체가 없다는 무아 이론으로 가야 할까? 주체가 깨달음을 얻어야 한다는 것까지는 좋았다. 하지만 분명한 것은 지금까지의 방식으로 접근해서는 결코 만족스러운 답이 나올 수 없다는 점이었다. 현수는 주체란 말만 나오면 머리가 지끈지끈 아팠다.

하지만 결코 피할 수 없는 게 주체였다. 그때 문득 주체를 직접 거론하는 북한의 주체사상이 떠올랐다. 북한에서는 주체사상을 사람 중심의 사상이라고 말하고 있었다. 세계와 사람과의 관계를 철학의 근본 문제로 삼고 사람의 지위와 역할을 밝힌 것이다. 그리고 이것이 인간의 운명 문제에 대한 해답이라는 거였다.

우리가 주체를 논하는 이유도 사람의 운명 문제를 풀기 위해서가 아닌가? 그 순간 현수의 뇌리를 스치는 것이 있었다. 세계와 사람 간의 관계 문제로 보니 주체를 거론하면서도 주관과 객관으로 나누는 틀을 벗어날 수 있다는 점이었다. 주관과 객관의 관계로 나누면 둘 중 어느 한편을 강조할 수밖에 없다. 그래서 사람과 세계와의 관계로 논점을 바꿔 문제를 해결하겠다는 것이다. 어떻게 보면 인류 지성사에서 획기적인 전환이라고 할 수 있었다. 세계와 사람과의 관계로 바라보면 객관 세계에 대한 합법칙적인 발전 과정을 설명할 수 있다. 그러므로 그동안 신이나 이성, 자연법칙, 물질 개념 등으로 해석한 것을 자연스레 포용하면서 인간 존재의 의미까지 명확히 밝힐 수 있다. 또 사람이 주체로서 사고하고 실천하는 모든 과정을 설명할 수 있다. 그동안 주관적으로 이해한 의식이나 감정, 행동 등을 포용하면서도 사람의 사고와 행동에 결정적 역할을 미치는 것이 무엇인지 밝힐 수 있는 것이다. 나아가 사람이 세계 속에서 어떤 지위를 차지하고 어떤 역할을 하는지가 주된 과제로 등장한다.

그래서 사람이 세계에서 주인의 지위를 차지하고 결정적 역할을 한다는 것일까? 사람이 세계의 지배자이자 개조자라는 얘기다. 사람은 자주성과 창조성, 의식성을 지닌 사회적 존재이기 때문이다.

사람이 세계의 지배자이고 개조자라는 건 사람과 세계 간의 관계로 볼 때부터 정해진 귀결이었다. 사람의 자주성과 창조성, 의식성이라는 사회적 속성도 이런 관점에서 자연스럽게 도출될 수밖에 없었다. 사람이 운명의 주인이 되려면 주인의 지위를 표명하는 자주성이 있어야 한다. 아울러 그 역할을 담당할 능력이 있다는 창조성과 지위와 역할을 담보해 주는 의식성이 있어야 한다.

그렇다면 이건 인간의 지향과 요구, 즉 인간의 소망을 반영한 것이라고 봐야 하지 않을까? 객관적인 검증에 의해서 나온 것이 아니라는 말이다. 이것은 무엇으로 확증할 수 있을까? 인민대중이 증명해 줄 수 있을까? 하지만 구체적인 계급 계층으로 구성된 인민대중의 활동 능력을 무슨 잣대로 평가할까? 잣대가 없다면 인이나 예, 지성, 이성 등을 통해 인간에 대해 정의 내린 것과 뭐가 다르겠는가. 인간이 자신의 소망을 담아 인간에 대한 정의를 내렸다고 해도 모든 인간이 그 주장대로 움직이는 것은 아니다. 그렇다면 인간을 세계의 지배자이자 개조자로 정의 내렸다고 해도 마찬가지 아닐까?

그럼 인간이 뭔지 원초적인 질문을 다시 제기하는 수밖에 없단 말인가? 인간은 과욕 때문에 스스로를 과대평가했을 수도 있다. 잘못된 세상을 고치려고 마음먹은 것도 거만한 욕심일까? 그렇다고 그걸 인정할 수도 없는 노릇이다. 인간이 위대하다 해도 세상사의 문제를 고칠 수 있을지 의문인데, 하찮은 존재라고 한다면 그것이 얼마나 허망한 생각인지 스스로 인정하는 꼴이니 말이다.

현수는 허공을 응시했다. 지금까지 풀릴 듯 풀리지 않는 문제를 따라 항해를 계속해 왔다. 만감이 교차했다. 잘못된 세상을 고치겠다는 의지만은 충만했는데 지금은 그냥 주저앉고만 싶었다. 그러나 세라를 생각하면 절대 여기서 포기할 수는 없었다. 현수는 다시 무거운 발걸음을 옮겼다. 이 모습을 멀찍이서 지켜보던 새로운 맞상대가 천천히 모습을 드러냈다.

현수는 긴장한 눈길로 맞상대를 주시했다. 하얀 도복에 머리를 단정히 하고 수염을 길게 늘어뜨린 모양새가 수련을 많이 한 선인 같아 보였다. 언젠가 단군 조선 시기 풍류도를 익힌 선인의 그림을 본 적이 있었는데 그 모습과 유사했다. 얼굴 주위에 원광이 펼쳐지듯 광채가 이는 것도 비슷해 보였다.

"보아하니 기력이 다 소진된 모양인데 그만 포기하는 게 어떠한가? 여기까지 온 것도 대단하니 말일세."

"그럴 수 없습니다."

현수는 힘주어 말했다.

"여기까지 왔는데 포기하고 싶지는 않겠지. 게다가 세상사의 문제를 깨닫지 못한다면 지금까지의 과정은 헛수고가 되는 것 아닌가? 그럼 잘 배우고 해답을 찾아보시게."

맞상대는 앞서 나갔고 현수는 그 뒤를 따랐다.

얼마 가지 않아 단군 조선이 세워진 아사달의 광경이 한눈에 들어왔다. 범과 곰은 물론 온갖 동물이 조화를 이루며 살아가고 있었다. 어떻게 저런 일이 벌어질 수 있을까? 서로 다른 종이 모여서도 저렇게 오순도순 살아갈 수 있단 말인가?

현수는 이 광경을 주의 깊게 관찰했다. 그러다 이상한 장면을 목격했다. 처음에는 동물로 보였는데 눈을 크게 뜨고 보니 사람인지 동물인지 잘 구분이 안 되었다. 자세히 보니 짐승의 탈을 쓰고 있는 사람이었다. 더욱 이상한 건 사람들이 하나같이 좌선을 하는 듯 수련 동작을 취하고 있다는 점이었다.

인간이 뭔지 알려면 인간의 원초적인 모습을 직시하라는 건가? 하지만 짐승의 탈을 쓴 인간을 인정한다면 인간으로부터 파생된 문제를 해결할 수 있다고 단언할 수 있을까? 짐승의 모습도 가지고 있다면 짐승 같은 행동도 인정해야 할 것 아닌가?

이때 토굴 같은 것이 눈에 띄었다. 숯불을 피워 놓은 토굴 안은 어두침침해 잘 보이지 않았다. 현수는 이끌리듯 그 안으로 들어갔다. 풀 향기 같기도 하고 약초 냄새 같기도 한 냄새가 풍겨 왔다. 벌레를 쫓기 위해 약초를 쓴 것인가? 아니면 마늘과 쑥 냄새인가?

이런 데서 생활하려면 마늘이든 쑥이든 잡균을 제거하기 위한 조치가 필요할 것 같았다. 단군이 단군 조선을 세워 홍익인간의 세상을 펼쳤다고 하더니 그걸 보여 주려는 것인가? 시간이 흐르자 안의 모습이 점차 눈에 들어오기 시작했다. 자연적으로 생긴 토굴이 아니라 인간이 땅을 파서 만든 움막 같았다. 지상 가옥도 아닌 이런 곳에서 생활했다는 것인가? 이걸 보고 홍익인간의 세상이 열렸다고 볼 수 있을까?

그때 선인의 모습을 한 사람이 나타나더니 환한 빛을 띠기 시작했다. 머리 위 원광이 더욱 뚜렷이 빛을 발했고 몸이 공중으로 떠올랐다. 현수는 놀라움에 입을 다물지 못했다. 얼마나 많은 수련을 해야 저런 경지에 도달할 수 있을까? 의문이 채 가시기도 전에 또 다른 광경이 펼쳐졌다. 몸이 부상한 만큼 움막이 땅 위로 솟아올랐던 것이다. 그와 동시에 움막의 형태가 변하기 시작했다. 곧 인간이 살 수 있는 지상 가옥으로 틀이 갖춰졌다.

"계속 서 있을 텐가? 들어왔으면 자리에 앉게."

선인의 모습을 한 사람이 현수에게 말을 건넸다. 현수 앞에는 어느새 탁자와 의자가 놓여 있었다. 현수가 자리에 앉자 선인의 모습을 한 사람은 자신을 단군이라고 소개했다. 현수는 정중하게 고개를 숙이며 예를 취했다. 그러고는 솔직하게 자신의 심경을 밝혔다.

"솔직히 아까 토굴 같은 것을 보고 단군 할아버지께서 홍익인간의 세상을 열었다는 것을 믿지 못했습니다. 미개한 사회에서 벗어나지 못했다고 생각했지요. 그런데 공력을 직접 보고 나니 죄송하다는 생각이 듭니다."

현수는 거듭 머리를 숙였다. 단군은 웃음을 지었다.

"그런데 정말 반만년 전에 단군 조선을 세우셨는지요? 우리 민족이 탄생했다는 신화가 전해져 왔지만 너무 이른 시기라 의심하는 사람들이 많습니다. 곰이 사람이 되어 단군 할아버지를 낳았다고 하니 믿기 어려운 게 사실이지요. 하지만 일연 스님이 쓴 『삼국유사』에도 단군 신화를 전하고 있습니다. 오늘날 논쟁이 분분하니 그 점을 분명하게 밝혀 주셨으면 합니다. 그러면 우리 민족은 반만년의 유구한 역사를 가진 민족이 되지 않겠습니까?"

현수는 역사적 진실을 가리겠다는 생각에 들떠 있었다.

"허허, 왜 나를 민족의 시조로만 여기려고 하는가? 세상사의 문제를 풀려고 여기 온 게 아닌가."

현수는 허를 찔린 기분이었다.

"우리 민족의 기원을 정확히 풀고 싶었습니다. 이런 생각이 민족적 편견입니까? 그러면 단군 할아버지께서는 우리 민족의 문제에 관심이 없으시다는 말씀입니까?"

단군은 묵묵히 현수를 바라보다가 말했다.

"참으로 답답하구먼. 자네는 내가 자네들의 선조가 될지 안 될지를 알고 있었다는 말인가? 어떻게 그게 가능한가? 나는 선대의 뜻을 이어받아 인간 세상을 이롭게 하고자 단군 조선을 건국했네. 민족의 시조가 되고자 그리한 것이 아니라는 걸세. 나를 민족의 시조로 만든 건 후손들이야. 후손들이 고난과 역경을 극복하려고 민족성을 만들어 냈다는 게 더 맞는 얘기 아닌가. 결과적으로 보면 내가 민족의 시조가 된 것은 맞지만, 본래 그런 의도를 가졌던 건 아니라는 말이네.

나는 인간이 어떻게 살아야 하는지에 대해 고민하면서 인간 세상을 널리 이롭게 해야겠다는 뜻을 품었네. 그러고는 조선이라는 나라를 세워 홍익인간의 세상을 열었지. 내게 민족적 화두보다는 인간 세상사의 문제에 대해 묻는 것이 옳지 않겠는가?"

현수는 머리를 얻어맞은 것 같았다. 민족은 후대가 만들어 가는 것이지 처음부터 만들어진 것은 아니었다. 운명 공동체라는 민족적 정체성을 형성하지 못하면 홍성한 집단이라도 흔적도 없이 사라지고 마는 게 역사적 현실이었다. 결국 민족의 문제는 후대의 문제일 뿐 단군이 왈가왈부할 사항은 아니라는 것이다. 민족적 시각이 아니라 인류 지성사의 관점으로 단군을 보는 게 타당했다.

"제 생각이 짧았습니다. 그러면 다시 여쭙겠습니다. 저는 단군 할아버지께서 단군 조선을 세웠다는 것이 사실인지 의문입니다. 아까도 말씀드렸듯이 곰이 사람이 되어 단군 할아버지를 낳았다는 것이……."

"이제야 제대로 질문하는군. 그런데 이걸 어쩌나. 자네 질문에 명확히 대답하려면 역사적 사실이 검증되어야 하지만 내 소관이 아니니 제쳐 두겠네. 대신 이론적 차원에서 설명해 주지. 단군 조선의 건국을 담은 단군 신화는 인간이 어떤 과정을 거쳐 인간으로 자각해 나갔는지 그리고 있네. 단군 신화에는 인류 역사의 합법칙적 발전 과정이라는 관점에서 매우 과학적인 이치가 담겨 있지.

인간이 인간으로서 자각하지 못했을 때에는 짐승과 별반 다를 게 없이 생활했을 것 아닌가? 모든 만물에 영혼이 있다고 믿은 애니미즘이나 동물을 부족의 상징물로 삼은 토테미즘을 보게. 범과 곰의 구분도 명확하지 않고, 영혼이 움직여 다른 동물로 변할 수 있다고 믿었을 것 아닌가? 인간이 역사의 문을 열기 전에는 짐승과 다름없는 존재였다는 뜻이네.

단군 신화는 이런 시대에서 어떻게 인류사가 태동했는지 보여 주지. 범과 곰이 함께 등장하지만 서로 다른 짐승이라고 하지 않나. 범은 사람이 되지 못하고 곰만 사람이 되었다는 것에서 알 수 있지. 짐승들 간의 차이를 파악하는 수준을 보여 주는 것이네. 하지만 사람과 비교했을 때는 곰도 단지 짐승에 불과한 존재이지 않나. 범과 곰이 사람이 되고 싶어 한다는 점에서 알 수 있지. 사람은 짐승과는 질적으로 다른 존재라는 의식을 명확히 보여 주는 것이네. 어떤 사물의 특징을 드러내려면 공통점과 차이점을 지닌 다른 사물과 대비하는 게 가장 효과적이지 않겠는가.

단군 신화는 인간이 짐승과 다른 존재임을 드러낸 차원에서 멈추지 않네. 그리한다면 인간으로서의 자각에 기초해 자기 운명을 개척하는 길로 들어설 수 없을 테니 말일세. 인간의 역사를 열자면 인간으로서의 자각이 더욱 분명하고 뚜렷해야 하지. 이게 명백히 드러나는 대목이 어디인가? 웅녀가 사람이 된 다음 아기를 잉태하고자 신단수 밑에서 빌자, 환웅이 사람으로 변해 웅녀와 결혼한 뒤 나를 낳았다는 부분 아닌가. 사람끼리 결합해서 내가 태어난 걸세. 환웅 시기에 이르기까지 잔존해 있었던 짐승의 유물을 완전히 떨쳐 버렸다는 것을 상징적으로 나타내는 것이지.

그동안 일구어 낸 성과를 기초로 내가 인간의 능력에 맞게 단군 조선을 세우는 건 당연히 가능한 일 아니었겠는가? 그래서 홍익인간의 세상을 만들기 위해 단군 조선을 세웠다고 말하는 걸세. 그럼 단군 신화라고 할 것이 아니라 단군 조선의 건국 사화라고 부르는 것이 맞지 않겠는가?"

현수는 자신도 모르게 고개를 끄덕였다. 인류사 태동기에 인간이 어떻게 스스로 자기 운명을 개척해 나갔는지 보여 주는 시대적 통찰이었기 때문이다. 단군 조선을 세운 이유도 홍익인간에 있었다는 것을 분명히 밝히고 있었다. 인류사의 여러 건국 신화 가운데 홍익인간이라는 건국 이념을 가진 내용은 거의 없었다. 현수는 갑자기 또 다른 의문이 생겼다.

"인류사 태동기에 어떻게 인간 세상이 열렸는지 설명하셨는데, 꼭 짐승과 비교해야만 하는 겁니까? 인간의 면모를 분명하게 밝히려면 인간 그 자체를 파악해야 하는 것 아닙니까?"

"짐승과 비교해야만 인간의 특성을 알 수 있다고 말한 것은 아니네. 짐승 같은 본능적 생활을 탈피했을 때 비로소 진짜 인간의 역사가 시작된다는 거지. 어쨌거나 그때가 홍익인간의 세상을 여는 출발점이었네. 나도 묻고 싶은 게 있네. 자네는 인간에 대해 다 안다고 생각하는가?”

단군의 갑작스러운 물음에 현수는 당황했다. 누가 인간을 다 안다고 대답할 수 있을까? 현수는 단군의 얼굴을 쳐다보며 다음 말을 기다렸다.

“왜 그런 당연한 질문을 하느냐는 겐가? 하지만 인간이 운명을 개척하려면 인간이 뭔지 답을 내려야 할 게 아닌가? 그걸 회피하고 어떻게 세상사의 문제를 풀겠는가? 어떻게 자기 운명을 개척하겠다고 나설 수 있단 말인가?”

현수가 찾고자 하는 답이었다. 그는 눈을 동그랗게 뜨고 단군의 얼굴을 바라보았다.

“인간에 대한 정의를 내릴 때 최소치와 최대치를 설정하고 이해하면 어떻겠나? 인간이라면 최소한 이 정도는 되어야 한다는 측면과 인간의 지향과 요구를 최대로 반영한 측면을 함께 파악하면 된다는 거네. 여기서 최소치는 짐승 같은 생활을 청산한 모습이라고 할 수 있겠지. 그럼 최대치는 뭐겠는가. 인간의 생을 최대한 고양했을 때 나타나는 모습이겠지. 이걸 선인(仙人)이라고 부르네. 그래서 단군 조선의 사상을 홍익인간이라고도 하고 선인 사상이라고도 하네. 인간 세상을 널리 이롭게 하기 위해 모두를 교화해 선인으로 만든다는 거지.

선인이 뭐겠는가? 한마디로 하늘의 이치에 통달하면서 궁극의 깨달음에 도달한 사람이지. 하늘 그 자체라고 할 수 있을 정도의 경지에 도달한 거야. 그래서 하늘을 공경하고 사람을 사랑하라는 경천애인(敬天愛人)과 널리 인간 세상을 이롭게 하라는 홍익인간, 세상의 이치대로 교화하라는 재세이화(在世理化)를 주장하는 것이지. 이것은 단군 조선의 건국 사화에서 내가 환인, 환웅의 계통을 이은 데서 드러나네. 나는 하늘의 혈통을 받고 태어난 존재, 즉 하늘 그 자체네. 그러면서도 한편으로는 궁극의 깨달음에 도달한 선인이라는 것을 의미하지. 이렇게 말하니까 꼭 내 자랑을 하는 것 같구먼.

여기엔 함축적인 뜻이 담겨 있네. 바로 천지인(天地人) 사상이지. 하늘(天)에 있었던 환인의 뜻을 받들어 환웅이 땅(地)에 내려와 내가 사람(人)으로 태어난 것이 아닌가? 이 형식은 항상 3의 구조를 취하고 있지. 한번 생각해 보게나. 환인, 환웅, 나라는 구조로 보든 환웅, 웅녀, 나의 관계로 보든 말이야. 이 발전 법칙에 의해 선인이 탄생하네. 이게 바로 3·1 철학이지.

3·1 철학은 한마디로 하나의 물질은 3을 포함하고, 3은 하나로 모아진다는 거네. 이것에 따라 세상의 변화와 발전 법칙을 설명하지. 흔히 세상의 변화를 설명할 때 대립적 관계만 상정하는 경우가 많네. 하지만 세상에는 대립적인 사물만 있는 것이 아니라 중간의 특성을 가진 사물도 얼마든지 있지 않은가? 그래서 3을 등장시킨 것이지.

하나가 벌써 3을 포함한다고 보게. 그러면 대립적인 관계의 변화뿐 아니라 이 세상의 끝없는 변화까지도 충분히 설명할 수 있네. 그리고 이 세상이 아무리 변한다고 한들 어디로 귀착되겠는가? 결국은 사람 아닌가? 그래서 하늘의 법칙에 따라 만물이 성장하고,

마침내 인간이 탄생했다고 설명하는 것이지. 3·1 철학을 핵심적으로 드러내는 것이 천지인 사상이네. 이를 한마디로 인중천지일(人中天地一), 사람 속에 천지가 하나가 된다고 표현했네. 세상의 법칙(天)에 따라 만물(地)이 성장하는데, 이것을 사람(人)이 일치시키고 조화시켜 나간다는 것이지. 천지인 중에서 사람을 으뜸의 자리에 올려놓았고, 그 사람을 선인이라고 한다네."

현수는 그저 눈만 껌뻑거렸다. 홍익인간에 이처럼 심오한 뜻이 담겨 있을 줄은 미처 상상하지 못했던 것이다. 그동안 현수는 홍익인간을 인간 세상을 널리 이롭게 한다는 뜻으로만 알고 있었다. 그것도 민족적 자부심을 세우기 위한 주장으로 받아들였던 것이다. 그런데 듣고 보니 감탄이 절로 나왔다. 세상사에 대한 변화와 발전 법칙은 물론, 인간에 대한 심오한 통찰력에서 나온 주장이었다. 인간을 선인으로만 살펴보았다면 성인과 철인을 제시하는 주장과 별반 다르지 않았을 것이다. 하지만 인간을 짐승과 다른 특성을 가진 존재로 보고 최소한의 객관적인 근거를 명확히 밝혀낸 것이다. 그래서 인간이 선인이라는 최상의 경지를 향해 노력해야 한다는 주장도 설득력 있게 다가왔다. 그러면 홍익인간 사상이 세상사의 문제를 해결할 수 있는 걸까?

"인간의 면모를 살펴보는 혜안과 객관적인 근거는 쉽게 수긍이 됩니다. 그런데 세상사가 그런 이치만으로 쉽게 고쳐질 수 있을까요? 홍익인간의 세상을 만드느냐, 못 만드느냐는 결국 최대치에 달려 있는 듯합니다. 그런데 과연 가능할지 의문입니다. 어떻게 풀 것인지 방도가 있어야 할 텐데요."

단군은 고개를 들어 하늘을 바라보았다. 현수도 덩달아 하늘을 올려다보았다.

"참으로 어려운 일이거늘. 그래서 인류사의 여명기가 그토록 오랜 기간 이어져 온 게 아니겠느냐. 그로부터 일대 전환을 이룩해 새로운 인간세상을 개척하고자 홍익인간의 기치를 내걸었던 것 아닌가? 인간으로서의 자각은 결코 저절로 이루어지는 것이 아니라 지난한 고통을 수반한다네. 환웅은 범과 곰에게 쑥 한 다발과 마늘 스무 개를 먹으면서 백 일 동안 햇빛을 보지 않으면 사람이 될 거라 했지. 자네도 알다시피 범은 육식 동물이고 곰은 잡식 동물인데 고기를 먹지 말라고 한 거네.

이 이야기가 뭘 말해 주겠는가? 탐욕에 젖어 제 욕심만 차리는 사람을 짐승 같다고 말하지 않는가? 짐승처럼 탐욕과 약탈을 일삼는 생활 방식을 단호하게 청산하고 스스로 고행하고 수련해야 한다는 것이지. 인간으로서 자각하려면 이토록 지난한 과정을 거쳐야 한다네. 그래서 곰은 사람이 되었지만 범은 사람이 못 된 것 아닌가. 하지만 범이 금기 사항을 지키지 못했다고 제압하지는 않았네. 패권을 행사하는 것 자체가 짐승 같은 생활을 버리지 못한 행위이기 때문이지.

그렇다면 이를 어찌 해결해야 하겠는가? 자각한 사람들의 힘을 하나로 모아 그 힘으로 감화해 나가야겠지. 웅녀의 웅 씨족과 단군 조선을 세운 것에서 드러나지 않는가?

그럼 참다운 인간이 지향해야 할 목표는 무엇이겠는가? 인간의 존엄을 스스로 세우는 데 있지. 이것은 몇몇 사람의 힘으로 되는 것이 아니라 국가적인 차원에서 동원되어야 하네. 그래서 단군 조선을 건국하면서 홍익인간의 세상을 만들어 내고자 한 거지. 선인이 되기 위해 수련하는 단체인 풍류도(風流徒)를 육성해서 말이네. 그런 사람들이 많아져서 힘을 강화한다면 더 많은 사람이 교화되겠지. 그러면 참다운 홍익인간의 세상이 열리지 않겠는가?"

현수는 단군의 명쾌한 이치에 빠져들었다. 사람이 짐승과 달라지는 길은 수양밖에 없었다. 수련을 통해 인간으로 자각한다는 것이다. 남 탓으로 돌리지도 않고 남을 해치지도 않는다. 도리어 자기로부터 문제를 찾고 해결책을 찾아 나가면서 남을 감화시킨다. 얼마나 단순 명쾌한 해결책인가? 하지만 그러려면 선인의 경지에 도달한 사람이 있어야 한다. 단군처럼 말이다. 단군은 선인으로서 몸소 홍익인간의 세상을 열려고 했다. 하지만 단군이 없는 경우에는 어찌할 것인가? 공자와 플라톤도 성인과 철인이 없어서 뜻한 대로 정치를 펼 수 없었다.

현수는 수련법으로 모든 사람을 선인의 경지로 끌어올릴 수 있는지 의문이 들었다.

"사람이 짐승 같은 생활을 청산하고 운명을 개척해 나가려면 수련을 해야 합니다. 그런데 정말 수련만 하면 모든 사람이 선인의 경지로 올라설 수 있을까요? 공자와 플라톤도 사람들을 성인과 철인으로 만들려고 노력했지만 성공하지 못했습니다. 범처럼 하려고 해도 결국 안 된다면 그건 해답이 아니지 않겠습니까?"

단군은 혀를 끌끌 찼다.

"자네는 지금껏 무슨 말을 들었는가? 인간의 면모를 파악할 때 최소치와 최대치가 있다고 하지 않았느냐? 게다가 교육과 수련이 똑같은 것은 아니지 않느냐? 진정한 교화는 감화를 받고 몸으로 체득할 때에 이루어지는 것이지. 그 방법을 제시하는 것이 수련이야. 물론 그렇다고 누구나 선인의 경지로 올라선다는 것은 아니네. 하지만 인간과 짐승의 차이가 너무도 명백하거늘, 어찌 동물적인 생활 방식을 숨길 수 있단 말인가? 또한 선인의 경지는 인간으로서 최상의 단계라고 하지 않았는가? 꾸준히 수련한다면 곧바로 그 경지에 도달하지 못한다 할지라도 최소한 짐승 같은 생활은 청산할 수 있지. 그 이상의 단계로도 나아갈 수 있는 길이 열리는 거고."

현수는 여전히 의문이 풀리지 않았다.

"수련을 통해 어떻게 교화되어 가는지는 알겠습니다. 하지만 선인이 되지 못한다면 궁극적으로 홍익인간의 세상은 실현되지 못하는 것 아닙니까?"

"허허, 홍익인간의 세상이 완전히 실현되는 날이 그렇게 단박에 올 것이라고 보았는가? 완전히 실현되려면 무엇보다 사람이 그 경지에 이르러야 하거늘. 인류사는 계속 발전해 왔다네. 꾸준히 수련한다면 궁극적으로는 홍익인간의 세상이 완전히 열릴 것이야."

단군은 그윽한 눈길로 현수를 바라보았다.

"정말 궁금하면 직접 수련을 해 보는 것이 어떠한가?"

현수는 잠시 멈칫했다. 하지만 단군의 자애로운 표정을 보고는 망설일 수가 없었다.

"여기에 도착해서 보았던 동작들을 말씀하시는 겁니까? 얼마나 도움이 될지는 모르겠습니다만 허심하게 권하시니 기꺼이 해 보겠습니다."

단군은 현수에게 가부좌를 취하게 한 다음 자연스럽게 호흡하라고 했다. 단군의 지시에 따라 움직이자 현수의 마음은 언제 그랬냐는 듯 차분해졌다. 호흡 하나만으로 이토록 마음의 평정을 찾을 수 있다는 게 놀라웠다.

현수는 자세를 유지하며 몸에 어떤 변화가 생기는지 느껴보려고 했다. 몸 곳곳의 감각이 살아 움직이는 것 같았다. 몸은 이렇게 살아 꿈틀거리는데 이런 것을 전혀 자각하지 못하고 생활해 왔다는 것인가? 이 사실을 가르쳐 주기 위해 단전 호흡을 해 보라고 권한 것일까?

단군은 현수의 등을 어루만지며 조용한 음성으로 말했다.

"아직도 몸이 뻣뻣하군. 긴장을 풀고 몸을 이완해 보게."

현수는 몸에 힘을 빼려고 했다. 하지만 어쩐 일인지 몸은 더 굳어졌다.

"억지로 하려고 하니 그런 것이네. 자연스러운 흐름에 맡겨 보게. 하긴 마음이 자연스럽지 않은데 몸이 그럴 수는 없겠지. 의도적으로 몸의 기운을 느끼려고 하지 말라는 것이네. 그렇다고 그 의식 자체를 버리면 안 되겠지. 자, 편안히 우주의 기운을 느껴 보게나. 탁한 기운은 몸에서 빠져나가고 천지인의 기운이 스며드는 걸 느낄 수 있을 걸세."

현수는 지시에 따라 자연스러운 흐름에 몸과 마음을 맡겼다. 그렇게 얼마나 시간이 흘렀는지 몰랐다. 고요함과 정적감이 감돌면서

한순간에 세상이 정지한 듯했다.

그때 알 수 없는 일이 일어났다. 정수리 부근의 숨구멍인 백회혈로 바람이 불어닥쳤던 것이다. 바람이 어찌나 거센지 몸이 심하게 흔들렸다. 하지만 현수는 모든 것을 자연스럽게 받아들였다. 거센 바람은 온몸 구석구석을 돌면서 단전으로 모여들었다. 동시에 우주의 기운이자 천지인의 기운과 하나가 된 것처럼 느껴지면서 몸이 공중으로 붕 뜨는 것 같았다. 이윽고 현수의 눈앞에는 지금까지 인류가 걸어왔던 모습이 환하게 펼쳐졌다. 놀랍게도 역사의 흐름은 단군이 말한 모습과 유사했다. 현수가 자세히 확인하려는 순간 그 형상들은 모두 사라져 버렸다. 바로 그때 그를 깨우는 목소리가 들려 왔다.

"이제 그만 일어나게나."

현수는 눈을 뜨고 주위를 두리번거렸다. 헛것을 본 걸까? 하지만 그렇게 보기엔 체험이 너무나 생생했다. 단군은 그윽한 눈길로 현수를 바라보다가 순식간에 사라져 버렸다.

현수는 몸이 나비처럼 가벼워진 것을 느꼈다. 잠재되어 있던 힘이 분출한 것처럼 충만한 기분이었다. 어떻게 이런 변화가 갑자기 찾아온 거지? 수련법 때문인가? 이때 맞상대가 나타났다.

"감동을 많이 받은 모양이군. 그러면 승부를 벌일 필요도 없겠구먼. 어떤가, 그냥 스스로 인정하고 물러나는 것이."

이번 승부는 지금까지와는 차원이 달랐다. 현수는 맞상대의 주장을 쉽게 부정하기 힘들었다.

"인간의 운명 문제로 세상을 바라보는 시각이 훌륭하다는 점은 충분히 공감합니다. 그렇지만 이대로 물러날 수는 없습니다."

"허허, 자네가 선인이라도 된단 말인가? 그렇지 않다는 건 다 아네. 하지만 내 풍모를 보면 선인의 경지에 근접했다는 것을 느낄 수 있겠지. 자, 결단을 하게나."

맞상대는 계속 승복을 재촉했지만 현수는 반박할 수 없었다. 맞상대는 다시 분명한 어조로 말했다.

"이쯤 되면 승부는 끝난 거나 다름없네. 다시 한 번 말해 주지. 세상사의 문제는 결국 인간이 자기 운명을 개척하는 문제로 귀결되지. 운명을 개척하려면 인간에 대한 전면적인 파악이 필요하네. 그래서 인간이라고 정의할 수 있는 최소한의 객관적인 근거와 궁극적인 인간의 염원까지 반영해 선인을 제시한 거야. 그렇다면 해결 방법은 하나밖에 없지 않은가? 선인의 경지에 도달한 사람이 세상 문제를 풀어야 한다는 거지. 나는 선인에 가장 근접한 사람이네."

현수는 선인이라는 말을 입 속에서 되뇌었다. 그때 문득 성인과 철인이라는 단어가 생각났다.

"선인이 있다면 당연히 세상사의 문제를 앞장서서 풀어 나가야 하겠지요. 그러려면 해결책을 명확히 제시해야 할 것 아닙니까? 그런데 지금 제시한 해답은 최소치와 최대치밖에 없습니다. 세상사의 문제는 언제나 상황과 조건이 다르지요. 각 단계의 합법칙인 발전에 맞게 해결책을 제시해야 합니다. 최소치와 최대치뿐 아니라 매 단계에 맞는 구체적인 해결책까지 밝혀야 하지 않을까요?"

맞상대는 당황한 표정이었다. 하지만 곧 평정심을 되찾고 반문했다.

"그렇다면 해결책이 무엇인지 자네가 한번 밝혀 보게."

현수라고 딱히 해결책이 있을 리 없었다.

"그건 명확하게 떠오르지 않습니다. 그러나 인간 세상이 항상 다른 상황과 조건에 처해 있으니 매 단계에 맞게 풀어나가야지요. 그래야 세상사의 문제를 해결하고 참다운 홍익인간의 세상을 열지 않겠습니까?"

"두루뭉술하게 넘어가면 안 되지. 자네도 명확한 해결책이 없지 않나? 그렇다면 내가 선인의 경지에 더 가까우니 내가 이기는 게 맞지 않은가?"

현수는 난감하기 짝이 없었다. 대답할 말도 궁색했다. 하지만 세라를 생각하면 어떻게든 이 단계를 통과해야 했다.

"저는 꼭 딸을 찾아야 합니다. 제 딸은 저를 비롯한 어른들의 행동에 실망해 집을 나가 버렸습니다. 만약 딸을 찾지 못한다면 영원히 그런 아빠로 남을 것이 아닙니까? 딸이 인정하는 아빠의 모습을 단 한 번만이라도 보여 주고 싶습니다. 선인의 경지에 이르셨다고 하니 이런 심정을 잘 알 것 아닙니까? 또 그게 인간 세상을 고쳐야 하는 절실한 이유 아니겠습니까? 저에게 기회를 주시기를 간곡히 부탁드립니다."

어느덧 현수의 눈가에 눈물이 맺혔다. 맞상대는 뭔가 결심한 듯 차분하게 입을 열었다.

"승부의 세계에서 사사로운 감정은 예의가 아니라고 생각하네. 하지만 아빠로서의 심정을 모르는 바도 아니고 세상 문제를 풀겠

다는 의지 또한 명백하니 자네에게 허심탄회하게 부탁하겠네. 새
로운 인간 세상을 펼치려면 홍익인간의 사상적 뿌리와 계통이 확
고하게 뿌리내려야 하네. 뿌리가 튼튼하지 않은데 어떻게 줄기와
가지가 잘 자라겠는가? 그리하겠다고 약속할 수 있겠나?”

현수는 맞상대에게 큰절이라도 올리고 싶은 심정이었다.

“감사합니다. 정말 감사합니다. 꼭 그리하겠습니다.”

현수는 연신 허리를 굽혔다.

“이제 마지막 승부만이 남았네. 기필코 이겨서 내 약속을 지켜
주기 바라네. 자네의 건투를 빌겠네.”

맞상대는 말을 마친 뒤 승천하듯 조용히 사라졌다.

마지막 승부

이제 마지막 승부만 남았다.

현수의 초조함은 극에 달했다. 지금까지 결코 느껴 보지 못했던 기분이었다. 이 한판 승부에 세라를 찾아서 데려올 수 있는지가 결정되는 셈이었다.

현수와는 달리 마지막 승부사는 위풍당당한 태도였다. 현수는 긴장의 끈을 늦추지 않고 승부사의 모습을 유심히 살펴보았다. 승부사는 사람 같기도 하면서 아닌 듯했고, 순진무구한 아이 같다가도 악령처럼 보였다. 지금까지 상대했던 맞상대들의 형상을 한 몸에 담은 것 같았다. 현수는 더욱 긴장했다.

"여기까지 올라오다니 대단하구나. 이런 경우는 처음 겪어 보는 군. 우리 멋진 승부를 펼쳐 보자고!"

"그래야지요. 많이 긴장하셔야 할 겁니다."

"그렇게 자신 있는 척하면 내가 겁낼 것 같은가? 여기서 말싸움해 봤자 소용없지. 빨리 경기장에 가서 길고 짧은 것을 대 보자고!"

마지막 승부사가 앞장서 나갔다. 현수도 주먹을 꽉 쥐며 뒤를 따랐다.

마침내 경기장에 도착한 모양인지 새로운 광경이 펼쳐졌다. 그런데 뭔가 이상했다. 산꼭대기의 화산 분화구 같은 곳에서 용암이 분출할 것처럼 엄청난 가스가 새어 나오고 있었던 것이다. 여기서 경기를 벌인다고? 이때 다시 새로운 광경이 보였다. 바닷가 같았다. 그런데 어찌된 일인지 생명체가 살 수 없을 정도로 황폐했다. 지진과 해일, 원전 폭발 등으로 인한 참상 같았다. 도대체 뭘 보여 주려는 것일까? 의문이 채 풀리기도 전에 한 내륙 국가가 보였다. 사람들은 피켓을 들고 시위를 벌이면서 치고받고 있었다. 급기야는 다른 나라의 개입으로 전쟁이 벌어졌고 수많은 사람들이 죽어 나갔다.

'아니, 이건 21세기 현실이 아닌가? 그렇다면 지금의 문제를 풀 해답을 찾아야 한다는 말인가?'

이번에는 엄청난 사람이 모인 모습이 눈에 띄었다. 차림새로 보아 세계 곳곳의 다양한 사람들이었다. 그들은 어디론가 향하고 있었다. 그들을 따라가 보니 토론장 같은 곳에 도착했다. 그곳에는 '인류의 미래에 대한 공개 대 토론회'라는 현수막이 붙어 있었다.

잠시 후 청중들의 환호를 받으며 많은 인물이 등장했다. 단군, 공자, 석가모니, 노자 등 동양 쪽 인사와 함께 플라톤, 데카르트, 로크, 마르크스, 니체, 사르트르 등 서구 쪽 인사가 등장했다. 뿐만 아니라 자연을 상징했던 검은 물체, 정령, 제우스를 비롯해 인간을 창조했다는 유일신과 예수, 마호메트, 성전의 전사들도 토론장

단상에 나타났다.

단상에 오른 인물들은 자기들끼리 머리를 맞대고 뭔가 말을 주고받았다. 그러더니 단군만 앞으로 나오고 나머지는 모두 자리에 앉았다. 단군이 그들을 대표해서 몇 마디 할 모양이었다.

단군은 먼저 청중에게 자리에 앉을 것을 부탁하고는 말을 이었다.

"지금까지 인류는 세상사의 문제를 풀기 위해 줄기차게 노력해 왔습니다. 여기 계신 분들은 모두 인류의 문제를 해결하기 위해 지난한 길을 걸으며 각 분야의 이론을 개척하셨습니다. 따라서 인류의 지성사를 대표하는 분들이라고 할 수 있습니다. 이분들의 노고가 있었기에 인류의 역사는 크게 발전해 왔습니다.

하지만 세월이 흘러 이제 인류는 기로에 섰습니다. 그만큼 인간의 힘이 커진 것입니다. 하지만 이로 인해 지구가 망하고 인간이 멸망하느냐, 아니면 지구를 보존하면서 새로운 세상을 여는 길로 가느냐 하는 엄중한 상황에 처했습니다. 어느 방향으로 나아갈지는 전적으로 인간의 선택에 달려 있습니다. 그런 점에서 이 자리가 인류사의 앞길에 커다란 전환점을 가져올 것을 바라 마지않습니다. 지금부터 인류가 처한 문제를 어떻게 풀어 나갈지 의견을 밝혀 주시기 바랍니다. 아울러 이를 주의 깊게 청취해 주시기를 부탁드리겠습니다."

단군이 대 토론회의 개최를 선언하자 우렁찬 함성이 터졌다. 이윽고 장내에 적막감이 감돌았다. 함성과 침묵의 묘한 대조였다. 누구도 쉽게 말을 꺼내려 하지 않았다. 서로를 잘 알기 때문에 잘못 말했다간 곧바로 반격을 받을 수 있었다. 마침내 누군가가 발언권을 얻어 주장을 펼치기 시작했다.

"저는 유일신이신 하느님을 믿는 성전의 전사입니다. 이 토론회의 목적은 새로운 인간 세상을 열기 위해서가 아닙니까? 그렇다면 유일신의 언약을 믿는 것이 가장 중요하다고 생각합니다. 인간이 죄악에 빠진 이유가 무엇입니까? 하느님을 믿지 않고 자만과 오만에 빠졌기 때문입니다. 그런데 인간 스스로 해결할 수 있다고 생각한다면 그야말로 대책이 없습니다. 하느님이야말로 세상에서 유일하게 전지전능한 분입니다. 하느님은 천지와 함께 아담과 하와를 창조하셨습니다. 아담과 하와의 후손에게 영광을 주시겠다고 한 언약을 믿고 따른다면 인간의 모든 문제는 저절로 해결될 것이라고 봅니다. 인간이 무엇을 할 수 있다고 여기는 것 자체가 크나큰 죄악이니 우선 그런 생각부터 버려야 합니다. 거듭 말하지만 인간은 부족한 존재입니다. 하지만 하느님의 언약이 있기에 희망을 가질 수 있습니다. 모두 하느님의 언약을 믿고 그에 따릅시다. 여기에 인류를 구원할 모든 희망이 있습니다. 그걸 깨우쳐야 합니다."

갑자기 장내가 술렁거렸다. 지금이 어떤 세상인데 아직도 신 타령이나 하느냐는 비아냥거림이었다. 하지만 누구 하나 직접 반론하지는 못했다. 신을 믿지는 않지만 신의 노여움을 살까 봐 두려워하는 기색이었다. 다시 장내는 잠잠해졌다. 모두들 유일신이 어떻게 화답하는지 들으려고 했다. 하지만 유일신은 어떤 말이나 행동도 하지 않았다. 한참 시간이 흐른 후 또 다른 발언자가 입을 열었다.

"하느님의 언약을 믿어야 하는 건 맞습니다. 하지만 그것이 어찌 하나의 민족을 선택해서 구원하시겠다는 언약이겠습니까? 그건 하느님의 참뜻을 왜곡한 것입니다. 하느님께서 독생자 예수 그리스도를 이 땅에 보내신 이유가 뭐겠습니까? 유일신을 믿고 따르는 모든 사람들을 하느님의 나라로 인도하시려는 것 아니겠습니까? 그런데 그 뜻을 저버리고 자기 민족만이 선택받았기에 구원받을 것이라고 생각하다니, 이거야말로 오만과 독선에 찬 주장 아닙니까? 분명히 말씀드리지만 전지전능한 하느님께서는 예수 그리스도를 보내 언약하셨습니다. 하느님을 믿고 따르는 자는 누구든 하느님의 나라로 인도하겠다고 말입니다. 성부, 성자, 성령은 삼위일체입니다. 여기에 천국으로 갈 수 있는 열쇠가 있습니다. 자, 모두들 예수를 믿어 하느님의 나라로 가서 영생의 삶을 누립시다."

다른 발언자가 반박했다.

"예수는 하나의 사도일 뿐이지 결코 하느님이 아닙니다. 전능하신 하느님께서 어찌 사람으로 태어난단 말입니까? 이건 하느님에 대한 신성 모독입니다. 하느님께서는 사도 예수를 보냈지만 계시를 통해 마호메트 사도로 하여금 인간을 구원할 수 있는 길을 가르쳐 주셨습니다. 그러니 유일신인 알라가 마호메트 사도에게 계시해 주시는 길을 따를 때 구원받을 수 있습니다. 사도에 불과한 예수를 하느님으로 오해하는 자에게는 불벼락이 내려질 것입니다. 이 점을 직시하고 알라만을 숭배해야 합니다. 여기에 천국에 이르는 길이 있습니다."

사람들은 성전의 전사들이 서로 논쟁을 벌이는 것을 보고 고개를 갸웃거렸다. 여전히 유일신은 어떤 말이나 행동을 하지 않았다. 사람들은 이번에는 예수와 마호메트를 향해 고개를 돌렸다. 그러나 그들 또한 입을 봉한 듯 가만히 있을 뿐이었다. 잠시 후 청중 가운데 발언권을 얻은 한 사람이 입을 열었다.

"지금 하는 말씀들을 들으니 좀 답답합니다. 똑같은 유일신을 거론하면서도 서로 다른 말을 하니 말입니다. 그걸 어떻게 받아들여야 합니까? 신은 존재하지도 않는데, 연약한 무리들이 생존을 유지하려고 거짓 믿음에 기초해 신을 만들었다는 뜻이 아니고 뭐겠습니까? 그로 인해 인간의 의지가 더욱 박약해진 것입니다. 이런 점에서 니체 선생님이 말씀하신 대로 신은 죽었다고 명백하게 선언하는 것이 옳다고 생각합니다. 그래야 우리 인간이 더욱 생의 의지를 고양해 문제를 풀 수 있지 않겠습니까? 새로운 인간 세상을 열고자 하는 취지와도 부합합니다."

아무도 신에 대해 거론하지 못한 것을 직접적으로 반론하고 나오자 큰 박수가 쏟아졌다. 사람들은 니체가 무슨 말을 해 줄까 기대하며 니체를 바라보았다. 하지만 니체는 고개만 끄덕일 뿐 아무 말도 하지 않았다. 그때 발언권을 얻은 한 사람이 말했다.

"생의 의지를 실현하기 위해 노력한다고 해서 새로운 세상이 열리겠습니까? 저마다의 의지를 실현하기 위해 무작위로 싸울 테니 말입니다. 그럴 경우 누가 중재합니까? 차라리 신이라도 있어 중재하는 것이 낫다는 말이 다시 나올 것입니다. 신의 뜻을 모르니 싸움은 또 일어날 테고요. 결국 모든 걸 인위적으로 해결해서는 안 된다는 뜻이 아니고 뭐겠습니까? 인간의 인위적인 욕심과 욕망 때문에 인간사가 더 피폐해진 것 아닙니까? 이런 명백한 증거 앞에서 계속 인위로 풀려고 하다니 이치에 맞지 않습니다. 노자 선생님께서 주장한 대로 무위에 맡겨 해결하는 것이 새로운 인간 세상을 여는 데 가장 적합한 방법이라고 생각합니다."

무위가 해결 방안이라는 주장에 모두들 노자를 응시했다. 하지만 노자 또한 고개를 끄덕일 뿐 더 이상의 반응은 없었다.

현수는 토론이 진행되는 과정을 보면서 의문이 들었다. 왜 고명하신 저분들은 한마디도 하지 않는 것일까? 분명 자기주장을 펼치기 위해서 참석했을 텐데 대리인들만 나서는 이유는 뭘까?

풀리지 않는 의문을 뒤로하고 현수는 토론장을 지켜보았다. 벌써 한 사람이 발언권을 얻어 얘기하고 있었다.

"인위로 하지 말고 무위로 대하자고 했는데 과연 그렇게 할 수 있을까요? 무위로 대해도 결국 인위로 귀결될 것이고, 어차피 무위 자체가 인간에게는 불가능하니까요. 그럴 바에는 차라리 자연의 법칙에 따르는 것이 어떻겠습니까? 인간의 힘이 아무리 커진다고 해도 자연의 힘 앞에서는 무력하지 않습니까? 첨단 과학을 자랑하는 21세기 세상에서도 지진이나 해일 등의 자연재해 앞에서 속수무책 아닙니까? 그럴 바에는 아예 자연의 법칙에 맡기는 것이 속 편하지 않을까요? 게다가 자연을 깔보면서 환경을 파괴한 결과 인간도 생존할 수 없는 지경으로 치닫고 있지 않습니까? 자연에 맡기면 저절로 정화될 텐데, 인간이 개입해서 자신의 생존까지 단축시키고 있는 것입니다. 뒤늦게 그걸 깨닫고 생태계를 복원한다고 야단 떠는 실정이 아닙니까? 결국 인간이 편안하고 행복하게 사는 길은 자연을 경외하면서 살아가는 것입니다. 이것이 자연의 순리입니다."

자연의 힘을 거론하자 검은 물체가 잠시 우쭐해했다. 하지만 그 이상의 반응은 보이지 않았다. 사람들은 이제 토론에 참석한 대표자들이 한마디 대꾸도 하지 않는 것을 자연스럽게 받아들이는 듯했다. 그들은 스스럼없이 발언권을 요청하며 자기주장을 펼치기 시작했다.

"자연의 법칙에 따르는 것이 어찌 옳겠습니까? 엄연히 자연과 인간을 비롯해 세상을 지배하는 신이 있습니다. 그렇다면 강력한 지배자가 세상을 다스리는 것이 당연하지 않겠습니까? 자연의 법칙이란 결국 약육강식의 원리입니다. 이를 부정하고 그저 자연의 법칙을 따르는 것이 순리라고만 주장한다면 질서를 유지할 수 없습니다.

그럼 뭐가 중요하겠습니까? 바로 질서를 세우는 겁니다. 자연이든 인간 사회든 세상엔 질서가 있어야 합니다. 이 질서는 강력한 지배자가 세우는 것입니다. 이런 점에서 제우스 신의 통치야말로 인간 세상의 불협화음을 막을 수 있는 최선의 방책이 아닐까요?"

이 말에 제우스가 몸을 일으켜 화답했다. 또 다른 발언자가 곧바로 나섰다.

"질서를 부여하는 것은 맞지만 공평해야지요. 공평하지 않다면 누가 승복하려고 하겠습니까? 중요한 것은 질서를 누가 부여하느냐가 아니라 어떻게 공평한 질서를 세우느냐입니다. 제우스 신의 통치 방식은 힘 있는 자에 의한 일방적인 질서 세우기입니다. 그럼 언제든지 힘 있는 자에 의해 또 질서가 바뀌지 않겠습니까? 영원히 권력을 누리고 살 수는 없으니까요. 제우스도 처음부터 힘이 셌던 것이 아니라 권력자에 도전해서 왕좌를 넘겨받았을 뿐입니다. 그렇다면 다른 사람도 왕좌를 뺏기 위해 움직일 것은 당연합니다. 그거야말로 혼란이 아니고 뭐겠습니까? 누가 질서를 세우느냐가 아니라 누구나 승복할 수 있는 질서를 어떻게 세우느냐가 중요한 것입니다. 결국 자신이 소중하면 남도 소중하다는 원칙에 근거해야 하지 않을까요? 이런 입장을 가장 잘 드러낸 것이 무엇이겠습니까? 그건 바로 자신의 정령을 모시는 방식입니다. 정령의 입장이야말로 새로운 인간 세상을 세우는 데 가장 적합하다고 할 수 있습니다."

이 주장에 정령이 자리에서 일어나 보였다. 그러자 또 다른 청중이 발언권을 얻어 자기주장을 펼치기 시작했다.

"지금까지의 주장에는 인간이 빠져 있습니다. 신이든 자연의 법칙이든 새로운 인간 세상을 열고자 한다면 인간에 대한 이해가 있어야 하고, 인간이 할 수 있는 일을 찾아야 합니다. 인간은 이성을 가진 존재입니다. 인간은 이성에 의해 자연의 법칙을 이해하고 극복할 수 있지요. 신의 영역에서는 어떻게 할 수 없었지만 이성의 힘으로 자연을 극복할 수 있지 않겠습니까? 자연 과학의 발전이 이를 증명합니다. 인간에게 이성이 있다는 데카르트의 주장은 새로운 인간 세상을 개척하는 데 꼭 견지되어야 합니다. 신이든 자연이든 인간을 창조했다면 인간이 할 수 있는 일을 만들었을 것 아닙니까? 그렇지 않다면 어떻게 인간이 이 세상에 탄생할 수 있었겠습니까? 인간이 자신의 삶을 개척할 수 있는 근거는 이성에 있다고 보는 것이 타당합니다. 새로운 인간 세상을 개척하려면 당연히 이성에 기초해 풀어 가는 것이 맞습니다."

이번에는 데카르트가 자리에서 일어나 정중하게 목례를 올렸다. 그러자 다른 사람이 발언을 시작했다.

"이성이 과연 인간을 대표하는 특성일까요? 이성적이라는 말은 인간적이라는 말과 다름없습니다. 그럼 인간적이라는 말은 도대체 무엇입니까? 동어 반복 아닐까요? 인간의 특징을 전면적으로 드러내려면 좀 더 명확한 기준을 제시해야 할 것입니다. 인간에게 최상위의 것을 제시하는 기준 말입니다. 이것을 계속 추구하다 보면 새로운 인간 세상이 열릴 테니까요. 그런 점에서 인간의 가장 좋은 측면을 인간적인 부분으로 봐야 하고, 그것은 인간 사회를 모범적으로 이끌어 갈 수 있는 사람들에게서 찾아야 한다고 봅니다. 공자의 성인, 플라톤의 철인은 인간으로서 가장 우월한 특성을 명확히 보여 줍니다. 인과 예를 지키거나 철인에 의한 정치가 이루어진다면 새로운 인간 세상이 아니고 무엇이겠습니까?"

이번에는 공자와 플라톤이 일어나 공손하게 인사하고는 다시 자리에 앉았다. 한 사람이 곧바로 자신의 주장을 펼치기 시작했다.

"인과 예, 철인 모두 좋습니다. 인간의 고매한 덕성을 말하려는 것이니까요. 하지만 그래도 먹고살아야 할 것 아닙니까? 인간이 세상을 이해한 만큼 그 능력에 기초해서 이 세상을 개척해 나간다는 것입니다. 그렇다면 인간이 지닌 인식 능력의 범위와 한계가 어느 정도인지 분명하게 알아야 하지 않겠습니까? 그것도 모르고 자신이 설정한 전제가 타당하다고 주장한다면 어떻게 확실한 진리라고 할 수 있으며, 어떻게 더 나은 길로 나아갈 수 있을까요? 이런 점에서 감각과 경험에 기초한 인간의 인식 능력은 진리의 근사치에는 이를 수 있어도 결코 물자체를 알 수 없다는 사실을 직시해야 합니다. 그렇다면 경험과 감각에 기초해 최대치의 값을 찾고자 노력하면서 인간의 실질적인 이익을 추구해 나아가야 할 것입니다. 결국 인간의 인식 능력과 범위에 맞게 실질적인 이익을 추구하자는 로크의 주장이 해답입니다. 계속 인간의 실익을 추구하다 보면 새로운 인간 세상의 길을 열 수 있을 것입니다."

이번에는 로크가 일어나 청중들에게 손을 흔들었다. 사람들은 현실적인 대안이라며 고개를 끄덕였다. 하지만 곧바로 또 다른 사람이 반박에 나섰다.

"실익을 추구하는 것은 좋지만 누구의 실익인지 분명하게 제시해야 합니다. 그렇지 않으면 현 사회 체제를 유지하기 위한 주장으로밖에 볼 수 없을 테니까요. 인간은 계급적 이해관계가 다른 조건에서 살아가고 있습니다. 인과 예, 철인이니 하는 것은 물론 인간 모두에게 실익이 된다는 주장 자체가 그런 계급적 지배를 정당화하는 것입니다. 참다운 인간 세상을 개척하려면 인간 모두에게 통하는 고매한 덕성이나 실익이 존재하는 것처럼 말해서는 안 됩니다. 어떻게 하면 계급적 지배를 철폐할 수 있는가에 초점을 맞춰서 풀어 가야지요. 사회가 어떻게 자연사적 발전 과정을 겪으면서 계급적 지배를 철폐해 가는지 과학적으로 밝힌 마르크스의 사상이야말로 새로운 인간 세상을 열어 가는 데 꼭 필요합니다. 더 이상의 계급적 착취가 없는 세상이 공산주의 사회이고, 새로운 인간 세상이 아니겠습니까? 마르크스는 이제 세계를 해석할 때가 아니라 세계를 변혁할 때라고 분명히 밝혔습니다. 이것이 바로 새로운 인간 세상을 열어 나갈 혁명적인 태도입니다.”

마르크스는 묵묵히 고개를 끄덕였고 청중들은 환호성을 질렀다. 인간에 의한 억압과 착취가 없는 세상을 만들자는 말이 사람들의 마음을 사로잡은 것 같았다. 하지만 그것도 잠시였다.

“마르크스 사상이 인간 해방에 기초한다는 것은 어느 정도 인정합니다. 하지만 계급적 관점이라는 입장 속에서는 결코 참다운 자유를 행사할 수 없습니다. 인간은 실존적인 존재니까요. 한마디로 실존은 본질에 앞선다는 것입니다. 마르크스 사상은 실존주의적 입장에 근거해야 가치를 제대로 발휘할 수 있습니다. 그런데 계급적 입장은 개인의 실존적 자유를 침해하는 상황으로 귀결될 수밖에 없습니다. 소련 공산주의 정권이 체코와 헝가리의 민주주의를 침해한 사례가 역사적 증거입니다. 인간이라면 실존적으로 살아가고 실존적 고민을 할 수밖에 없습니다. 인류 역사를 발전시킨 원동력이 무엇이겠습니까? 실존적 고민을 하고 자유를 행사하기 위해 노력했기 때문 아니겠습니까? 만약 실존적 자유가 보장되지 않는다면 어떻게 인간이 참된 자유를 누리고 살겠습니까? 참다운 인간 세상은 실존적 자유가 보장되는 방향으로 나아가야 합니다.”

이번에는 사르트르가 미소를 지어 보였다. 그러자 가당치 않다는 듯 또 다른 사람이 발언권을 얻어 말하기 시작했다.

"실존적 자유를 누리고 살면 된다고요? 하지만 사르트르 또한 실존적 자유를 피할 수 없는 절망적 선택이라고 밝혔습니다. 이것은 무엇을 의미할까요? 그런 방식이 쳇바퀴 돌듯 반복될 뿐 해답이 아니라는 것 아닙니까? 인간이 행복하게 사는 방법은 이런 쳇바퀴를 청산하는 것이지요. 이게 바로 열반이자 해탈 아니겠습니까? 어차피 세상은 인연에 의해 돌아갈 수밖에 없으니 인연을 끊어야 해답이 나옵니다. 참다운 인간 세상은 이런 굴레를 청산한 세상입니다. 굴레에 얽매여 있다면 달라지는 게 없을 테니까요. 부처님의 주장이야말로 참다운 인간 세상으로 나아갈 수 있는 길을 가르쳐 줍니다."

석가모니가 정중하게 합장하는 자세를 보였다. 장내에는 부처의 가르침을 찬탄하는 노래인 게송이 울려 퍼졌다. 그러나 그것도 잠시였다. 곧바로 다른 사람이 일어났다.

"열반, 해탈……. 참 좋은 말이지요. 하지만 사람은 자연이나 사회와 관계를 맺고 살아가는데 열반과 해탈만 찾으려 한다면 과연 해답일까요? 인간이 생존하려면 자연을 개조해 물질적 재부를 얻어야 하고, 억압과 착취를 없애기 위해 사회를 개조해야 합니다. 자연과 사회, 즉 세계와 사람과의 관계를 놓고 풀어 나가야 인간의 운명을 개척할 수 있다는 것입니다. 사람과 세계와의 관계를 운명 개척의 근본 문제로 삼고, 그로부터 사람이 세계의 지배자이자 개조자로서 주인의 지위와 역할을 차지한다고 밝힌 주체사상이야말로 해답입니다."

주체사상이 새로운 인간 세상을 개척하는 방도라는 주장에 웅성거리는 소리가 일어났다. 이에 대한 반론이 곧바로 이어졌다.

"사람이 세계의 주인으로서의 지위와 역할을 차지한다는 말은 참 좋습니다. 그런데 수령의 3대 세습을 정당화하는 논리로 연결된다면 어떻게 봐야 할까요? 결코 묵과할 수 없는 주장이라고밖에 볼 수 없습니다."

청중 속에서 즉각적인 반문이 나오면서 장내가 소란해졌다. 한쪽에서는 맞는 소리라고 외쳤고, 다른 쪽에서는 조선 민주주의 인민 공화국의 현실을 제대로 보지도 않고 존엄을 훼손한다고 맞받아쳤다. 더 이상 토론을 할 수 있는 분위기가 아니었다. 청중들은 제각각 한마디씩 내뱉기 시작했다.

"인간에 불과한 수령이 전지전능하신 하느님과 같다는 말인가? 이건 신성 모독이야."

"신이 없다는 건 초등학생도 다 아는 사실인데, 아직도 그 따위 소리를 하다니 한심하기 짝이 없군."

"그렇게 거만하게 구니까 인간 세상이 고쳐지지 않는 거야. 자만심부터 버려야 해."

"자만이든 뭐든 현실을 똑바로 보고 얘기해야지. 헛소리만 지껄여 대니 어떻게 세상이 고쳐지겠어. 어림 반 푼어치도 없는 소리는 이제 그만들 해."

장내는 난장판이 되어 버렸고, 단상에 앉아 있던 대표자들은 자리에서 일어나 그곳을 빠져나갔다. 하지만 청중들의 소란은 가라앉지 않았다. 마치 난투극이라도 벌어질 것 같았다.

현수는 그런 토론장의 모습을 얼이 빠진 듯 지켜보았다. 그때 마지막 승부사가 말을 걸었다.

"그래, 해결책을 찾았는가?"

현수는 어이없는 표정으로 승부사를 쳐다보았다.

"저런 난장판을 보고도 그런 질문이 나옵니까? 저런 상태로는 결코 해답이 나올 수 없는 것 아닌가요?"

"그러니까 해답이 없다는 겐가, 아니면 못 찾겠다는 겐가? 다시 한 번 묻지. 왜 인류 지성사의 거장들이 청중들이 발언하는 것을 지켜보기만 했을까?"

현수 역시 궁금했던 부분이었다. 현수가 바로 대답하지 못하자 승부사는 의기양양한 태도로 입을 열었다.

"하긴 자네가 이유를 알았다면 실망하지 않았겠지. 자네의 한계는 여기까지인 모양이네. 저분들은 자신들의 사상을 포괄할 수 있는 세상이 새로운 인간 세상이라는 걸 염두에 두고 있었네. 그러니 자기주장을 내세우며 싸움을 부채질했겠는가? 저분들은 모든 인류 지성사의 자양분을 하나로 받아들인 포괄적인 입장이 나오기를 바라고 있었던 것이네. 거기에서 희망을 찾는 것이 불가능하다고 어떻게 단정할 수 있겠는가?"

인류 지성사의 자양분을 모두 받아들이는 게 해답이라는 말인가? 현수의 얼굴이 붉어졌다. 결국 여기서 쓰러져야 한단 말인가?

"여기까지 올라왔으니 자네에게 진실한 얘기를 해 주지. 그래야 자네도 억울하지 않을 것 아닌가? 이 세상을 구할 장본인은 바로 세상 사람들이네. 그러니 인류 지성사의 자양분을 받아들이지 못하면 세상 사람들의 죄가 되는 것이지.

세상사의 이치를 한번 생각해 보게. 사람들의 사고가 얼마나 다양해졌는가? 단순히 먹고살려고만 하지 않고 어떻게 사는 것이 인간적인 삶인지 고민하지 않는가? 그래서 경쟁이 치열한 도시에서 벗어나 자연으로 돌아가는 사람들도 나타나는 것이지. 게다가 욕심만 채우려고 하지 않고 지구 환경과 다른 생명체까지 걱정하기도 하지. 물론 여전히 자기 욕심만 채우려고 하는 사람도 있네. 하지만 그런 사람은 점차 사회적으로 맥을 쓰지 못하지. 이건 결국 세상사의 이치가 모든 방면에서 만개할 시점이라는 충분한 근거 아니겠는가?

자네는 또 반문하겠지? 좋은 식으로 해석해서 그렇지, 사실 그 반대의 힘이 여전히 강하다고 말이야. 당연히 그런 힘들도 존재한다고 봐야지. 하지만 새로운 인간 세상을 실현할 시점에서 이런 힘은 점차 사라지는 것이 자연스러운 이치 아니겠는가? 달이 차면 기울듯이 말이네. 그건 인간 세상을 개척할 때부터 그런 과정이 필연적으로 마련돼 있었기 때문이네. 짐승 같은 본능에 따라 살던 삶을 청산하고 참다운 인간 세상을 열기 위해 온갖 것을 예비했다는 것이지. 여기에는 자연과 신, 이성, 물질의 발전 법칙, 인격 수양 등 많은 것들이 포함되어 있다네.

인류 지성사는 이런 것들을 하나하나 준비해 온 과정이었네. 그리고 이제 막바지 상황에 도달했지. 그 시기는 인류 지성사의 자양분을 종합하는 단계이니 말일세.”

현수는 고개를 푹 숙였다. 인류 지성사의 자양분을 모두 받아들인다면 우여곡절은 있을지라도 결국 어떤 문제든 풀리지 않겠는가? 결국 졌다는 생각이 들자 세라의 모습이 눈에 아른거렸다. 그때 세상 문제는 잘 풀리고 있는데 왜 내 딸은 그렇게 되었을까 하는 의문이 들었다. 인정하고 싶지는 않지만 나만은, 내 딸만은 예외라는 사고방식 때문이라고 볼 수밖에 없었다. 얼룩말이 사자 앞에서 목숨을 부지하기 위해 앞만 보고 내달리는 격이었다. 현수 역시 언제나 자신만은 예외라고 여겨 왔다. 그러나 자신이 희생물이 아니라고 어떻게 단정한단 말인가? 누군가는 잡아먹힐 것이고, 그 대상이 자신일 수도 있다. 물소 떼처럼 사자에 대항해서 싸우지 않는 한 말이다. 이런 생각이 들자 마지막 승부사가 내놓은 해답에 의문이 들었다. 현수는 입술을 꼭 깨물었다. 딸을 찾느냐 못 찾느냐 하는 절박한 기로였다. 무엇이든 붙잡아야 했다.

"인류 지성사의 모든 자양분을 받아들이면 인간 세상의 문제가 해결된다고 하셨지요. 하지만 아닌 것 같습니다."

"그게 아니라면 뭐가 해답이란 말인가?"

"그게 해답이라면 왜 저토록 사람들이 난장판이 되도록 싸우겠습니까? 이유는 간단합니다. 자기 자신은 예외라는 사고방식 때문입니다. 앞만 보고 냅다 뛰면 자기만은 살아남을 것이라고 기대하는 것이죠. 하지만 그런 어리석은 생각이 결국은 자기 무덤을 파는 행동이란 걸 안다면 과연 저럴까요? 해결책은 자기만은 예외라는 사고방식을 청산하는 데 있습니다. 그렇지 않으면 분쟁이 사라지지 않을 테니까요. 또한 인류 지성사의 자양분도 받아들이지 못할 것입니다. 새로운 인간 세상을 열어 나갈 수도 없고요."

말을 마친 현수는 간절한 눈빛으로 마지막 승부사를 바라보았다. 제발 이것이 올바른 해답이어야 할 텐데. 현수의 속은 까맣게 타 들어갔다.

"자기만은 예외라는 사고방식을 청산해야 한다고? 그게 무엇인지 말해 보게나."

현수의 손바닥에 땀이 배었다. 답이 명쾌하게 떠오르지 않았다. 하지만 뇌리에는 이전의 맞상대가 당부했던 말이 계속 맴돌고 있었다. 홍익인간의 정신과 뿌리, 계통을 지켜 달라고 했던 말이 이 해답과 어떻게 연결되는 것일까. 그때 인간의 운명이라는 단어가 떠올랐다. 현수는 천천히 입을 뗐다.

"새로운 인간 세상은 인간의 운명을 새로운 차원으로 해결하는 것 아닐까요? 그러니 인간이 어떻게 삶을 영위하고 있느냐를 중심에 놓고 풀어야 합니다. 삶의 방식을 새로운 차원으로 풀어 나가는 것이 새로운 인간 세상일 테니까요. 인간은 개성을 가진 존재로 집단을 구성하고 나라와 민족을 단위로 해서 세계 속에서 살아가고 있습니다. 그렇다면 개인과 집단, 나라와 민족의 이해관계를 일치, 통일시켜 입체적으로 풀어 나가야 하지 않겠습니까? 즉 개인과 집단, 나라와 민족의 이해관계에서 공통점이 있는 부분은 일치시키고, 차이점이 있는 부분은 인정하면서 입체적으로 풀어 나가야 합니다. 그러면서도 모든 부분이 조화롭게 맞물려 나가도록 통일시켜 나가야 합니다. 그리하면 누구도 예외적으로 벗어날 사람은 없게 될 것입니다. 그러면 자기만은 예외라고 여기며 앞만 보고 내달리는 현상도 사라지지 않겠습니까?"

"인간의 삶의 방식을 일치, 통일시켜 입체적으로 풀어 나가야 한다고? 그럴듯하군. 하지만 그렇게 쉽게 될까?"

승부사는 더 확실한 답을 요구했다.

"쉽지 않겠지만 그렇게 해 나가야 합니다. 새로운 인간 세상이 저절로 실현되지는 않을 테니까요. 아무리 어렵더라도 운명의 주인으로서의 권리를 보장한다는 원칙에 의거해 민주적인 제도와 질서를 세우고 모든 문제를 일치, 통일시켜 입체적으로 풀어 나가려고 한다면 새로운 인간 세상이 실현될 겁니다."

승부사는 결국 고개를 끄덕이며 말했다.

"좋아, 좋아! 자네의 해결책이 나보다 더 설득력이 있다는 것을 인정하겠네."

"그럼 패배를 인정하시는 겁니까? 정말 감사합니다."

현수는 너무도 기쁜 나머지 연거푸 감사의 예를 올렸다.

"이제 자네의 맞춤형 게임은 끝났네. 자네가 그토록 마음속에 품고 있었던 책을 한번 써 보게나. 이 정도면 인류의 양식이 되는 책이 나오지 않겠는가?"

마지막 승부사가 말을 마치자 지금까지 인류 지성사의 양식이라고 불린 수많은 책이 쌓이기 시작했다. 이뿐만이 아니었다. 지금껏 게임에 참여했던 사람이 한꺼번에 모여들었다. 모두와 함께 사라지려고 하는 것 같았다. 현수는 다급한 마음에 소리쳤다.

"그렇게 가시면 안 됩니다. 딸을 찾아 주셔야지요! 어디 있는지어서 말씀해 주세요!"

"무슨 소리를 하는 겐가? 그새 게임의 법칙을 잊어 버렸나? 여기서의 운명과 현실의 운명은 똑같이 적용되네. 자네 딸은 돌려줄 수 없네.”

“무슨 당치 않는 소리를 하십니까? 분명 도와줄 수 있다고 하지 않았습니까? 그런데 왜 외면하시는 겁니까?”

“이 사람아, 외면하는 게 아니라 때가 너무 늦은 것뿐일세. 엎질러진 물을 주워 담을 수 있는가? 더 이상 헛된 고집을 부리지 말게.”

마지막 승부사의 단호한 태도에 세라의 운명이 직감되었다. 현수는 그 자리에 털썩 주저앉았다. 기성세대를 원망하며 자신의 운명을 개척하겠다고 나선 딸에게 아빠의 참모습을 보여 주고 싶었다. 그 원망을 지우지 못하고 먼저 보내다니! 현수는 눈물로 호소했다.

“딸 대신에 저를 데려가 주십시오. 간곡히 부탁드립니다. 어찌 아비로서 딸이 죽어 가는 것을 지켜보겠습니까? 딸의 죽음 앞에서 새로운 인간 세상이 도대체 무슨 의미가 있습니까? 제발 저를 데려가 주십시오.”

현수는 무릎을 꿇고 빌고 또 빌었다. 그 모습을 애처롭게 바라보던 마지막 승부사가 입을 열었다.

“자네가 말한 것처럼 자기만은 예외라고 생각하지 않고 더 일찍이 노력했다면 이런 일은 벌어지지 않았을 것 아닌가? 내가 아무리 도와주려고 해도 어쩔 수가 없네. 세상의 법칙이 냉정하듯 승부의 세계도 냉정하지. 내가 자네에게 졌으니 이 매뉴얼은 게임에서 사라진다네. 자네의 새로운 해결책 앞에서 쓸모가 없다는 게 증명되었으니 말이야. 그게 운명이지. 하지만 자네의 애타는 심정을 감안해서 딸의 얼굴을 한 번 보게 해 주겠네."

마지막 승부사의 말이 떨어지자마자 세라의 모습이 나타났다. 현수는 세라의 이름을 부르며 손을 뻗쳤다. 하지만 형상만 있을 뿐 만질 수는 없었다.

"세라야, 미안하다! 너만은 예외라고 생각한 것이 너를 그 지경으로 만들었구나. 이 아빠가 잘못했다. 부디 나를 용서해 다오."

그때 세라의 목소리가 들렸다.

"아빠, 저는 운명을 찾으려 했던 행동을 후회하지 않아요. 이 세상에는 저와 같은 아이가 너무나 많아요. 동생 세진이도 있잖아요. 그들을 절대 외면하지 말아 주세요."

세라의 말이 끝나자 마지막 승부사의 몸에 불꽃이 일면서 수많은 책과 인물들이 화염에 휩싸였다. 구시대의 유물이 한꺼번에 사라지는 듯했다. 거기에는 세라도 있었다. 현수는 불구덩이에 뛰어들어 세라를 잡으려고 했지만 손에 닿지 않았다. 현수는 온몸이 타는 듯한 고통 속에 울부짖다가 끝내 쓰러져 버렸다.

일주일 뒤 현수는 책상 앞에 앉아 있었다. 세라의 장례식을 치르고 얼마 되지 않은 날이었다. 사이버 운명 게임이 맞았는지 틀렸는지 확인할 길은 없었다. 세라는 후미진 산모퉁이에서 발견되었다. 세라가 왜 거기까지 갔는지, 왜 죽음에 이르렀는지 알 도리가 없었다. 확실한 것은 사랑하는 딸을 다시는 보지 못한다는 사실뿐이었다. 현수는 세라가 남기고 간 일기장만 만지작거렸다.

험악한 세상에서 누구에게나 일어날 수 있는 일이었다. 하지만 자신에게 일어났다는 사실을 받아들이기 힘들었다. 나만은, 우리 가족만은 예외라고 생각해 왔지 않은가. 현수는 이것이 세라를 죽음으로 내몬 원인이라는 걸 인정하지 않을 수 없었다.

현수는 세라가 마지막으로 남긴 말을 떠올렸다. 이 세상에는 자기 같은 아이가 많으니 그들을 외면하지 말아 달라던 말.

'그래, 그리해 주마. 너무 늦어 버렸지만 말이다.'

현수는 사이버 운명 게임에서 겪은 내용을 하나씩 떠올려 보았다. 지금까지도 모든 장면이 생생하게 떠올랐다. 그는 한 줄 한 줄 글을 써 내려가기 시작했다.

철학자와 사상 정리

공자(孔子, B.C.551~B.C.479)

제자백가 중 유가의 시조이다. 춘추 말기 노나라 사람으로 자는 중니(仲尼)이고 이름은 구(丘)이다. 춘추 말기 주 왕실의 기틀이 무너지고 혼란스러운 상황에서 세상을 어떻게 바로잡을 것인가 고민하다 예에 기초한 사회상을 제시했다. 예는 사람다움을 뜻하는 인에서 근거한다고 보았다. 이에 따라 사람다움을 가장 잘 체현하는 자가 성인이고, 성인에 의한 정치가 사회 혼란의 수습책이자 이상 사회의 실현이라고 생각했다. 세상을 주유했으나 성공하지 못하고 고향으로 돌아와 제자들을 키웠다. 이후 유가는 큰 세력을 형성했다.

노자(老子, ?~?)

중국 춘추 시대 말기의 사상가이자 도가(道家)의 창시자이다. 자는 담(聃)이고 이름은 이이(李耳)이다. 도의 이치가 깨져서 인위가 나타났고, 인위로 해결하려는 것은 폐단만 가져올 뿐이라고 주장했다. 도의 이치에 따라 무위, 무욕, 무사의 삶을 살아야 한다는 것이다. 노자의 무위 사상은 인간의 사고방식에 대한 역설적 주장이라고 볼 수 있다.

니체(Friedrich Wilhelm Nietzsche, 1844~1900)

독일의 철학자이다. 키르케고르와 달리 주체성을 신에서 찾지 않았다.

신 또한 보편자처럼 주체성을 제약하기 때문이다. 따라서 니체는 어떻게 생을 고양할 것인가를 중심 화두로 던졌다. 즉 생을 고양하기 위해서는 힘에의 의지를 강화해야 한다는 것이다. 니체는 힘에의 의지를 약화시키는 형이상학적 사고방식에 비판을 가했다. 세계는 생성이고 인간의 인식은 관점을 가진 해석이라는 것이다. 이는 본질적인 존재가 있고, 그 존재의 특성이 현상으로 발현된다고 이해한 종래의 형이상학적 사고방식을 해체시키는 주장이었다. 또한 결단과 의지로 자기 자신을 넘어서고 자기 극복적인 삶을 영위하는 것이 생을 고양하는 길이라고 주장했다. 이런 인간이 미래형의 초인이라는 것이다. 초인은 자신이 설정한 삶의 목표를 척도로 모든 것의 가치와 의미를 평가하는 평가자이자 창조자이다.

데카르트(René Descartes, 1596~1650)

프랑스의 철학자이자 수학자, 물리학자이다. 서양 근대 철학의 아버지로 불리며, 진리를 신의 현존으로 증명해 왔던 방식에서 탈피해 인간이 진리를 어떻게 인식할 것인가로 화두를 돌렸다. 데카르트는 의심할 수 없는 명증한 명제로부터 출발해 진리를 확립하고자 했다. 이러한 방법론적 회의를 통해 "나는 생각한다, 고로 나는 존재한다."라는 공리가 나왔다. 데카르트 이후 철학사에서는 신의 존재보다 사유하는 자아, 즉 인간의 이성이 주된 관심사가 되었다.

로크(John Locke, 1632~1704)

영국의 철학자이자 정치 사상가이다. 데카르트 학파의 주장처럼 인간이 명증하게 인지한다고 볼 것이 아니라 얼마나 정확하게 인식할 수 있는지 보아야 한다고 주장했다. 로크는 감각과 반성으로부터 관념을 얻고, 여기에서 추론된 단순 관념이 서로 연결되어 복합 관념을 형성한다는 주장을 폈다. 이론적인 영역에서 명확하게 증명 가능한 것만 진리라고 보는 로크의 주장은, 인간이 현실에서는 절대적인 진리를 아는 것이 불가능하니 실익을 추구하는 방향으로 나아가야 한다는 주장과 맥을 같이한다.

마르크스(Karl Heinrich Marx, 1818~1883)

독일의 철학자이자 과학적 사회주의와 공산주의의 창시자이다. 마르크스는 세계를 변혁하는 것이 무엇보다 중요하다고 보았다. 그래서 세계를 해석하는 것에 지나지 않는 관념론을 배격하고 변증법적 유물론을 제시했다. 즉 세계는 물질로 통일되어 있고, 내재적 법칙에 따라 합법칙적으로 발전해 나간다는 것이다. 물질이 합법칙적으로 변화하고 발전해 나가는 것처럼 사회와 역사 또한 생산력과 생산관계의 모순에 의해 원시 공산 사회, 노예제 사회, 봉건제 사회, 자본주의 사회, 사회주의·공산주의 사회로 발전해 나간다. 마르크스는 『자본론』에서 어떻게 필연적으로 사회주의·공산주의 사회로 이르는지 밝혀냈다. 아울러 이런 사상적 근거를 변혁의 무기로 활용해 실천해 나갈 것을 요구했다.

버클리(George Berkeley, 1685~1753)

영국의 주관적 관념론자이다. 신의 존재를 의문시하는 시대적 조류에 반대해 신의 부흥을 주창했다. 무신론과 회의주의의 극복을 주된 과제로 제기했고, 물자체를 인정하면서 그 실체를 파악할 수 없다는 로크의 주장도 부정했다. 실체를 인정하면 신이 필요 없다는 무신론이나 실체를 알 수 없다는 회의주의에 빠지기 때문이다. 버클리는 로크의 입장을 지각이라는 개념으로 극단화해서 통일했는데, 여기에서 "존재하는 것은 지각된 것이다."라는 명제가 나왔다. 또한 버클리는 모든 관념의 기원을 지각에 한정하고 개인이 지각하지 못하더라도 대상이 존재하는 것은 신이 지각하기 때문이라고 주장했다. 이로부터 유아론에서 벗어나 실체를 인정하면 신이 필요 없지만, 실체를 부정하면 신이 필요하다는 논리가 나왔다.

베이컨(Francis Bacon, 1561~1626)

영국 근대 경험론의 선구자이다. 스콜라 철학이 가진 결함을 지적하고 실험과 관찰을 통한 새로운 과학적 방법론을 제시했다. 베이컨은 올바른 지식을 얻기 위해서는 우상을 제거해야 한다고 말했다. 우상이란 참된 사고를 가로막는 편견이나 선입견을 가리키는데, 종족의 우상, 동굴의 우상, 시장의 우상, 극장의 우상 등이 있다. 또한 과학적 증명을 위한 고유한 방법으로 귀납법을 제시했다.

사르트르(Jean Paul Sartre, 1905~1980)

프랑스의 작가이자 사상가이다. 실존하는 인간은 결코 자유와 책임에서 벗어날 수 없다고 보고, 그 이유를 의식의 지향성에서 찾았다. 의식은 스스로 존재할 수 없고, 오직 사물의 개방성으로서만 존재하기 때문이다. 따라서 의식은 무이고 전적으로 자유롭다. 이 때문에 인간은 항상 어떤 상황 속에서 선택하고 책임을 질 수밖에 없다. 사르트르는 독일의 포로수용소에서 생활하고 난 후 실존주의와 마르크스주의의 접목을 시도했다. 또한 참여 문학을 전개하고 사회 활동에도 적극 참여했다.

소크라테스(Socrates, ?B.C.470~B.C.399)

고대 그리스의 철학자이다. 소피스트의 상대주의와 회의주의를 비판하고 진리에는 보편자가 있음을 주장했다. 보편자를 찾기 위한 방법으로 스스로 무지하다는 것을 깨닫고 문답법을 수행할 것을 제시했는데, 이를 산파술이라고 한다. 이런 활동이 다른 사람들의 반발을 사 모함을 받고 재판정에 섰다. 결국 소크라테스는 "악법도 법이다."라는 말을 남긴 뒤 처형당했다.

아리스토텔레스(Aristoteles, B.C.384~B.C.322)

고대 그리스의 철학자로 플라톤의 제자이다. 절대적이고 완전한 진리를 어떻게 인식할 것인가를 주된 문제로 삼았다. 이데아 세계와 현상 세계를 명확히 분리한 플라톤의 이원론으로는 진리를 파악할 수 없다고 보고 질료와 형상의 관계를 통해 세계를 일원론으로 설명했다. 이데아 세계만을 중시했던 플라톤과는 달리 현실적인 요소도 중시했으며 종합적인 학문 체계를 구축했다.

엥겔스(Friedrich Engels, 1820~1895)

독일의 철학자이다. 마르크스와 함께 과학적 사회주의 이론과 변증법적 유물론 및 사적 유물론을 정립하고 마르크스를 경제적으로 지원했다. 마르크스가 사망하자 그의 유고를 정리해『자본론』2, 3권을 출간했으며, 국제 노동자 계급 운동의 지도자로서 노동 운동의 발전에 커다란 영향을 끼쳤다.

장자(莊子, ?B.C.365~?B.C.270)

중국 고대의 사상가이다. 성은 장(莊)이고 이름은 주(周)이다. 송(宋)에서 태어나 맹자와 비슷한 시대에 활약하며 노자를 계승했다고 알려진다. 도가 사상의 중심인물로 예의와 도덕을 중시하는 유교를 부정하고 자연으로 돌아가자고 주장했다. 노자는 무위(無爲)의 실현에 초점을 두었지만 장자는 무위와 소요(逍遙)의 삶을 직접 추구했다.

칸트(Immanuel Kant, 1724~1804)

독일의 철학자이다. 흄의 불가지론에 충격을 받고 인간이 어떻게 인식할 수 있는지 비판적으로 고찰했다. 칸트는 합리론의 형이상학적 독단론과 경험론의 회의주의를 극복하고 종합하려고 시도했다. 합리론은 인식의 질료인 경험을 도외시하고 명증한 실체와 인식을 추구하기 때문에 독단에 치우칠 수 있다. 또 경험론은 주체가 대상을 향한다는 관점 때문에 회의주의에 빠질 수밖에 없다. 그러므로 합리론에는 질료를 나눠 주고, 경험론에는 형식을 나눠 주어야 한다. 이를 위해 주체가 대상을 향하는 것이 아니라 대상이 주체로 향한다는 '코페르니쿠스적 전회'가 필요하다. 감각적 인상의 소재인 질료는 인식을 촉발하지만 아직 질서가 잡히지 않았으므로 선험적 형식에 의해 가공되고 질서가 잡혀야 한다. 즉 내용이 없는 사고는 공허하고, 개념이 없는 직관은 맹목이라는 것이다.

키르케고르(Søren Aabye Kierkegaard, 1813~1855)

덴마크의 철학자이다. 키르케고르의 사상 가운데 '주체성'과 '신앙으로의 도약'은 널리 알려진 사상이다. "주체성이 진리다."와 "진리는 주체성이다."라는 주장에서 드러나듯 주체성은 객관적이고 합리적인 것이 아니다. 도리어 개별적이고 내면적이며 주관적이다. 그러므로 인간은 실존적 존재로서 끊임없이 성찰하고 고뇌해야 한다. 여기서 주체성은 종교적 문제로 간주되고 신앙은 이성적인 결정이 아닌 이성을 초월하는 것이다. 이로 인해 신앙을 향한 도약은 핵심 개념으로 등장한다. 단독자가 자신의 결심에 따라 진정으로 신을 믿고 따를 때 인간으로서의 무력감과 허무함을 떨쳐 버리고 완성된 삶을 살 수 있다는 것이다. 즉 신 앞에 있을 때만 실존으로서 진정한 자기 회복이 이루어진다. 키르케고르는 당시 기독교를 비판하고 참다운 신앙은 형식적인 교리를 지키는 데 있는 것이 아니라 실존의 내적 성찰에 있다고 말했다.

파스칼(Blaise Pascal, 1623~1662)

프랑스의 수학자이자 물리학자, 철학자, 종교 사상가이다. '파스칼의 정리'와 '파스칼의 원리'를 발표하는 등 수학과 물리학 분야에서 큰 업적을 쌓았다. 노름에서 딴 돈을 어떻게 공정하게 분배할 것인가를 놓고 확률론을 창안하기도 했다. 파스칼은『그리스도교의 변증론』을 집필하려고 했으나 병으로 완성하지 못하고 생을 마쳤다. 지인들이 단편 초고를 정리해 발간한 것이『팡세』다. 이 책에는 "인간은 생각하는 갈대이다."라는 유명한 말이 담겨 있다.

포이어바흐(Ludwig Andreas Feuerbach, 1804~1872)

독일의 유물론 철학자이다. 종교의 진정한 본질은 신학이 아니라 인간학에서 발견해야 한다고 보고 종교에 의해 인간이 어떻게 소외되었는지 밝혀냈다. 신은 인간의 유적 본질이 투사된 것에 지나지 않는다는 것이다. 인간을 감성적인 존재로 살펴본 포이어바흐의 주장은 인간 개체에 공통적으로 존재하고 있다고 사유한 것을 추상적으로 일반화한 것이다. 따라서 인간은 자연적 대상인 생물학적 존재에 지나지 않게 된다.

프로이트(Sigmund Freud, 1856~1939)

오스트리아의 정신과 의사로 정신 분석학의 창시자이다. 병리학적 연구를 통해 신체 증상이나 심적 변화를 무조건 생리학적 원인으로 설명하는 것을 거부했다. 대신에 의식의 심층부에 있는 그 무엇이 심적 운동을 지배한다고 보았다. 이로부터 무의식 세계를 다루는 정신 분석학이 등장했다.

프로타고라스(Protagoras, ?B.C.485~?B.C.414)

고대 그리스의 대표적인 소피스트이다. "인간은 만물의 척도다."라고 하면서 진리의 절대적 기준을 부정하고 개개인에 따라 달라진다고 주장했다. 인간이 얻은 지식은 보편타당하지 못할 뿐만 아니라 상대적이라는 주장을 폈다.

플라톤(Platon, ?B.C.428~?B.C.347)

고대 그리스의 철학자이다. 소크라테스의 제자로 알려진 플라톤은 현인이라고 믿었던 소크라테스가 독배를 마시고 죽자 큰 충격을 받았다. 플라톤은 어떤 경우에도 흔들리지 않는 진리의 절대적 근거를 밝히려 했다. 동굴의 비유를 들어 현상 세계는 그림자에 불과하고 이데아 세계만이 영원불변한 완전한 세계라고 주장했다. 이데아론에 근거해 이상 국가의 실현 방법으로 철인 정치를 제시했으며 이상 국가를 실현하기 위해 시칠리아로 갔다. 그러나 시칠리아에서 수차례 죽을 고비를 겪고 다시 아테네로 돌아와 아카데미를 창설했다.

하이데거(Martin Heidegger, 1889~1976)

독일의 철학자이다. 후설의 제자로 현상학적 이해를 바탕으로 실존주의적 존재론을 전개했다. 하이데거는 존재와 존재자는 다른 것이라고 주장했다. 예를 들어 빛이 책상을 비출 때 인간이라는 존재자는 책상이 있음을 인식하면서 빛이 있다(존재한다)는 것을 알게 된다. 이처럼 존재는 무이고 존재자를 통해서 드러난다. 그러나 지금까지 형이상학은 존재자를 존재로 알고 다루어 왔다. 이데아나 형상도 하나의 존재자일 뿐인데 존재자의 본질인 존재로 잘못 알았던 것이다. 그러므로 새로운 형이상학은 존재의 의미와 내용을 탐구해야 한다. 여기서 하이데거는 인간의 현존재만이 존재 일반의 의미를 해명할 수 있는 실마리로 보았다. 따라서 인간의 존재 양식에 주목하고, 인간은 동물과 달리 자신의 존재를 문제 삼는 존재자라고 말했다. 이런 인간의 현존재 방식을 실존이라고 하고, 그 기초적 조건을 세계 내 존재라고 한다.

헤겔(Georg Wilhelm Friedrich Hegel, 1770~1831)

독일의 철학자이다. 독일 관념론을 집대성했으며 자연과 역사, 정신 등을 아우르는 철학적 틀을 마련하고자 했다. 헤겔은 절대정신이 자기의식의 내재적 발전 과정을 겪어 나간다고 밝혀 존재론과 인식론을 종합했다. 발전하는 절대정신으로 세계의 변화와 발전을 설명할 수 있고, 의식의 발전 과정도 자연스럽게 설명할 수 있었기 때문이다. 절대정신이 내재적 발전 과정을 겪는 이유는 변증법적 원리 때문이다. 변증법적 원리로서 변화 발전의 원동력으로 대립물의 통일 투쟁의 법칙을, 변화 발전의 형태로 양이 축척되어 질로 변한다는 양질 전화의 법칙을, 변화 발전의 방향으로 부정의 부정 법칙을 제시한다. 그 궁극적인 형태는 절대정신의 자기 체현 과정이다. 이것은 "이성적인 것은 현실적이고, 현실적인 것은 이성적"이라는 헤겔의 주장과도 통한다.

홉스(Thomas Hobbes, 1588~1679)

영국의 유물론 철학자이다. 1651년 『리바이어던』에서 인간은 생존을 위해 무엇이든 할 수 있는 자연권을 가지고 있기 때문에 이 권리를 무한히 추구하면 '만인의 만인에 대한 투쟁'이 일어난다고 밝혔다. 이런 무질서한 자연 상태에서 벗어나려면 사회 계약을 통해 법과 나라를 세우고 절대 국가에 복종해야 한다고 주장했다.

후설(Edmund Husserl, 1859~1938)

독일의 철학자이자 현상학의 창시자이다. 의식은 어떤 대상을 의식하지 않으면 그 자체가 없는 것이기 때문에 대상과 연결되어 있다고 주장했다. 의식(주관)과 대상(객관)을 분리하면 세계 자체를 부분적으로 파악할 수밖에 없다는 것이다. 후설은 인식의 명료한 근거를 밝히기 위해 의식과 대상이 분리되지 않는 가장 근원적인 상태를 상정하고 이를 현상이라고 했다. 선험적 의식, 즉 순수 의식이 대상과 관계를 맺고 결합한 장소가 현상이라는 것이다. 현상을 엄밀하게 파악하면 인식의 근거를 명료하게 알 수 있고, 세계 자체에 대한 파악이 가능하다. 이런 의미에서 현상학은 엄밀한 학문으로서의 철학이라고 주장했다.

흄(David Hume, 1711~1776)

영국의 경험론 철학자이다. 버클리가 신을 내세워 무신론과 회의주의를 극복하려고 했던 것과 달리 불가지론을 내세웠다. 즉 인간이 타당한 지식을 얻을 수 있는지를 묻고 실체 그 자체를 알 수 없다는 극단적 회의주의를 주장했다. 오직 감각을 통한 사물의 인상만을 알 수 있고, 그렇게 형성된 관념은 심리나 습관 같은 것에 지나지 않는다는 것이다. 흄은 인식의 문제를 유사성이나 접근성, 인과론 같은 관념의 연합 법칙으로 설명했다. 객관적 실체의 반영이 아니라 습관에 의해 형성된 관념과 관념의 관계라는 것이다. 이러한 주장은 이성과 과학을 바탕으로 진리를 인식할 수 있다는 주장에 큰 타격을 가했다.